단번에 **축**약된 **키**워드로 합격하는

빅데이터 분석기사

실기 | 파이썬

김계철 지음

데이터 분석 전문교육 기업
에이아이 에듀

2025 단·축·키 빅데이터 분석기사 실기(파이썬 작업형)

최근 SNS, IoT, 클라우드 컴퓨팅의 눈부신 발전으로 인해 저장되는 데이터의 양이 폭발적으로 증가하고 있으며, 데이터의 증가 속도는 더욱 빨라질 것으로 예상됩니다. 또한 IT의 발달로 데이터 접근이 쉬워지고, 분석 도구가 일반화됨에 따라 일반인들도 과거보다 쉽고 빠르게 자료를 수집하고 분석할 수 있게 되었습니다. 이러한 상황에서 데이터 이용의 중요성이 더 높아졌고, 데이터 분석은 더는 전문가의 영역이 아닌 모든 사람이 알아야 할 수단으로 인식되면서 데이터 활용 능력(Data Literacy)이 국가경쟁력을 높이기 위한 중요한 항목으로 드러나고 있습니다.

대한민국은 오래전부터 통계교육을 국가적으로 실시해 왔고, 근래에는 사회, 경제 등의 정규 교과목에서도 통계분석 능력을 향상을 위한 데이터 분석을 가르치고 있습니다. 심지어 대학수학능력시험의 외국어 영역에 데이터를 이용한 문제가 출제되기도 했고요. 이렇게 오랜 기간 통계교육을 받아왔지만, 국민의 데이터 활용 능력은 선진국보다 많이 떨어지는 것이 사실입니다.

국민의 통계 활용 능력을 높이기 위해서는 분석 도구나 통계이론에 대한 교육보다는 통계를 실제로 활용하는 교육이 절실합니다. 불행히도 현재 우리나라의 통계교육은 개개의 분석 방법이나 분석 도구 위주로 이루어져 있습니다.

물론 국가경쟁력을 위하여 심도 있는 데이터 과학자나 분석가의 양성도 필요하지만, 일반인의 데이터 활용 능력을 높이는 것도 중요하다고 생각됩니다. 데이터 분석 현장에서 오랫동안 데이터 분석 전문가로 활약해온 저자의 경험을 바탕으로 국가 공인 데이터 분석 완결판인 「빅데이터 분석 기사 실기」를 출간하게 되었습니다.

빅데이터 분석 기사는 빅데이터 이해를 기반으로 빅데이터 분석기획, 빅데이터 수집·저장·처리, 빅데이터 분석 및 시각화를 수행하는 국내 최고의 국가공인자격증으로 빅데이터 시대에 필요한 수준 높은 전문가에게 요구되는 심도 있는 학습 과정일 것입니다.

어려운 환경에서도 빅데이터 분석 기사의 합격과 묵묵하게 취업 준비를 하는 학부생이나 대학원생 그리고 데이터 분석에 관심이 있는 직장인 분들에게 본 도서가 도움이 되기를 바라며 용기와 격려를 보냅니다.

2025년 2월

저자 김계철 드림

1 빅데이터 분석 기사 국가 기술 자격

빅데이터 분석 기사 정의

- 빅데이터 이해를 기반으로 빅데이터 분석 기획, 빅데이터 수집·저장·처리, 빅데이터 분석 및 시각화를 수행하는 실무자를 말한다.

빅데이터 분석 기사의 필요성

- 전 세계적으로 빅데이터가 미래 성장 동력으로 인식돼, 각국 정부에서는 관련 기업 투자를 끌어내는 등 국가·기업의 주요 전략분야로 부상하고 있다.

- 국가와 기업의 경쟁력 확보를 위해 빅데이터 분석 전문가의 수요는 증가하고 있으나, 수요 대비 공급 부족으로 인력 확보에 어려움이 높은 실정이다.

- 이에 정부 차원에서 빅데이터 분석 전문가 양성과 함께 체계적으로 역량을 검증할 수 있는 국가기술자격 수요가 높은 편이다.

빅데이터 분석 기사의 직무

- 대용량의 데이터 집합으로부터 유용한 정보를 찾고 결과를 예측하기 위해 목적에 따라 분석기술과 방법론을 기반으로 정형 및 비정형 대용량 데이터를 구축, 탐색, 분석하고 시각화를 수행하는 업무를 수행한다.

2 빅데이터 분석 기사 실기 출제 문항

	문항수	배점	
작업형 제1유형	3	30	시험시간 180분
작업형 제2유형	1	40	
작업형 제3유형	2	30	

※ 합격 기준 100점 만점으로 60점 이상

3 시행처 및 시험 일정

- 데이터 자격 검정시스템(www.dataq.or.kr)을 통한 인터넷 접수 실기

구분	회차		접수기간	수험표 발급	시험일	사전점수공개 및 재검토접수	결과발표	증빙서류 제출기간
빅데이터 분석기사	제10회	필기	3. 4 ~ 3.10	3.21	4. 5(토)	4.18 ~ 4.22	4.25	4.28 ~ 5. 8
		실기	5.19 ~ 5.23	6. 5	6.21(토)	7. 4 ~ 7. 8	7.11	-
	제11회	필기	8. 4 ~ 8. 8	8.22	9. 6(토)	9.19 ~ 9.23	9.26	9.29 ~ 10.26
		실기	10.27 ~ 10.31	11.14	11.29(토)	12.12 ~ 12.16	12.19	-

4 빅데이터 분석 기사 실기 주요 내용

• 출제기준(실기)

직무분야	정보통신	중직무분야	정보기술	자격종목	빅데이터 분석 기사
• 직무내용 　대용량의 데이터 집합으로 유용한 정보를 찾고 결과를 예측하기 위해 목적에 따라 분석기술과 방법론을 기반으로 정형/비정형 대용량 데이터를 구축, 탐색, 분석하고 시각화를 수행하는 업무를 수행한다.					
실기검정방법	작업형		시험시간	180분	

※ 필기시험 면제 기간은 필기 합격자 발표로부터 2년
　(다만, 발표일로부터 2년동안 검정이 2회 미만으로 시행된 경우에는 그 다음 회차 필기시험 1회를 면제)

• 과목별 주요 항목

실기과목명	주요항목	세부항목	세세항목
빅데이터 분석실무	데이터 수집 작업	데이터 수집하기	정형, 반정형, 비정형 등 다양한 형태의 데이터를 읽을 수 있다.
			필요하면 공개 데이터를 수집할 수 있다.
	데이터 전처리 작업	데이터 정제하기	정제가 필요한 결측값, 이상값 등이 무엇인지 파악할 수 있다.
			결측값과 이상값에 대한 처리 기준을 정하고 제거 또는 임의의 값으로 대체할 수 있다.
		데이터 변환하기	데이터의 유형을 원하는 형태로 변환할 수 있다.
			데이터의 범위를 표준화 또는 정규화를 통해 일치시킬 수 있다.
			기존 변수를 이용하여 의미 있는 새로운 변수를 생성하거나 변수를 선택할 수 있다.
	데이터 모형 구축 작업	분석모형 선택하기	다양한 분석모형을 이해할 수 있다.
			주어진 데이터와 분석 목적에 맞는 분석모형을 선택할 수 있다.
			선정모형에 필요한 가정 등을 이해할 수 있다.
		분석모형 구축하기	모형구축에 부합하는 변수를 지정할 수 있다.
			모형구축에 적합한 형태로 데이터를 조작할 수 있다.
			모형구축에 적절한 매개변수를 지정할 수 있다.
	데이터 모형 평가 작업	구축된 모형 평가하기	최종모형을 선정하는 데 필요한 모형 평가지표들을 잘 사용할 수 있다.
			선택한 평가지표를 이용하여 구축된 여러 모형을 비교하고 선택할 수 있다.
			성능향상을 위해 구축된 여러 모형을 적절하게 결합할 수 있다.
		분석 결과 활용하기	최종모형 또는 분석 결과를 해석할 수 있다.
			최종모형 또는 분석 결과를 저장할 수 있다.

2025 단·축·키 빅데이터 분석기사 실기(파이썬 작업형)

머리말   3
시험가이드   4

I. 작업형 기초

1장	파이썬 소개 및 분석 환경 구축	12
2장	파이썬 기초 문법	28
3장	넘파이(Numpy)와 판다스(Pandas)	48
4장	결측치 처리와 이상값 검색	89
5장	사이킷런(Scikit-learn)	98
6장	데이터 인코딩(Encoding)	115
7장	연습문제	118
8장	실전문제	125

II. 작업형 제1유형

1장	작업형 제1유형 출제유형 및 주요 출제 포인트	156
2장	기출·예상문제	158

III 작업형 제2유형

| 1장 | 작업형 제2유형 출제유형 및 주요 출제 포인트 | 222 |
| 2장 | 기출 · 예상문제 | 224 |

IV 작업형 제3유형

1장	작업형 제3유형 출제유형 및 주요 출제 포인트	302
2장	통계적 가설검정(Test of hypothesis)	304
3장	평균차이 검정	307
4장	분산분석(ANOVA, Analysis of Variance)	316
5장	범주형 자료분석(Categorical data analysis)	328
6장	다중회귀분석(Multiple Linear Regression)	332
7장	로지스틱 회귀분석(Logistic Regression)	337
8장	기출문제	340

I

작업형 기초

1장 파이썬 소개 및 분석 환경 구축
2장 파이썬 기초 문법
3장 넘파이(Numpy)와 판다스(Pandas)
4장 결측치 처리와 이상값 검색
5장 사이킷런(Scikit-learn)
6장 데이터 인코딩(Encoding)
7장 연습문제
8장 실전문제

1장 파이썬 소개 및 분석 환경 구축

01 빅데이터분석기사 실기 응시 가이드

1. 시험개요

1-1. 일시 및 장소

구 분	주요 내용
시 험 명	제9회 빅데이터분석기사 실기
시험장소	dataq.or.kr에서 수험표를 출력하여 확인 ☞ 모든 고사장 주차 지원 불가
시험일시	2024. 11. 30(토) 입실 09:00~09:30 / 시험 10:00~13:00

1-2. 고사실 입실 및 사전 점검

- 시험 당일 고사실은 09:00부터 개방하며, 응시자는 09:30까지 입실을 완료하여 안내 사항 숙지 및 시험환경 사전 점검
    - 09:00~09:30 고사실 입실 및 본인확인
    - 09:30~09:35 소지품 정리
    - 09:35~10:00 시험 안내 및 시험환경 점검
    - 10:00~13:00 시험 실시

    ☞ 고사실 입실 후 감독관의 사용 허가 전까지는 PC 사용 불가
    ☞ 시험환경 점검 중, 윈도우 메모장, 윈도우 계산기, 엑셀 등 PC에 설치된 프로그램 이용 및 시험사이트 외 허가되지 않은 사이트(예:구글, 네이버 등) 접속 불가
    ☞ 09:30까지 응시자가 입실하지 않아 사전 안내를 제대로 받지 못해 발생하는 문제는 응시자 본인의 책임으로 간주함
    ☞ 10:00 시험 시작 이후 입실 불가
    ☞ 11:30 전에 조기 퇴실하면 0점 처리, 11:30 이후 조기 퇴실하면 정상 채점

1-3. 유의사항
- 시험 당일, 본인확인을 위해 인정 범위 신분증 지참 필수(붙임1 참조)
- 시험 중, 휴대한 전자통신기기에서 진동, 소음 등이 발생하면 사용여부와 관계없이 시험 중지 및 무효(0점)
- 시험 중, 개인 시계는 아날로그 손목시계만 착용 및 소지가 가능하며, 스마트워치 등 전자통신기기는 사용여부와 관계없이 착용 및 소지만으로도 시험 중지 및 무효(0점)
- 화장실은 10:30부터 이용할 수 있으며, 이용 시에는 휴대전화, 스마트워치 등 전자통신기기나 시험과 관련된 어떠한 물품도 소지할 수 없음
    - ☞ 화장실 이용 전 소지품 검사를 시행하며, 이때 금지 물품의 소지가 확인되면 시험 중지 및 무효(0점) 또는 부정행위 처리
- 시험 중, 필기구, 전자통신기기(계산기 등) 및 PC에 설치되어 있는 모든 프로그램(윈도우 메모장, 윈도우 계산기, 엑셀 등) 사용 불가
- 시험 중, 부정행위(붙임3)에 해당하거나 아래와 유사한 금지행위를 하면 부정행위 처리(3년간 국가기술자격 시험 응시자격 정지)
    - ☞ 윈도우 메모장, 윈도우 계산기, 엑셀 등 프로그램 이용을 시도하거나 이를 이용하여 답안을 작성
    - ☞ 시험사이트 외, 허가되지 않은 사이트(예:구글, 네이버 등)에 접속하거나 이를 이용하여 답안을 작성
- 시험문제는 응시플랫폼 외 인쇄물로는 제공되지 않으며, 시험문제와 답안은 「데이터 자격검정 관리·운영 규정」 제29조(시험문제 및 답안의 공개)에 따라 비공개
- 그 밖의 유의사항 및 관련 상세 내용은 수험표 및 dataq.or.kr 공지사항 참조

2. 답안제출 및 채점기준

구분	제1유형	제2유형	제3유형	합계
문항수	3문항, 문항당 10점	1문항, 40점	2문항, 문항당 15점 (소문항 구성, 소문항 배점 합산)	6문항
점수	30점	40점	30점	100점
답안 제출	코딩화면에서 문제풀이 후 답안제출 화면으로 이동하여 입력·제출	답안 CSV 파일 생성 코드 제출	코딩화면에서 문제풀이 후 답안제출 화면으로 이동하여 입력·제출	-

2-1. 제1유형

- 각 문항별로 코딩화면에서 문제를 풀이한 후, 답안은 별도의 답안제출 화면으로 이동하여 제출하며, 지시된 제출 형식 준수
- 채점 기준
  - 각 문항별로 정답 여부에 따라 배점 기준 만점 또는 0점
  - 작성 코드에 대한 부분 점수 없음

【제1유형 0점 유형】

① <u>제출 형식 위반</u> : 0점

② <u>복수 답안 제출</u> : 0점

<점수 예시>

* 제출형식 : 반올림하여 소숫점 둘째 자리까지 작성(산출된 값 : 0.117 / 정답 : 0.12)

제출답안	0.12	0.120	0.117	0.12, 0.117	0.11	0.1
기준	정답	❶ 제출 형식 위반	❷ 복수 답안 제출		오답	
획득점수	배점 기준 만점	0점	0점	0점		

2-2. 제2유형

- <u>예측 결과를 CSV 파일로 생성하는 코드를 제출</u>하며, 생성된 CSV 파일은 다음 형식을 준수
  - 예측 결과는 지시된 칼럼명을 사용하여 생성
  - 자동 생성되는 index 칼럼 제거
  - 답안 CSV 파일에는 예측 결과 칼럼 1개만 생성
  - 답안 CSV 파일은 지시된 파일명을 사용하여 생성
  - 답안 CSV 파일 별도 디렉토리 지정 금지
- 채점 기준
  - 마지막 제출된 코드로 생성되는 CSV 파일이 채점 대상
  - 평가지표에 따라 구간별 점수 부여
  - 작성 코드에 대한 부분 점수 없음
  - 평가지표에 따른 구간 점수를 획득하여도 제출 형식을 위반하면 득점 점수에서 감점하며, 감점 유형이 중복되면 누적하여 감점

【제2유형 0점 유형】

① <u>예측값 정확도가 평가지표 최저 구간 미만</u> : 0점
② <u>평가용 데이터 개수와 예측 결과 데이터 개수 불일치로 평가지표 산출 불가</u> : 0점

【제2유형 감점 유형】

① <u>지시 파일명 미사용</u> : 3점 감점
 - 지시된 파일명을 사용하지 않거나, 파일명에 확장자(.csv) 누락 및 변경, 또는 파일명 내 디렉토리 지정 시 감점

② <u>지시 칼럼명 미사용</u> : 3점 감점
 - 예측 결과 칼럼명을 지시와 다르게 지정하면 감점

③ <u>제출 칼럼 개수 1개 초과</u> : 3점 감점
 - 예측 결과 칼럼 외, 자동 생성되는 index 칼럼이나 다른 칼럼을 함께 제출하면 감점

<평가지표 40점 구간의 점수 예시>
* 파일명 : result.csv / 칼럼명 : pred

파일명	000000.csv	result.csv	result.csv	result.csv	000000.csv
제출 칼럼명	pred	pred<u>ict</u>	pred + 다른 칼럼	pred<u>ict</u> + 다른 칼럼	pred<u>ict</u> + 다른 칼럼
기준	❶ 지시 파일명 미사용	❷ 지시 칼럼명 미사용	❸ 제출 칼럼 1개 초과	❷ 지시 칼럼명 미사용 ❸ 제출 칼럼 1개 초과	❶ 지시 파일명 미사용 ❷ 지시 칼럼명 미사용 ❸ 제출 칼럼 1개 초과
획득점수	37점	37점	37점	34점	31점

제2유형 채점용 CSV 생성 참고사항

- 응시자가 **마지막에 제출한 코드로 생성되는 CSV 파일**이 채점 대상
- 응시자가 제출 전 문제 풀이 과정에서 **실행하고 생성하여 확인한 CSV 파일**은 서버에 저장되지 않으며 채점 대상이 아님
- SEED 설정이 필요한 모델에서 해당 설정을 하지 않은 경우, 응시자가 **실행하면서 확인한 결과와 제출 후 생성되는 결과가 다를 수 있음**

2-3. 제3유형

- 각 문항별로 코딩화면에서 문제를 풀이한 후, 답안은 별도의 답안제출 화면으로 이동하여 <u>각 문항별 소문항의 순서대로</u> 제출하며, 지시된 제출 형식 준수
- 채점 기준
  - 각 문항의 소문항별로 정답 여부에 따라 배점 기준 만점 또는 0점
  - 작성 코드에 대한 부분 점수 없음

【제3유형 소문항별 0점 유형】

① <u>소문항별 제출 형식 위반</u> : 0점

② <u>소문항별 복수 답안 제출</u> : 0점

<점수 예시>

* 제출형식 : 반올림하여 소숫점 둘째 자리까지 작성(산출된 값 : 0.117 / 정답 : 0.12)

제출답안	0.12	0.120	0.117	0.12, 0.117	0.11	0.1
기준	정답	❶ 제출 형식 위반	❶ 복수 답안 제출		오답	
획득점수	배점 기준 만점	0점	0점	0점		

3. 시험환경

- 클라우드 기반 CBT(computer based test), 크롬(chrome) 브라우저 사용
- 문항별로 R 또는 Python 중 언어 선택 가능
- 제약사항
  - 코드 <u>라인별 실행 불가</u>
  - <u>그래프 기능, 단축키, 자동완성 기능 미제공</u>
  - 코드 실행 시간은 <u>1분으로 제한</u>되며, <u>시간 초과 시 강제 실행 취소</u>
  - 제공된 패키지만 이용할 수 있으며, 시험 중 <u>패키지 추가 설치 불가</u>
  ☞ help, dir, ? 등 함수를 이용한 참조는 가능

4. 시험환경 점검

4-1. 사전 점검

- 시험 당일, 고사실은 09:00부터 개방하며, 09:30까지 입실 완료하여 안내 사항 숙지 및 시험환경 사전 점검 실시(입실후 감독관의 사용 허가 전까지 PC 사용 불가)
- 시험환경 사전 점검은 소지품 정리 완료 후 실시 가능

【점검 항목】

① 크롬(chrome) 브라우저 설치 여부
② 검정용 PC 모니터, 키보드 및 마우스 정상 작동 여부
③ 시험 사이트(https://dataq.goorm.io) 접속 이상 여부
④ 유형별 코드 실행 및 답안 제출 테스트
⑤ 시험환경에 설치된 패키지는 코딩화면에 아래 코드를 실행하여 확인

패키지 확인 방법	
Python 패키지 확인 코드	import pkg_resources import pandas pandas.set_option('display.max_rows', None) OutputDataSet = pandas.DataFrame(sorted([(i.key, i.version) for i in pkg_resources.working_set])) print(OutputDataSet)
R 패키지 확인 코드	as.data.frame(installed.packages()[,c(3:4)])

4-2. 점검 사이트 접속

- URL : 크롬(chrome) 브라우저를 이용하여 https://dataq.goorm.io 접속

- 로그인 : ID 수험번호 / PW 시험 당일 안내

4-3. 문의사항

- 시험사이트 우측 하단의 채팅 상담을 통해 문의

- PC(본체, 모니터, 키보드, 마우스 등) 장애는 고사실 감독관에게 문의

5. 시험응시

- 시험 페이지 입장 : 시험 목록에서 "빅데이터분석기사 실기시험" 클릭

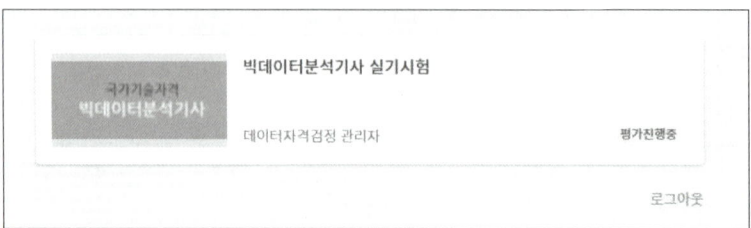

- 시험 시작 : "시험 시작" 버튼 클릭
    - 10:00 시험이 시작되면 "시험 시작" 버튼 활성화
    - "시험 시작" 버튼을 클릭하면 응시자 유의사항이 표시되며, 문제 페이지로 이동

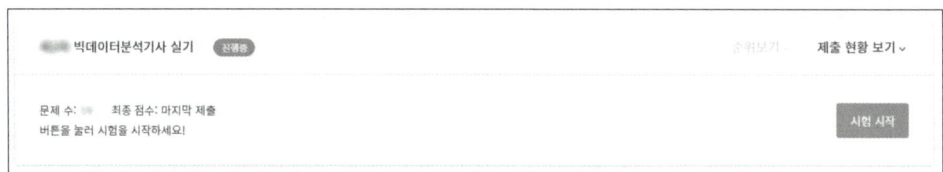

- 시험화면 ① : 제1/2/3유형 공통
    - 문제영역 : 문제 풀이에 필요한 정보 확인
    - 코딩영역 : 문제 풀이를 위한 코드 작성
    - 실행결과영역 : 실행결과 및 제출결과 확인
    - 시험끝내기 : 시험을 종료하며, 시험 종료 후에는 답안 제출 불가

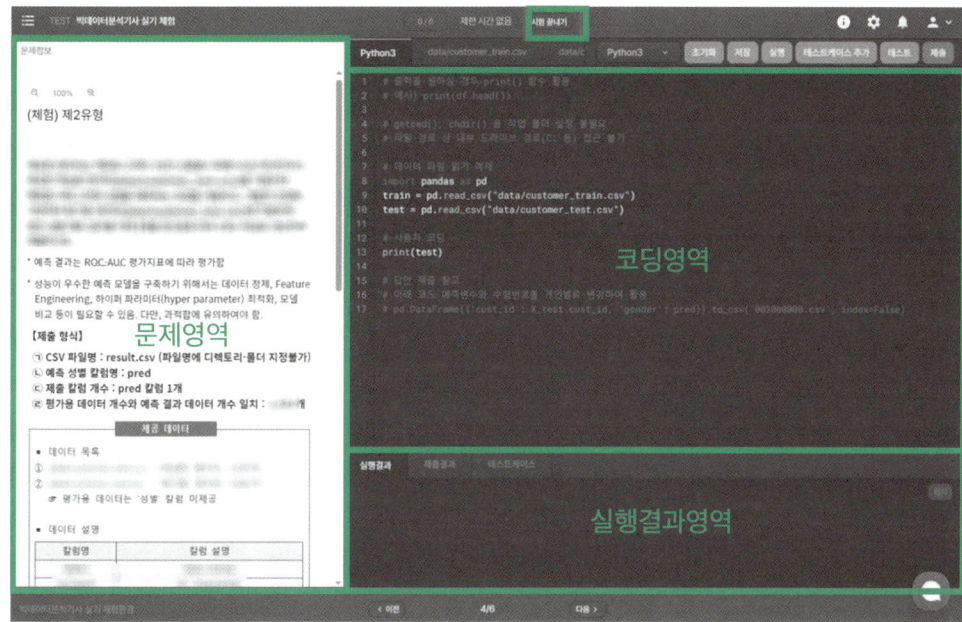

- 시험화면 ② : 제1/2/3유형 공통
  - 데이터셋 확인 : 제공 데이터 내용 확인
  - 언어선택 : R 또는 Python 선택
  - 초기화 : 작성 중인 코드를 모두 지우고 기본 코드로 돌아감
  - 저장 : 작성 중인 코드를 저장하며, 코드는 주기적으로 "저장"하면서 문제 풀기를 권장함
  - 실행 : 작성한 코드의 결과나 오류 메시지는 아래 "실행결과" 영역에 표시
    코드 실행시간은 1분으로 제한되며, 초과시 실행 강제 취소
  - 테스트케이스 추가/테스트 : 본 시험에서는 사용하지 않는 기능
  - 제출 : 답안은 여러 번 제출 가능하며, 마지막 제출된 코드로 생성된 CSV 파일이 채점 대
    ☞ 제1/3유형은 "제출" 버튼이 없고, 별도의 답안제출 화면으로 이동하여 제출

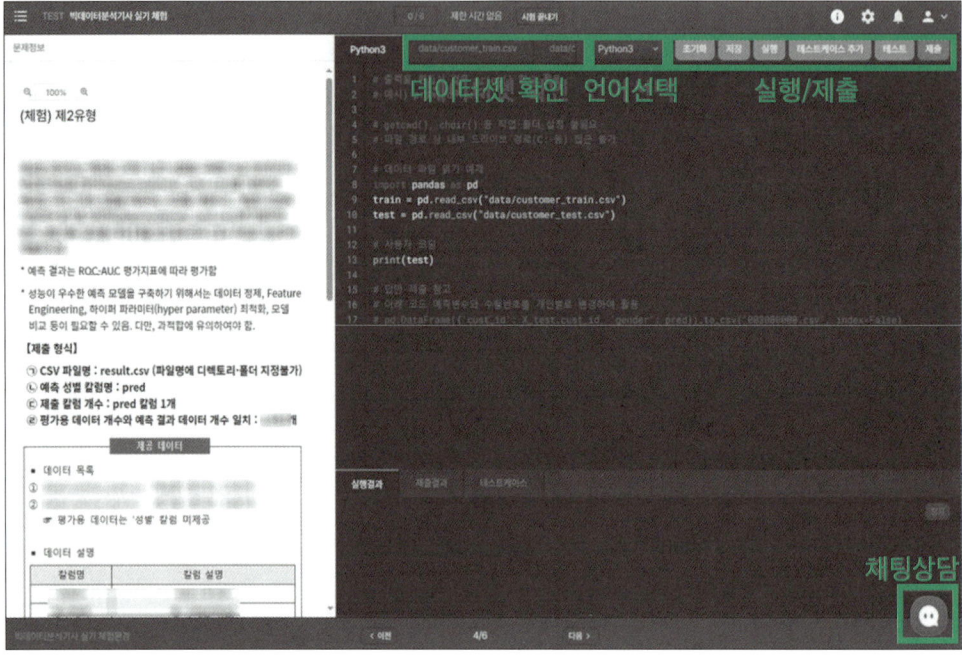

> **Warning 메시지 참고 사항**
> - 코드 실행 결과로 Error, Warning 등 시스템 메시지가 표시되면서, 우측과 같은 **실행 실패 안내가 출력될 수 있음**
> - Error 메시지가 표시되면 오류 원인을 찾아 코드를 수정
> - <u>Warning 메시지는 코드 실행이나 결과와 무관하며, 오류 없이 코드가 정상적으로 실행되는 것이 확인되면 해당 메시지는 고려하지 않아도 됨</u>

- 시험화면 ③ : 제1/3유형 해당
  - 제1/3유형은 문제 코딩화면과 답안제출 화면이 분리
  - (제1유형) 각 문항의 코딩화면에서 문제를 풀이한 후 별도의 <u>답안제출 화면으로 이동하</u>여, <u>지시된 제출 형식에 따라 답안 제출</u>
  - (제3유형) 각 문항의 코딩화면에서 문제를 풀이한 후 별도의 <u>답안제출 화면으로 이동하</u>여, <u>각 문항별 소문항의 순서대로</u> 지시된 제출 형식에 따라 답안 제출
  - 답안 입력시 제출 형식에 맞지 않는 경우, 입력 형식 오류 메시지 표시
  - 답안은 여러 번 제출 가능하며, <u>마지막 제출된 답안이 채점 대상</u>

<입력 형식 안내 예>

* 제출형식 : 반올림하여 소숫점 둘째 자리까지 작성
* 입력답안 : 0.011

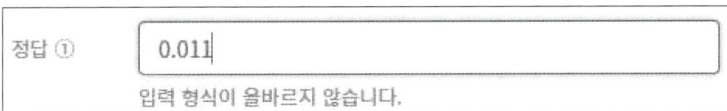

<답안제출 및 입력 화면>

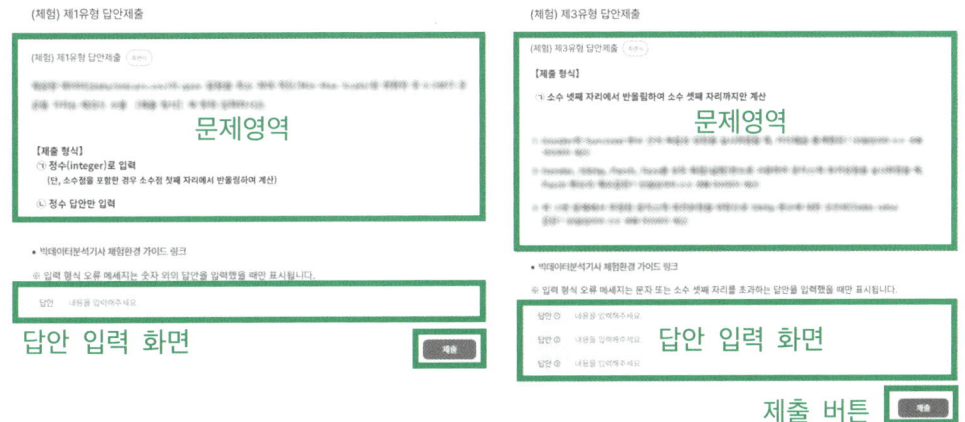

- 시험화면 ④ : 메모장 기능
  - 코딩화면의 "메모장" 버튼을 클릭하면 메모장이 활성화되며, 답안제출 화면에서는 제공되지 않음
  - 메모장 "문제탭 자동 이동" 옵션을 활성화하면 메모장 탭이 문제 번호를 따라 같이 이동하며, 비활성화하면 문제를 이동하여도 작성 중이던 탭을 그대로 사용할 수 있음
  - 메모장 내용은 입력 후 1초 안에 자동 저장되며, 메모장 오른쪽 하단에 저장 완료 안내

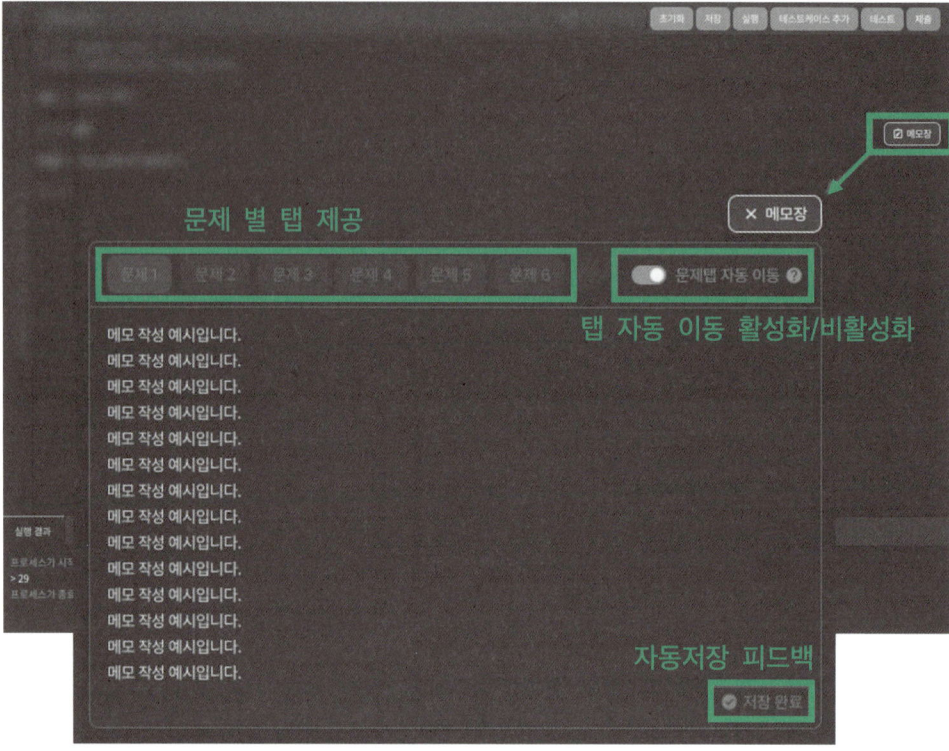

- 문제 이동
    - 좌측 상단의 아이콘으로 문제를 선택하여 이동
    - 또는 화면 하단의 "이전" 또는 "다음" 버튼으로 이동

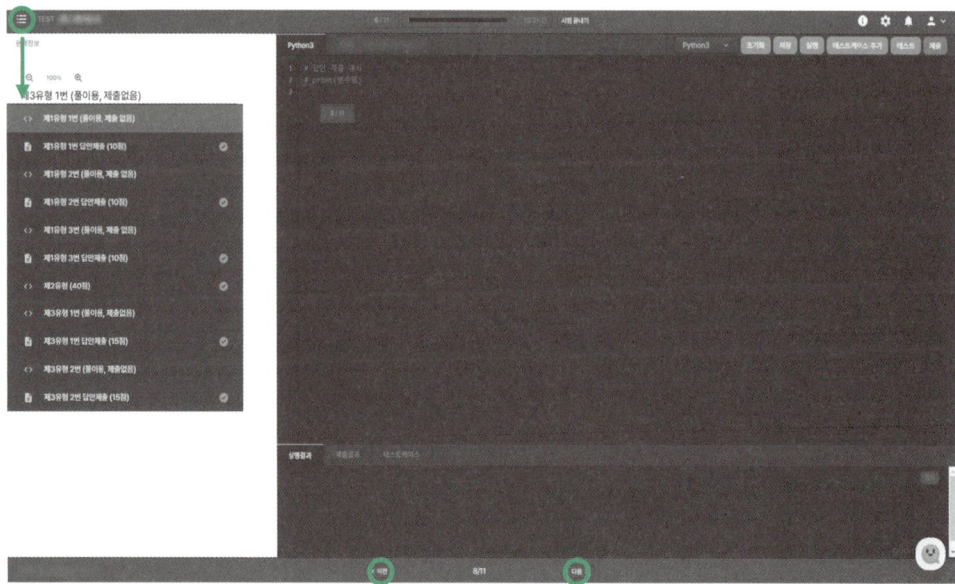

- 제출 여부 확인
    - 좌측 상단의 아이콘을 클릭하여 문제 선택 리스트 내 "체크" 버튼으로 확인
    - 또는 문제 내 제목 우측 "제출완료" 버튼으로 확인

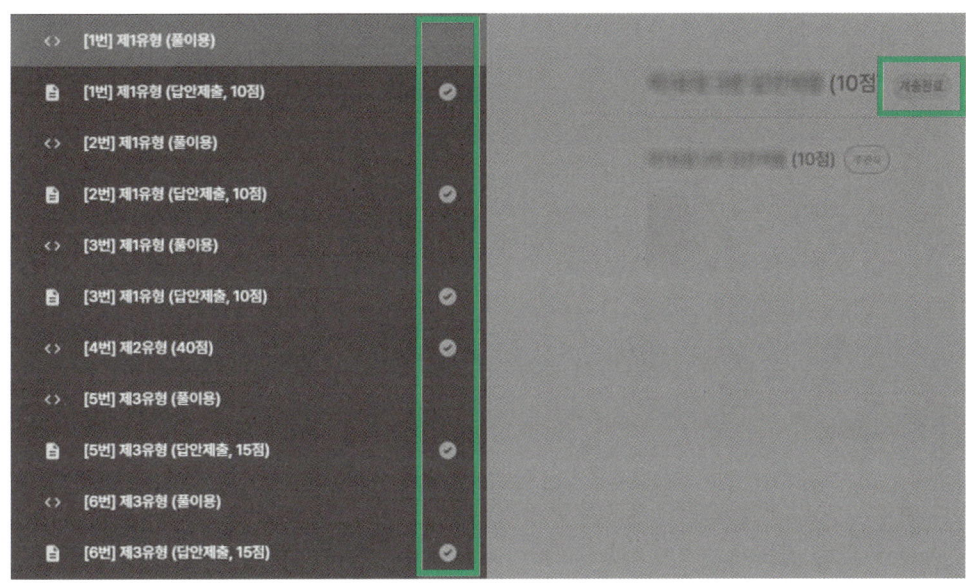

> **시험화면 상단 문제수 표기 참고사항**
> - 시험환경 상단에 표시되는 `0/11`, `1/11` 은 시험 전체 화면수 대비 답안 제출을 완료한 화면수 (문제수)를 의미
> - **시험 전체 화면수**는 풀이용 코딩화면과 답안제출 화면을 모두 포함하므로 **11로 표시됨**
> - **답안제출 화면수(문제수)**는 [1]에서 [6]까지 **6개**이며, 제출 완료 여부에 따라 **1~6으로 표시**
>
> | 제출 표기 예시 | 전체 문제에 대해 답안 제출을 완료하면 11 중 6으로 표시됨 `6/11` |

- 시험 끝내기
    - 화면 상단 중앙의 "시험 끝내기" 버튼을 클릭하여 시험을 종료하며, 종료 후에는 답안 제출 불가

    > * 시험시간 종료 전에 퇴실할 경우에도 "시험 끝내기"을 클릭해야 하며, 버튼 클릭 여부를 감독관에게 확인받은 후 퇴실

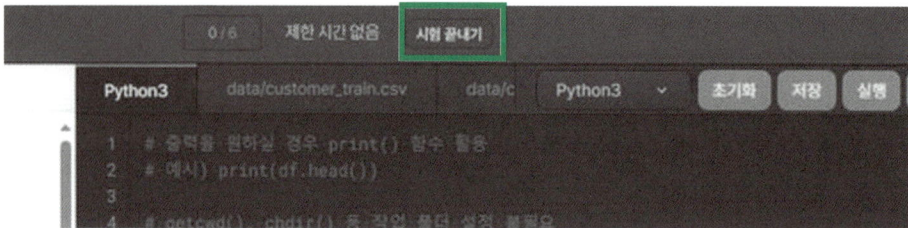

- 시험 종료
  - 종료 후 [제출현황보기]를 통해 문항별 답안 제출 여부 확인이 가능하며, 제출이 완료된 문항은 제출결과 "완료"로 표시
  - 단, 제1유형과 제3유형의 풀이용 코딩화면은 "미제출"로 표시되고, 답안제출 화면이 "완료"로 표시되면 제출이 완료된 것임

02 분석 환경의 이해

1. 아나콘다 네비게이터(Anaconda Navigator)
   - 아나콘다 네비게이터를 사용하면 다양한 데이터 과학 도구와 패키지를 손쉽게 관리하고 실행할 수 있습니다.
   - 아나콘다를 설치하려면 아래 단계를 따라 주세요.
1) 아나콘다 공식 웹사이트(https://www.anaconda.com/products/distribution)에서 본인의 운영 체제에 맞는 버전을 다운로드합니다.
2) 설치 과정에서 Anaconda Navigator가 포함되도록 설정합니다. (기본적으로 체크되어 있음)
3) 설치 후, Anaconda Navigator에서 주피터 노트북(Jupyter Notebook)을 클릭해 실행합니다.
   - 주피터 노트북(Jupyter Notebook)은 아나콘다가 제공하는 도구 중 하나로, 데이터 분석, 시각화, 머신러닝 작업을 할 수 있는 대화형 환경을 지원합니다.

2. 주피터 노트북(Jupyter Notebook) 실행 단축키
1) 셀 선택 모드(Command Mode)
   - Jupyter Notebook에서 "셀(Cell)"은 코드 또는 텍스트를 입력하고 실행할 수 있는 블록을 의미한다.
   - 셀을 통해 코드 실행, 문서 작성, 시각화 등을 쉽게 수행할 수 있습니다.

> 파란색은 셀 선택 상태입니다. (선택상태)
> [ESC] 또는 [Ctrl] + [m]를 눌러 셀이 아래와 같이 파란색이 된 상태(셀 선택 모드)에서 해당 단축키 누름
>
> In [ ]:
>
> In [ ]:
>
> In [ ]:
>
> a: 위에 새로운 셀 추가
> b: 아래에 새로운 셀 추가
> c: 셀 복사하기
> v: 셀 붙여넣기

```
x: 셀 잘라내기
dd: 셀 삭제하기
p: 셀 아래에 붙여넣기
o: 실행결과 열기/닫기
m: Markdown으로 변경
y: Code로 변경
Shift + m: 선택 셀과 아래 셀과 합치기
Ctrl + s 또는 s: 파일 저장
Enter: 선택 셀의 코드 입력 모드로 돌아가기
```

2) 코드 입력 모드(Edit Mode)

```
초록색은 코드 입력 가능 상태입니다. (입력상태)
[Enter]를 눌러 셀이 아래와 같이 초록색이 된 상태(코드 입력 모드)에서 해당 단축키 누름

In [ ]:  [                                    ]

In [ ]:  [                                    ]

In [ ]:  [                                    ]

Ctrl + Enter: 입력 셀 실행
Shift + Enter: 입력 셀 실행 후 아래 셀로 이동 (없으면 새로운 셀 추가)
Alt + Enter: 입력영역 실행 후 아래 새로운 영역 추가
```

3. 구글 Colab

- 구글 Colab은 구글이 제공하는 클라우드 기반의 Jupyter 노트북 환경이다.
- Colab을 설치하는 것이 아니라 사용하는 것이기 때문에 별도의 설치 과정은 필요하지 않다.
- Colab을 사용하기 위해서는 다음과 같은 단계를 따라야 한다.

1) 구글 계정

- Colab을 사용하려면 구글 계정이 필요하다. 구글 계정이 없다면 먼저 구글에 가입해야 한다.

2) Colab 웹사이트 접속
   - 구글 Colab 웹사이트(https://colab.research.google.com/)에 접속하여 로그인

3) 노트북 생성
   - 로그인 후에는 새로운 노트북을 만들거나 이미 존재하는 노트북을 열어서 사용할 수 있다.

2장 파이썬 기초 문법

01 파이썬 기초 문법

1. 변수(Variable)
    - 변수는 데이터를 저장하고 참조하기 위한 식별자(identifier)로 사용한다.
    - 변수는 값이나 객체에 이름을 붙여 사용할 때 활용한다.
    - '=' 부호를 사용하여 왼쪽의 변수에 오른쪽의 데이터를 저장한다.
    - 파이썬은 대소문자를 구분한다. 즉, 대문자와 소문자는 서로 다른 문자로 취급한다.
    - 예를 들어, 다음과 같이 변수를 선언하고 값을 할당할 수 있다.

```
In [1]: apple=10
        Apple=20
```

스크립트 설명

- 위 코드에서 apple과 Apple은 서로 다른 변수이다.
- 즉, apple에는 10이 할당되고, Apple에는 20이 할당된다.

2. 파이썬 자료의 형태
    ① 정수(int) : 정수는 소수점이 없는 숫자이다. 예 1, 2, -3 등이 정수이다.
    ② 실수(float) : 실수 또는 부동소수점은 소수점을 포함한 숫자이다.
        예 3.14, 2.718, -0.5 등이 부동소수점 또는 실수이다.
    ③ 문자열(str) : 문자열은 작은 따옴표('')나 큰 따옴표("")로 둘러싸인 문자들의 집합이다.
        예 'Hello, world!', "Python" 등이 문자열이다.
    ④ 불리언(bool) : 불리언 또는 논리형은 True나 False 중 하나의 값을 가지는 자료 형태이다.
    ⑤ 리스트(list) : 리스트는 여러 값을 저장할 수 있는 순서가 있는 자료 형태이다. 리스트는 대괄호([])로 둘러싸인 값들의 시퀀스이다.
        예 [1, 2, 3], ['apple', 'banana', 'orange'] 등이 리스트이다.

⑥ 튜플(tuple) : 튜플은 리스트와 비슷하지만, 변경이 불가능한 자료 형태이다. 튜플은 소괄호(())로 둘러싸인 값들의 시퀀스이다. 예 (1, 2, 3), ('apple', 'banana', 'orange') 등이 튜플이다.

⑦ 딕셔너리(dictionary) : 딕셔너리는 키와 값의 쌍을 저장하는 자료 형태이다. 딕셔너리는 중괄호({})로 둘러싸인 키-값 쌍들의 집합이다. 예 {'name': 'John', 'age': 30} 등이 딕셔너리이다.

⑧ 집합(set) : 집합은 중복을 허용하지 않고 순서가 없는 값들의 모임이다. 집합은 중괄호({})로 둘러싸인 값들의 집합이다. 예 {1, 2, 3} 등이 집합이다.

3. print( ) 함수
   - print() 함수는 화면에 텍스트를 출력하는 함수이다.
   - 이 함수를 사용하여 변수의 값을 출력하거나, 문자열을 출력할 수 있다.
   - '#' 기호는 주석(comment)을 나타내는 기호이다.
   - 주석은 코드 내에 설명을 추가하거나 임시로 코드를 비활성화할 때 사용된다.
   - 주석은 프로그램이 실행될 때 무시되므로 코드의 동작에 영향을 주지 않는다.
   - print() 함수의 기본적인 사용 방법은 다음과 같다:

```
In [2]: print(77)
77
```

스크립트 설명

- 숫자 77을 출력한다.

```
In [3]: print("Hello")
Hello
```

스크립트 설명

- print("Hello")는 괄호 안에 있는 문자열 Hello를 출력하는 역할을 한다.

```
In [3]:  print(type(20))      # 정수형
         print(type('20'))     # 문자형
         print(type(20.0))     # 실수형
         print(type(True))     # 논리형
```
```
<class 'int'>
<class 'str'>
<class 'float'>
<class 'bool'>
```

스크립트 설명

- type() 함수는 주어진 객체의 데이터 형태를 반환한다.
- 변수나 값의 자료형을 확인하고자 할 때 사용한다.

```
In [4]:  print("happy')
```
```
Cell In[4], line 1
    print("happy')
                 ^
SyntaxError: unterminated string literal (detected at line 1)
```

스크립트 설명

- "SyntaxError: unterminated string literal" 오류는 문자열을 시작하는 따옴표나 큰따옴표가 있지만, 따옴표나 큰따옴표가 일치하지 않은 경우에 발생한다.

```
In [4]:  print('happy'
```
```
Cell In[4], line 1
    print('happy'
                ^
SyntaxError: incomplete input
```

스크립트 설명

- "SyntaxError: incomplete input" 오류는 파이썬은 코드의 끝이나 닫는 괄호가 누락되었다고 판단할 때 발생한다.

4. 기초 연산자

1) 논리 연산자

- 논리 연산자들은 주로 조건문에서 사용되어 여러 조건을 결합하거나 조건을 출력한다.

연산자	의미
and	• 두 개의 조건문이 모두 참일 때만 참을 반환한다.
or	• 두 개의 조건문 중 하나라도 참이면 참을 반환한다.
not	• 주어진 조건문의 반대를 반환한다.

2) 비교 연산자

- 비교 연산자는 주로 조건문에서 사용되어 변수나 값들의 관계를 검사하고, 이를 기반으로 프로그램의 흐름을 제어하는 데에 활용한다.

연산자	의미
==	• 두 값이 서로 같으면 참을 반환
!=	• 두 값이 서로 다르면 참을 반환
>	• 왼쪽 피연산자가 오른쪽 피연산자보다 크면 참을 반환
<	• 왼쪽 피연산자가 오른쪽 피연산자보다 작으면 참을 반환
>=	• 왼쪽 피연산자가 오른쪽 피연산자보다 크거나 같으면 참을 반환
<=	• 왼쪽 피연산자가 오른쪽 피연산자보다 작거나 같으면 참을 반환

5. 파이썬의 자료형

- 자료형에 따라 분석 방법이 달라질 수 있어서 자료형의 이해는 필수적이다.

1) 숫자형

```
In [3]: type(123)
Out[3]: int
```

스크립트 설명

- 'int'는 정수(integer)를 나타낸다.

```
In [4]: type(123.0)
Out[4]: float
```

스크립트 설명

- 'float'는 소수점을 포함하는 실수를 의미한다.

(1) 숫자형의 사칙연산

연산자	의미
+	• 더하기
-	• 빼기
*	• 곱하기
/	• 나누기
//	• 몫
%	• 나머지
**	• 제곱

In [5]:
```
a=123
b=1.23
c=a+b
print(c)
type(c)
```

```
124.23
```
Out[5]: float

In [6]:
```
a=3
b=2
print(a+b)   # 덧셈
print(a-b)   # 뺄셈
print(a*b)   # 곱셈
print(a/b)   # 나눗셈
print(a**b)  # 거듭제곱
print(a//b)  # 몫
print(a%b)   # 나머지
```

```
5
1
6
1.5
9
1
1
```

2) 문자형
- 파이썬에서 문자열은 작은 따옴표(' ') 또는 큰 따옴표(" ")로 둘러싸여서 나타낼 수 있다.

```
In [7]:  print("bigdata") # 큰 따옴표
         print('pass')     # 작은 따옴표
         type('pass')

         bigdata
         pass
Out[7]:  str
```

스크립트 설명

- type() 함수의 결과가 'str'이라는 것은 해당 객체가 문자열(string) 타입의 데이터를 포함하고 있다는 것을 의미한다.

(1) 문자열의 덧셈
- 파이썬에서 문자열의 덧셈 연산은 문자열을 이어붙이는(concatenate) 역할을 한다.
- 두 개의 문자열을 연결하여 하나의 문자열로 만든다.
- 이를 문자열 연결(concatenation)이라고도 한다.

```
In [8]:  a='bigdata'
         b=" "
         c='pass'
         print(a+b+c)

         bigdata pass
```

(2) 문자열의 곱셈
- 파이썬에서 문자열의 곱셈 연산은 해당 문자열을 여러 번 반복하여 새로운 문자열을 생성하는 역할을 한다.

```
In [9]:  a='bigdata'
         print(a*2)

         bigdatabigdata
```

(3) 문자형의 길이
- len() 함수는 파이썬에서 내장되어 있는 함수로, 문자열에 포함된 문자의 개수를 반환한다.
- 공백, 쉼표도 하나의 문자열로 계산한다.
- len() 함수는 모든 데이터 타입에 적용될 수 있는 것은 아니다. 예를 들어, 정수나 부동소수점과 같은 숫자 타입에는 len() 함수를 적용할 수 없다.

```
In [10]:  len("bigdata pass")
Out[10]:  12
```

(4) 대소문자 변환
- upper() 메서드는 문자열을 모두 대문자로 변환하는 데 사용한다.
- 이 메서드는 문자열의 모든 알파벳 문자를 대문자로 변환한다.

```
In [11]:  s1="python"
          s1.upper()   # 문자열.upper( )
Out[11]:  'PYTHON'
```

- lower() 메서드는 문자열을 모두 소문자로 변환하는 데 사용된다.
- 이 메서드는 문자열의 모든 알파벳 문자를 소문자로 변환한다.

```
In [12]:  s2="PYTHON"
          s1.lower()
Out[12]:  'python'
```

도움말
- 메서드는 특정 객체의 동작을 나타내는 함수이다.
- 메서드는 객체와 연결된 함수이므로 객체의 메서드를 호출할 때에는 객체 이름 뒤에 마침표(.)를 사용하여 호출한다.
- 예를 들어, 문자열 객체의 upper() 메서드를 호출할 때는 "hello".upper()와 같이 호출한다.
- 파이썬에서 "시퀀스(sequence)"란 원소의 순서가 있는 데이터 구조를 통칭하는 용어이다.

(5) 문자열의 인덱싱

- 파이썬에서 대괄호([ ])는 인덱싱(indexing) 및 슬라이싱(slicing)을 수행하는 데에 사용한다.

① 인덱싱(indexing)

- 인덱싱은 시퀀스의 특정 요소에 접근하는 것을 의미한다.
- 인덱스는 0부터 시작하며, 대괄호 안에 해당 요소의 인덱스를 지정하여 해당 요소에 접근한다.

```
In [13]: my_string="Hello"
         print(my_string[0])
         my_list=[1, 2, 3, 4, 5]
         print(my_list[2])

         H
         3
```

② 슬라이싱(slicing)

- 슬라이싱은 시퀀스의 일부를 추출하는 것을 의미한다.
- 대괄호 안에 시작 인덱스와 끝 인덱스를 콜론(:)으로 구분하여 지정한다.
- 시작 인덱스는 포함되고, 끝 인덱스는 포함되지 않는다.

```
In [14]: s3="Hello World"
         s3[-1]     # 마이너스는 문자열의 끝에서 추출
Out[14]: 'd'
```

```
In [15]: s3="Hello World"
         s3[0:2] # [시작번호:끝번호] 끝번호는 포함되지 않는다.
Out[15]: 'He'
```

```
In [16]: s3[:] # 시작번호와 끝번호를 생략하면 문자열의 처음부터 끝번호까지 추출
Out[16]: 'Hello World'
```

3) 리스트(List)
- 리스트는 대괄호로 요소를 감싸고 쉼표(,)로 구분하여 표현된다.

    예 [1, 2, 3]는 세 개의 정수를 포함하는 리스트이다.

```
In [17]: a=[1,2,3,4]
         b=[1,2,'bigdata']
         c=[1,2,[3,4]]
```

```
In [18]: type(a)
Out[18]: list
```

(1) 리스트의 사칙연산
- len()함수로 갯수 확인

```
In [19]: a=[1,2,3,4]
         len(a)
Out[19]: 4
```

① 덧셈
- 두 개의 리스트를 더하여(concatenate) 하나의 리스트로 결합할 수 있다.

```
In [20]: a=[1,2,3,4]
         b=[5,6,7]
         a+b
Out[20]: [1, 2, 3, 4, 5, 6, 7]
```

② 곱셈
- 리스트의 곱셈은 리스트를 반복한다.

```
In [21]:  a=[1,2,3,4]
          a*2

Out[21]:  [1, 2, 3, 4, 1, 2, 3, 4]
```

③ 리스트의 인덱싱과 슬라이싱

```
In [22]:  a=['show', 'how', 'to', 'index', 'into', 'sequences']
          a[0]

Out[22]:  'show'
```

```
In [23]:  a=['show', 'how', 'to', 'index', 'into', 'sequences']
          a[5]

Out[23]:  'sequences'
```

```
In [24]:  a=['show', 'how', 'to', 'index', 'into', 'sequences']
          a[-1]

Out[24]:  'sequences'
```

```
In [25]:  a=['show', 'how', 'to', 'index', 'into', 'sequences']
          a[-6]

Out[25]:  'show'
```

```
In [26]:  a=['show', 'how', 'to', 'index', 'into', 'sequences']
          a[1:4]
          # 리스트[시작 인덱스:종료 인덱스] 종료 인덱스 원소는 포함하지 않음

Out[26]:  ['how', 'to', 'index']
```

```
In [27]: a=['show', 'how', 'to', 'index', 'into', 'sequences']
         a[1:-1] # 음수 인덱스도 가능
Out[27]: ['how', 'to', 'index', 'into']
```

```
In [28]: a=['show', 'how', 'to', 'index', 'into', 'sequences']
         a[3:]
Out[28]: ['index', 'into', 'sequences']
```

스크립트 설명

- a[3:]는 시작 인덱스를 3으로 지정하고, 끝 인덱스를 지정하지 않았으므로 리스트의 마지막 요소까지 포함한다.
- a[1:-1]은 리스트의 두 번째 요소부터 마지막 요소 전까지 가져오는 슬라이싱 방법이다.

(2) 리스트의 요소 추가

- append() 메서드는 리스트에 새로운 요소를 추가하는 데 사용된다.

```
In [29]: a=[1,2,3]
         a.append(4)
         print(a)
         [1, 2, 3, 4]
```

스크립트 설명

- 리스트.append(x) : x라는 요소 추가한다.

(3) 리스트의 정렬
- sort() 메서드는 리스트의 요소들을 정렬하는 데 사용한다.
- 기본적으로 sort() 메서드는 오름차순으로 리스트를 정렬한다.

```
In [30]: a=[1,10,9,3]
         a.sort()
         print(a)

         [1, 3, 9, 10]
```

(4) 리스트 요소 제거
- remove() 메서드는 리스트에서 특정한 값을 찾아서 제거하는 데 사용한다.

```
In [31]: a=[1,10,9,3]
         a.remove(9)
         print(a)

         [1, 10, 3]
```

(5) 리스트 요소 개수 확인
- len() 함수는 리스트에 포함된 요소의 총 개수를 반환한다.
- count() 메서드는 리스트 객체에 속하는 메서드로, 특정한 값을 가진 요소의 개수를 세어 반환한다.

```
In [32]: a=[1,3,5,3,7,9]
         b=a.count(3)
         print(b)

         2
```

4) 튜플(Tuple)
- 튜플은 리스트와 유사하지만, 중요한 차이점이 있다.
- 튜플은 변경할 수 없는(immutable) 데이터 타입이며, 괄호(())로 요소들을 묶어서 표현된다.

```
In [33]: a=(1,2,3,4)
         b=(5,6)
         c=a+b
         print(c)

(1, 2, 3, 4, 5, 6)
```

5) 딕셔너리(Dictionary)
- 딕셔너리는 키(key)와 값(value)의 쌍으로 구성된 데이터 구조이다. 각 키는 고유해야 하며, 값은 키와 연결되어 있다.
- 중괄호({})를 사용하여 딕셔너리를 표현하며, 쉼표(,)로 구분된 키-값 쌍을 포함한다. 각 쌍은 콜론(:)으로 키와 값을 구분한다.
- 딕셔너리는 키를 사용하여 값에 접근하며, 인덱싱(indexing)과 슬라이싱(slicing)은 사용할 수 없다.
- 딕셔너리는 데이터의 순서가 없고, 키와 값의 쌍으로 저장되어 있다.

```
In [34]: a={'name':'kim','age':21}
         print(a)
         print(a['name'])

{'name': 'kim', 'age': 21}
kim
```

6) 집합 자료형
- 집합에 관련된 것을 처리하기 위해 만든 자료형이다.
- 집합은 중괄호 {}를 사용하여 정의하며, 각 요소는 쉼표로 구분한다.
- 집합 자료형은 set 함수를 사용해서 만들 수도 있다.

- 집합은 중복된 요소를 포함하지 않는다. 따라서 집합에는 동일한 값이 한 번만 나타난다.

```
In [35]: a={1,2,3}
         a=set([1,2,3])
         b=set([1,2,4])
         c=a&b  # & 교집합 기호, | 합집합 기호
         print(c)

         {1, 2}
```

7) 논리 자료형
   - 논리 자료형(Boolean type)으로 True와 False를 사용한다. 이러한 값들은 조건문, 논리 연산 및 다양한 판단을 수행하는 데 사용한다.
   - int() 함수를 사용하여 논리형을 숫자형으로 변환할 수 있다. 이때 True는 1로, False는 0으로 변환된다.

```
In [36]: a=True
         b=False
         type(a)
Out[36]: bool
```

```
In [37]: print(int(True))
         print(int(False))

         1
         0
```

① 비교 연산자 결과는 True 또는 False 출력된다.

```
In [38]: 10>9
Out[38]: True
```

```
In [39]: 3<2
Out[39]: False
```

```
In [40]: 3>=2
Out[40]: True
```

```
In [41]: 9==9
Out[41]: True
```

```
In [42]: 9!=9
Out[42]: False
```

6. 자료형 변환
   - 파이썬에서는 다양한 자료형 간의 변환을 지원한다. 일반적으로 자료형 변환은 내장 함수나 생성자를 사용하여 수행한다.

1) 정수형(int)의 변환
   - int() 함수를 사용하여 다른 자료형을 정수형으로 변환할 수 있다. 예를 들어, 실수(float)를 정수형으로 변환할 수 있다.

```
In [43]: print(int('300')) # 문자열->정수형
         print(int(True))  # 논리형->정수형
         print(int(False)) # 논리형->정수형
         print(int(1.5))   # 실수형->정수형
         300
         1
         0
         1
```

- 변환할 문자열이 숫자 형식이 아닌 경우에는 'ValueError'가 발생할 수 있다.

```
In [79]: print(int('hi'))

ValueError                   Traceback (most recent call last)
Cell In[79], line 1
----> 1 print(int('hi'))
ValueError: invalid literal for int() with base 10: 'hi'
```

2) 실수형(float)의 변환
- 실수형으로의 변환은 float() 함수를 사용하여 수행한다.

```
In [44]: print(float(100))     # 정수형->실수형
         print(float('2.2'))    # 문자열->실수형
         print(float(True))     # 논리형->실수형
         print(float(False))    # 논리형->실수형

100.0
2.2
1.0
0.0
```

3) 문자형(str)의 변환
- 문자열로의 변환은 str() 함수를 사용하여 수행한다.

```
In [45]: print(str(100))    # 정수형->문자열
         print(str(2.2))    # 실수형->문자열
         print(str(True))   # 논리형->문자열
         print(str(False))  # 논리형->문자열

100
2.2
True
False
```

7. 제어문
1) if~else 문
   - if 문은 조건식이 **참**(True)이면 해당 코드 블록을 실행하고, **거짓**(False)이면 else 블록을 실행한다.
   - 필요에 따라 else 문을 추가하여 조건식이 거짓일 때 실행할 코드를 지정할 수 있다.
   - if 문을 만들 때는 조건문 뒤에 콜론(:)을 붙이고, 그 다음에 오는 모든 문장은 들여쓰기를 해야한다.
   - 이 들여쓰기가 코드 블록의 시작을 나타내며, 해당 코드 블록은 조건문이 참일 때 실행된다.
   - 들여쓰기 단축키는 tab, 내여쓰기의 단축키는 shift + tab이다.

```
In [46]: x=1
         y=2
         if x<y:
             print("x가 y보다 작다")
         else:
             print("x가 y보다 크다")
x가 y보다 작다
```

2) for 문
   - for 문은 시퀀스(리스트, 튜플, 문자열 등)나 다른 순회 가능한(iterable) 객체의 각 요소를 반복하며 코드를 실행하는 데 사용된다.
   - for 문을 사용하여 반복적인 작업을 수행할 수 있다.
   - for 문의 기본 구조는 다음과 같다.

```
for 요소 in 시퀀스:
    # 코드 블록
```

스크립트 설명

- 요소 : 반복문이 실행될 때 시퀀스의 각 항목을 담는 변수이다.
- 시퀀스 : 반복할 리스트, 튜플, 문자열, 딕셔너리 등 반복 가능한 객체이다.
- 코드 블록 : for 문 안에 있는 코드로, 요소에 대해 반복적으로 실행할 내용을 정의한다.

```
In [47]: a=['1','2','3','4','5']
         for i in a:
             print(i)
         1
         2
         3
         4
         5
```

8. 내장 함수

- 내장 함수는 파이썬 인터프리터에 미리 정의되어 있어 별도의 설정 없이 바로 사용할 수 있다.
- 자주 사용되는 내장 함수는 다음과 같다.

```
In [48]: abs(-3)        # 절댓값
Out[48]: 3
```

```
In [49]: len("python")  # 요소의 전체 수
Out[49]: 6
```

```
In [50]: len([1,2,3])
Out[50]: 3
```

```
In [51]: max([1,2,3])   # 최댓값
Out[51]: 3
```

```
In [52]: min([1,2,3])   # 최솟값
Out[52]: 1
```

```
In [53]: a=[1,2,3]
         sum(a) #합계
Out[53]: 6
```

```
In [54]: range(10)
Out[54]: range(0, 10)
```

> **스크립트 설명**

- range() 함수는 파이썬의 내장 함수로, 연속된 정수로 구성된 숫자 시퀀스를 생성한다.
- range(10)은 0부터 9까지의 정수로 이루어진 숫자 시퀀스를 나타낸다.
- 출력 결과는 range(0, 10)으로 표시되지만, 실제로는 0부터 9까지의 정수로 이루어진 시퀀스를 나타낸다.

```
In [55]: print(list(range(10)))
         [0, 1, 2, 3, 4, 5, 6, 7, 8, 9]
```

> **스크립트 설명**

- 시퀀스를 리스트로 변환하여 출력하려면 list() 함수를 사용할 수 있다.

```
In [56]: my_list=[3, 1, 4, 1, 5, 9, 2, 6, 5, 3]
         sorted_list=sorted(my_list)
         print(sorted_list)   # 오름차순으로 정렬된 리스트 출력
         [1, 1, 2, 3, 3, 4, 5, 5, 6, 9]
```

```
In [57]: my_list=[3, 1, 4, 1, 5, 9, 2, 6, 5, 3]
         sorted_list_desc = sorted(my_list, reverse=True)
         print(sorted_list_desc)   # 내림차순으로 정렬된 리스트 출력
         [9, 6, 5, 5, 4, 3, 3, 2, 1, 1]
```

3장 넘파이(Numpy)와 판다스(Pandas)

01 라이브러리

- 라이브러리는 필요한 기능을 쉽게 가져와 사용할 수 있도록 모듈과 패키지를 하나의 단위로 정리한 것이다.
- 파이썬에서는 코드의 재사용성을 높이기 위해 모듈(module), 패키지(package), 라이브러리(library)와 같은 구성 요소들을 사용한다.
- 모듈은 파이썬 코드를 담고 있는 단일 파일로, 변수, 함수, 클래스 등을 정의할 수 있다.
- 다른 파이썬 프로그램에서 모듈을 임포트(import)하여 사용할 수 있다. 모듈은 다양한 기능을 논리적으로 분리하고 관리할 수 있도록 해 준다.
- 모듈은 단일 파일에 있는 코드 집합체이고, 패키지는 모듈들의 디렉토리 구조이고, 라이브러리는 여러 모듈과 패키지들의 집합체이다.

1. NumPy(넘파이)

   - Numerical Python의 줄임말로, 고성능의 다차원 배열과 배열 연산을 위한 라이브러리이다.
   - NumPy는 효율적인 데이터 구조와 연산을 제공하여 수학적 연산 및 배열 조작을 편리하게 할 수 있다.
   - NumPy는 데이터 과학, 머신러닝, 인공지능 등 다양한 분야에서 널리 사용되며, 많은 다른 라이브러리와 함께 사용되며, 데이터 처리와 분석을 수행하는 데 중요한 역할을 한다.
   - NumPy를 사용하려면 먼저 해당 패키지를 import 해야 한다.
   - 일반적으로 NumPy는 np라는 별칭으로 import 한다.

```
In [58]: import numpy as np
         a=[1, 3, 5,'a','b'] # 파이썬 리스트 생성
         print(a)

         [1, 3, 5, 'a', 'b']  # 1, 3, 5는 숫자형, 'a', 'b'는 문자열
```

```
In [59]: import numpy as np
         b=np.array ([1, 3, 5, 'a','b']) # NumPy 배열로 변환
         print(b)

         ['1' '3' '5' 'a' 'b'] # '1', '3', '5', 'a', 'b'의 문자열로 전환
```

- NumPy의 배열은 숫자형과 문자열이 함께 포함될 경우, 모든 요소가 문자열로 변환된다.
- 이는 배열의 모든 요소가 동일한 데이터 형식을 가져야 하기 때문이다.
- 따라서 배열에 숫자형과 문자열이 혼합되어 있다면, 모든 요소가 문자열로 변환된다.
- NumPy는 배열의 데이터 형식을 일관되게 유지하기 위해 자동으로 모든 요소를 동일한 형식으로 변환한다.

1) 배열 생성
- 넘파이(NumPy) 라이브러리의 array( ) 메서드는 파이썬 리스트(list)나 튜플(tuple) 등의 데이터를 넘파이 배열(numpy array)로 변환하는 기능을 제공한다.

```
In [60]: import numpy as np
         a=np.array ([1, 2, 3])
         print(a)
         print(type(a))

         [1 2 3]
         <class 'numpy.ndarray'>
```

2) 배열 초기화
- NumPy 배열을 초기화하는 여러 가지 방법이 있다.

(1) 모든 요소가 동일한 값으로 초기화 방법
- np.zeros( ) : 모든 요소를 0으로 초기화한 배열 생성
- np.ones( ) : 모든 요소를 1로 초기화한 배열 생성
- np.full( ) : 모든 요소를 지정한 값으로 초기화한 배열 생성

```
In [61]: np.zeros(5) # zeros( ):모든 원소가 0이고 길이가 5인, 1차원 배열
Out[61]: array([0., 0., 0., 0., 0.])
```

```
In [62]: np.zeros((3, 4)) # zeros( ): 2차원 배열
Out[62]: array([[0., 0., 0., 0.],
                [0., 0., 0., 0.],
                [0., 0., 0., 0.]])
```

```
In [63]: np.ones(3) # ones( ):모든 원소가 1로 채워진 배열
Out[63]: array([1., 1., 1.])
```

```
In [64]: np.ones((3,4)) # ones( ):모든 원소가 1로 채워진 2차원 배열
Out[64]: array([[1., 1., 1., 1.],
                [1., 1., 1., 1.],
                [1., 1., 1., 1.]])
```

```
In [65]: np.full(5,7) # 지정 값이 7이고, 길이가 5인 1차원 배열
Out[65]: array([7, 7, 7, 7, 7])
```

```
In [66]: np.full([2,3],7)# 지정 값이 7이고, 2행 3열인 2차원 배열을 생성
Out[66]: array([[7, 7, 7],
               [7, 7, 7]])
```

```
In [67]: np.full([2,3,4],7)
Out[67]: array([[[7, 7, 7, 7],
                [7, 7, 7, 7],
                [7, 7, 7, 7]],

               [[7, 7, 7, 7],
                [7, 7, 7, 7],
                [7, 7, 7, 7]]])
```

(2) 일정 범위의 숫자로 초기화
- np.arange() : 일정 범위의 정수로 초기화한 배열 생성

```
In [68]: a=np.arange(10)
         print(a)
Out[68]: [0 1 2 3 4 5 6 7 8 9]
```

```
In [69]: np.arange(1,10,2)
         # np.arange(i, j, k)는 i부터 j-1까지 k씩 증가하는 배열을 생성
Out[69]: array([1, 3, 5, 7, 9])
```

(3) 랜덤 값으로 초기화
- np.random.rand() : 0과 1 사이의 랜덤한 값으로 초기화한 배열 생성

```
In [70]: a=np.random.rand(5)
         print(a)
Out[70]: [0.51151478 0.39662613 0.17808122 0.28289734 0.32817301]
```

3) 속성 확인

   (1) dtype
   - dtype은 넘파이 배열의 요소가 어떤 데이터 유형으로 저장되어 있는지를 나타낸다.
   - 예를 들어, int32는 32비트(4바이트) 크기의 정수형 데이터를 의미한다.

   ```
   In [71]: a=np.array([1,2,3])
            print(a)
            print(type(a))
            print(a.dtype) # 배열의 데이터 형식 확인

            [1 2 3]
            <class 'numpy.ndarray'>
            int32    # 32비트 크기의 정수형
   ```

   ```
   In [72]: a=np.array([1.0,2.3])
            print(type(a))
            print(a.dtype)  # float(실수)

            <class 'numpy.ndarray'>
            float64 # 64비트 크기의 실수형
   ```

   (2) shape
   - 넘파이(Numpy)에서는 배열의 형태(shape)를 확인하기 위해 shape 속성을 사용한다. 이 속성은 배열의 차원 구조를 나타내며, 각 차원에 포함된 요소의 개수를 튜플로 반환한다.
   - 예를 들어, 2차원 배열의 경우 첫 번째 값은 행(row)의 개수를, 두 번째 값은 열(column)의 개수를 나타낸다. 3차원 배열의 경우 첫 번째 값은 깊이(depth), 두 번째 값은 행(row), 세 번째 값은 열(column)의 개수를 나타낸다.

In [73]:
```
a=np.array([[0, 1, 2], [3, 4, 5]])
# 2 x 3의 NumPy 2차원 배열 생성
b=np.shape(a)
print(b)
type(b)
```

```
(2, 3)
```
Out[73]: **tuple**

In [74]:
```
x=np.arange(20)    # x는 1차원 배열이다.
x
```
Out[74]: array([0, 1, 2, 3, 4, 5, 6, 7, 8, 9, 10, 11, 12, 13,
       14, 15, 16, 17, 18, 19])

In [75]:
```
x.reshape(4,5)   # x를 (4,5) 2차원으로 바꾼 배열을 리턴한다.
```
Out[75]: array([[0, 1, 2, 3, 4],
       [5, 6, 7, 8, 9],
       [10, 11, 12, 13, 14],
       [15, 16, 17, 18, 19]])

In [76]:
```
x.reshape(4,5,order='F')   # 배열순서가 행->열로 변경한다.
```
Out[76]: array([[0, 4, 8, 12, 16],
       [1, 5, 9, 13, 17],
       [2, 6, 10, 14, 18],
       [3, 7, 11, 15, 19]])

In [77]:
```
x.reshape(-1,5)
```
Out[77]: array([[0, 1, 2, 3, 4],
       [5, 6, 7, 8, 9],
       [10, 11, 12, 13, 14],
       [15, 16, 17, 18, 19]])

> **스크립트 설명**

- reshape(-1)은 배열의 형태를 변경하면서 해당 차원의 크기를 자동으로 조정할 때 사용한다.
- reshape(-1, 5)는 원래 배열의 요소 개수를 유지하면서 5열을 가지는 2차원 배열로 변환한다.

(3) astype( )

- 넘파이(NumPy) 라이브러리의 astype( ) 메서드는 배열의 데이터 타입을 변경하는 데 사용된다.
- 이 메서드를 사용하여 배열의 요소를 다른 데이터 타입으로 변환할 수 있다.
- 예를 들어, 정수로 이루어진 배열을 실수형으로 변환하거나 부호 있는 정수를 부호 없는 정수로 변환하는 등의 작업을 할 수 있다.

```
In [78]: a=np.array([1,2,3])
         print(a)
         print(type(a))
         print(a.dtype)
         a=a.astype(float)    # int->float 변경
         print(a.dtype)
```

```
[1 2 3]
<class 'numpy.ndarray'>
int32
float64
```

4) 인덱싱과 슬라이싱

- 넘파이(Numpy) 배열에서 인덱싱과 슬라이싱을 사용하여 배열의 요소에 접근하고, 부분 배열을 선택할 수 있다.

In [79]:
```
a=np.arange(1,10).reshape(3,3)
print(a)
```
[[1 2 3]
 [4 5 6]
 [7 8 9]]

In [80]:
```
print(a[1:3])   # 2,3행 추출
```
[[4 5 6]
 [7 8 9]]

- [ ] 안에 인덱스나 슬라이스를 넣어 해당 위치의 요소나 부분 배열에 접근한다.
- 인덱스는 0부터 시작하며, 음수 인덱스는 배열의 끝에서부터 역으로 접근한다.

In [81]:
```
print(a[1:2])   # 2행만 추출
```
[[4 5 6]]

In [82]:
```
print(a[:,:])   # 전체 선택
```
[[1 2 3]
 [4 5 6]
 [7 8 9]]

5) 기술 통계량(descriptive statistics)
- 넘파이(Numpy)를 사용하여 기술 통계량(descriptive statistics)을 계산할 수 있다.
- 기술 통계량은 데이터의 분포 및 중심 경향에 대한 정보를 제공한다.

In [83]:
```
x = np.arange(20)
len(x)
```
Out[83]: 20

```
In [84]: print(np.mean(x)) # 평균
         print(np.var(x))  # 분산
         print(np.std(x))  # 표준편차

         9.5
         33.25
         5.766281297335398
```

```
In [85]: print(np.max(x))    # 최대값
         print(np.min(x))    # 최소값
         print(np.median(x)) # 중앙값

         19
         0
         9.5
```

```
In [86]: # 사분위수 (np.percentile())
         print(np.percentile(x,25)) # 1사분위수
         print(np.percentile(x,50)) # 2사분위수
         print(np.percentile(x,75)) # 3사분위수

         4.75
         9.5
         14.25
```

```
In [87]: round(1.987,2) # 소수 반올림 round(값,소수점 반올림 자릿수)

         1.99
```

2. 판다스(Pandas)

- 판다스(Pandas)는 데이터 조작과 분석을 위한 파이썬 라이브러리이다. 주로 데이터를 구조화된 형식으로 처리하고 다양한 연산을 수행하는 데 사용된다.
- 판다스는 행과 열로 이루어진 데이터 구조를 제공하며, 이를 통해 데이터를 쉽게 조작할 수 있다.

- pandas를 활용하기 위해서는 먼저 pandas 패키지를 import 해야 한다. 일반적으로 pandas를 pd라는 약어로 import하여 사용한다.
- pandas는 작업형 1,2,3 유형 모두 사용되기 때문에 다양한 데이터 셋을 연습하는 것이 중요하다.
- 판다스의 데이터 구조는 아래와 같다.

① **시리즈(Series)**
- 1차원 데이터 구조로, 데이터와 인덱스(index)로 이루어져 있다. 인덱스를 이용하여 각 데이터에 접근할 수 있다.

② **데이터프레임(DataFrame)**
- 2차원 데이터 구조로, 여러 개의 시리즈를 모아 행과 열로 구성된다. 행과 열의 레이블을 가지고 있어 데이터를 쉽게 처리할 수 있다.

1) **시리즈(Series)**
    - 시리즈(Series)는 1차원 배열 형태의 구조이다.
    - 시리즈는 값(value)과 인덱스(index)로 구성된다.
    - 시리즈를 생성하려면 pd.Series() 함수를 사용하고, 인덱스와 값을 인자로 전달해야 한다.
    - 인덱스를 지정하지 않으면, 기본적으로 0부터 시작하는 정수 인덱스가 생성된다.

(1) 정수형 생성

```
In [88]: import pandas as pd
         height=pd.Series([170,175,165])
         print(height)

         0    170
         1    175
         2    165
         dtype: int64
```

(2) 문자형 생성

```
In [89]: gender=pd.Series(["male","female","male"])
         print(gender)

         0      male
         1    female
         2      male
         dtype: object
```

> **스크립트 설명**

- 판다스(DataFrame 또는 Series)에서 "dtype: object"는 해당 열(column)이 파이썬의 내장 자료형 중 하나인 객체(object) 타입을 가지고 있음을 의미한다.

```
In [90]: gender=pd.Series(["male","female","male"])
         print(gender.values) # 시리즈의 value 확인

         ['male' 'female' 'male']
```

> **스크립트 설명**

- gender Series에 있는 값들을 배열로 반환한 것으로, "male", "female", "male"의 문자열 값을 가지고 있음을 보여준다.

2) 데이터프레임(DataFrame)
- 데이터프레임(DataFrame)은 행과 열로 이루어진 2차원 데이터 구조이다.
- 행과 열에 레이블을 붙여 데이터를 쉽게 조작할 수 있다.
- 데이터프레임은 엑셀 스프레드시트나 SQL 테이블과 유사한 형태로 데이터를 저장하고 처리할 수 있다.
- 데이터프레임을 생성하려면 pd.DataFrame() 함수를 사용하고, 데이터와 인덱스(index) 및 열(column) 이름을 인자로 전달해야 한다. 데이터는 리스트, 딕셔너리, 넘파이 배열 등의 형태로 전달할 수 있다.

(1) 데이터프레임(DataFrame) 생성
- 데이터프레임을 딕셔너리 형태로 생성하려면 pd.DataFrame({"컬럼명": 데이터})를 사용한다.

```
In [91]: import pandas as pd
         gender=pd.Series(["male","female","male"])
         height=pd.Series([170,175,165])
         weight=pd.Series([70,75,65])
         df=pd.DataFrame({
          "gender":gender,
          "height":height,
          "weight":weight
         })
         print(df)

            gender  height  weight
         0    male     170      70
         1  female     175      75
         2    male     165      65
```

3) CSV 파일을 읽고 저장하기
- pd.read_csv() 함수를 사용하여 CSV 파일을 읽고, to_csv() 메서드를 사용하여 데이터프레임을 CSV 파일로 저장한다.

```
In [92]: import pandas as pd
         df=pd.read_csv('c:/data/Data1.csv')
         type(df)

Out[92]: pandas.core.frame.DataFrame
```

스크립트 설명

- Data1.csv 데이터를 c 드라이브 data 폴더 생성 후에 저장한다.
- pd.read_csv( ) 함수를 사용하여 Data1.csv 파일을 'df' 변수에 저장한다.
- type( )함수를 통해 판다스의 데이터프레임(DataFrame)임을 확인한다.

```
In [93]: df.to_csv('001.csv',index=False)
```

스크립트 설명

- to_csv() 메서드를 사용하여 데이터프레임을 '001.csv' 파일로 저장할 수 있다.
- index=False는 데이터를 저장할 때, 판다스의 데이터프레임(DataFrame)에서 인덱스(index)를 함께 저장하지 않도록 하는 옵션이다.
- 판다스의 to_csv() 메서드를 사용하여 데이터를 CSV 파일로 저장할 때, 기본적으로 인덱스(index) 열이 함께 저장된다. 하지만 **index=False** 옵션을 지정하면 인덱스 열을 저장하지 않는다.

```
In [94]: pwd
Out[94]: 'C:\\Users\\user'
```

스크립트 설명

- pwd(print working directory) 명령어는 현재 작업 디렉터리(current working directory, CWD)를 출력하는 명령어이다.

```
In [95]: pd.read_csv('001.csv').head(3)
```

Out[95]:

	Q1	Q2	Q3	Q4	Q5	Q6	Q7	Q8	Q9	Q10	...	Q17	Q18	Q19	Q20	Gender	EDU	BF	BM	Happiness	Peace
0	4	4	2	3	4	2	2	4	4	4	...	4	4	4	4	0	1	3.4	3.2	4.0	4.0
1	4	4	4	4	4	3	2	4	4	4	...	3	4	2	1	0	1	4.0	3.4	4.0	2.8
2	4	4	4	4	2	4	4	4	4	2	...	4	4	4	3	0	2	3.6	3.6	3.8	3.8

3 rows × 26 columns

스크립트 설명

- head( ) 메서드는 데이터프레임의 처음 몇 개의 행을 반환하는 메서드이다.
- 기본적으로 처음 5개의 행을 반환하지만, 인자로 숫자를 전달하여 반환할 행의 개수를 지정할 수도 있다.

```
In [96]: df.to_csv('002.csv')
         pd.read_csv('002.csv').head(3)
```

	Unnamed: 0	Q1	Q2	Q3	Q4	Q5	Q6	Q7	Q8	Q9	...	Q17	Q18	Q19	Q20	Gender	EDU	BF	BM	Happiness	Peace
0	0	4	4	2	3	4	2	2	4	4	...	4	4	4	4	0	1	3.4	3.2	4.0	4.0
1	1	4	4	4	4	3	2	4	4	4	...	3	4	2	1	0	1	4.0	3.4	4.0	2.8
2	2	4	4	4	2	4	4	4	4	4	...	4	4	4	3	0	2	3.6	3.6	3.8	3.8

3 rows × 27 columns

스크립트 설명

- index=False 옵션을 사용하지 않을 때, 별도의 컬럼(Unnamed:0)이 생성된다.
- "Unnamed: 0" 열은 보통 데이터프레임을 생성할 때, 인덱스로 사용되던 값들이 저장되어 있다.

02 데이터 탐색

- 판다스를 사용하여 데이터를 탐색하는 것은 데이터셋의 구조를 이해하고 데이터의 특성을 파악하는 데 도움이 된다.

1. info() 메서드

- info() 메서드는 판다스(Pandas) 데이터프레임의 간단한 요약 정보를 제공한다.
- 네이티프레임의 구조, 컬럼명, 열의 개수와 이름, 각 열의 데이터 타입, 비어있지 않은 데이터의 개수 등을 요약하여 보여준다.

```
In [97]: import pandas as pd
         df=pd.read_csv('c:/data/Data1.csv')
         df.info()

         <class 'pandas.core.frame.DataFrame'>
         RangeIndex: 1925 entries, 0 to 1924
         Data columns (total 26 columns):
          #   Column  Non-Null Count  Dtype
         ---  ------  --------------  -----
          0   Q1      1925 non-null   int64
          1   Q2      1925 non-null   int64
          2   Q3      1925 non-null   int64
          3   Q4      1925 non-null   int64
          4   Q5      1925 non-null   int64
          5   Q6      1925 non-null   int64
         .... 이하 생략
```

2. columns 속성

- 데이터프레임의 columns 속성을 사용하여 컬럼명을 확인할 수 있다. 이 속성은 데이터프레임의 컬럼명을 포함하는 Index 객체를 반환한다.

```
In [98]: df.columns
Out[98]: Index(['Q1', 'Q2', 'Q3', 'Q4', 'Q5', 'Q6', 'Q7', 'Q8', 'Q9',
                'Q10', 'Q11','Q12', 'Q13', 'Q14', 'Q15', 'Q16', 'Q17', 'Q18',
                'Q19', 'Q20', 'Gender','EDU', 'BF', 'BM', 'Happiness',
                'Peace'], dtype='object')
```

3. shape 속성
    - shape 속성은 데이터프레임의 행(row)과 열(column)의 개수를 튜플 형태로 반환한다.

```
In [99]: df.shape
Out[99]: (1925, 26)
```

4. describe() 메서드
    - describe() 메서드는 숫자형 열에 대한 기술 통계량(descriptive statistics)을 제공한다.
    - 주어진 데이터프레임의 각 숫자형 열에 대해 데이터 개수, 평균, 표준편차, 최솟값, 1사분위수, 중위수, 3사분위수, 최댓값을 계산하여 요약 정보를 제공한다.

```
In [100]: df.describe()
```
Out[100]:

	Q1	Q2	Q3	Q4	Q5	Q6	Q7	Q8	Q9	Q10	...	Q17
count	1925.000000	1925.000000	1925.000000	1925.000000	1925.000000	1925.000000	1925.000000	1925.000000	1925.000000	1925.000000	...	1925.000000
mean	3.535584	3.291429	2.928312	3.061299	3.041039	2.795844	3.086234	3.048831	3.065974	2.882597	...	3.515844
std	0.940764	0.938191	1.019077	0.965832	1.018477	1.117515	1.088039	1.091788	1.138218	0.944804	...	1.000719
min	1.000000	1.000000	1.000000	1.000000	1.000000	1.000000	1.000000	1.000000	1.000000	1.000000	...	1.000000
25%	3.000000	3.000000	2.000000	2.000000	2.000000	2.000000	2.000000	2.000000	2.000000	2.000000	...	3.000000
50%	4.000000	3.000000	3.000000	3.000000	3.000000	3.000000	3.000000	3.000000	3.000000	3.000000	...	4.000000
75%	4.000000	4.000000	4.000000	4.000000	4.000000	4.000000	4.000000	4.000000	4.000000	4.000000	...	4.000000
max	5.000000	5.000000	5.000000	5.000000	5.000000	5.000000	5.000000	5.000000	5.000000	5.000000	...	5.000000

	Q18	Q19	Q20	Gender	EDU	BF	BM	Happiness	Peace
count	1925.000000	1925.000000	1925.000000	1925.000000	1925.000000	1925.000000	1925.000000	1925.000000	1925.000000
mean	3.803636	3.363636	3.348571	0.409870	2.615584	3.171584	2.975792	3.547065	3.564260
std	0.948183	0.911196	0.928613	0.491937	0.827519	0.744109	0.777280	0.748004	0.657075
min	1.000000	1.000000	1.000000	0.000000	1.000000	1.000000	1.000000	1.400000	1.200000
25%	4.000000	3.000000	3.000000	0.000000	2.000000	2.600000	2.400000	3.000000	3.200000
50%	4.000000	3.000000	3.000000	0.000000	3.000000	3.200000	3.000000	3.600000	3.600000
75%	4.000000	4.000000	4.000000	1.000000	3.000000	3.800000	3.600000	4.000000	4.000000
max	5.000000	5.000000	5.000000	1.000000	4.000000	5.000000	5.000000	5.000000	5.000000

8 rows × 26 columns

5. value_counts() 메서드

- value_counts() 메서드는 판다스 시리즈(Series)에서 각 고유한 값의 개수를 세는 메서드이다.

```
In [101]: df['Q1'].value_counts()
Out[101]: Q1
          4    1053
          3     354
          2     290
          5     181
          1      47
          Name: count, dtype: int64
```

6. unique() 메서드

- unique() 메서드는 판다스 시리즈(Series)에서 고유한(unique)한 값들을 반환한다.
- 이 메서드는 시리즈에 포함된 값들 중 중복되지 않는 값들을 찾아서 출력한다.

```
In [102]: df['Q1'].unique()
Out[102]: array([4, 5, 3, 2, 1], dtype=int64)
```

7. head(), tail() 메서드

- head() 메서드는 데이터프레임(DataFrame)의 처음 몇 개의 행을 반환하는 메서드이다. 이를 통해 데이터프레임의 구조를 빠르게 확인할 수 있다.
- head( ) 메서드는 기본적으로 처음 5개의 행을 반환하지만, 인자로 숫자를 전달하여 반환할 행의 개수를 지정할 수도 있다.
- tail() 메서드는 데이터프레임(DataFrame)의 끝 부분의 일부를 반환하는 메서드이다. 기본적으로 마지막 5개의 행을 반환하지만, 괄호 안에 숫자를 전달하여 반환할 행의 수를 조절할 수도 있다.

```
In [103]: print(df.head(3))
Out[103]:    Q1  Q2  Q3  Q4  Q5  Q6  Q7  Q8  Q9  Q10 ...  Q17  Q18  Q19  Q20  Gender  \
          0   4   4   2   3   4   2   2   4   4   4  ...    4    4    4    4       0
          1   4   4   4   4   4   3   2   4   4   4  ...    3    4    2    1       0
          2   4   4   4   4   2   4   4   4   2   2  ...    4    4    4    3       0

             EDU   BF   BM  Happiness  Peace
          0    1  3.4  3.2        4.0    4.0
          1    1  4.0  3.4        4.0    2.8
          2    2  3.6  3.6        3.8    3.8

          [3 rows x 26 columns]
```

8. sort_values() 메서드

- sort_values() 메서드는 데이터프레임의 값을 기준으로 정렬하는 데 사용한다. 이를 사용하여 특정 열의 값을 기준으로 데이터를 정렬할 수 있다. 기본적으로는 오름차순(ascending)으로 정렬되지만, 내림차순(descending)으로 정렬할 수도 있다.

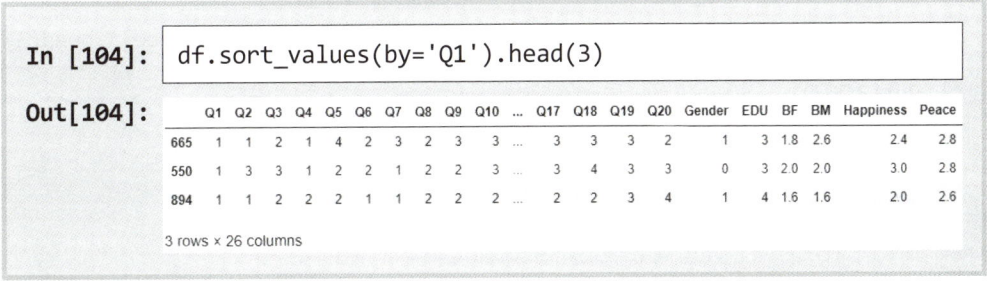

스크립트 설명

- 'Q1' 변수를 기준으로 오름차순(기본값, ascending=True) 정렬되어 있다.

```
In [105]: df.sort_values(by='Q1',ascending=False)
```

	Q1	Q2	Q3	Q4	Q5	Q6	Q7	Q8	Q9	Q10	...	Q17	Q18	Q19	Q20	Gender	EDU	BF	BM	Happiness	Peace
507	5	2	2	4	2	2	3	4	4	4	...	3	4	4	3	0	2	3.0	3.4	3.6	3.6
613	5	4	4	2	3	4	2	5	5	5	...	4	5	5	5	1	2	3.6	4.2	5.0	4.6
499	5	5	3	5	2	3	2	4	2	2	...	2	2	5	2	1	3	4.0	2.6	3.4	2.8
1598	5	4	4	4	2	2	5	2	4	2	...	4	5	5	4	0	3	3.8	3.0	5.0	4.6
686	5	5	4	4	4	2	4	4	2	2	...	5	5	4	5	0	3	4.4	2.8	4.4	4.6
...	...	...	...	...	...	...	...	...	...	...	...	...	...	...	...	...	...	...	...	...	...
277	1	2	2	2	1	1	1	2	2	3	...	2	2	3	2	1	4	1.6	1.8	2.2	2.2
276	1	2	2	2	1	1	1	2	2	3	...	2	2	3	2	1	4	1.6	1.8	2.2	2.2
1661	1	1	1	1	1	1	1	1	1	1	...	3	3	3	3	1	3	1.0	1.0	2.6	3.0
852	1	1	1	1	3	1	1	1	1	1	...	4	1	3	4	0	3	1.4	1.0	1.8	2.6
776	1	1	2	2	3	1	2	2	2	1	...	2	2	2	2	1	3	1.8	1.6	2.4	2.0

1925 rows × 26 columns

스크립트 설명

- ascending=False 옵션을 사용할 때, 'Q1' 변수 기준으로 내림차순 정렬된다.

```
In [106]: df.sort_values(['Q1','EDU'],ascending=[False,True]).head(3)
```

	Q1	Q2	Q3	Q4	Q5	Q6	Q7	Q8	Q9	Q10	...	Q17	Q18	Q19	Q20	Gender	EDU	BF	BM	Happiness	Peace
3	5	4	4	4	4	4	4	4	4	4	...	4	4	4	4	0	1	4.2	4.0	4.0	4.0
22	5	5	5	5	5	5	5	5	5	5	...	4	4	4	5	0	1	5.0	5.0	4.8	4.2
93	5	4	4	4	4	5	4	4	4	4	...	4	4	4	4	0	1	4.2	4.2	4.2	4.2

3 rows × 26 columns

스크립트 설명

- 복수의 컬럼 기준으로 각각 내림차순과 오름차순 정렬이 가능하다.

9. rename( ) 메서드

- rename() 메서드를 사용하여 판다스 데이터프레임의 행 또는 열의 이름을 변경할 수 있다.
- 데이터프레임 변수명.rename(columns={변경 전 변수이름: 변경 후 변수이름})
- 'Gender'→'gender', 'EDU'→'edu'로 변경

```
In [107]: df=df.rename(columns={'Gender':'gender','EDU':'edu'})
          df.columns

Out[107]: Index(['Q1', 'Q2', 'Q3', 'Q4', 'Q5', 'Q6', 'Q7', 'Q8', 'Q9',
          'Q10', 'Q11','Q12', 'Q13', 'Q14', 'Q15', 'Q16', 'Q17', 'Q18',
          'Q19', 'Q20', 'gender','edu', 'BF', 'BM', 'Happiness',
          'Peace'],dtype='object')
```

- rename() 메서드를 사용하여 판다스 데이터프레임의 행의 이름을 변경할 수도 있다. 이를 위해서는 index 매개변수를 사용하여 변경할 행의 이름을 매핑한다.

```
In [108]: df.rename(index={0:'a'}).head(3)
```

Out[108]:

	Q1	Q2	Q3	Q4	Q5	Q6	Q7	Q8	Q9	Q10	...	Q17	Q18	Q19	Q20	gender	edu	BF	BM	Happiness	Peace
a	4	4	2	3	4	2	2	4	4	4	...	4	4	4	4	0	1	3.4	3.2	4.0	4.0
1	4	4	4	4	4	3	2	4	4	4	...	3	4	2	1	0	1	4.0	3.4	4.0	2.8
2	4	4	4	4	2	4	4	4	4	2	...	4	4	4	3	0	2	3.6	3.6	3.8	3.8

3 rows × 26 columns

03 인덱싱(indexing)과 슬라이싱(slicing)

- 넘파이에서는 [ ] 연산자를 사용하여 행과 열의 위치 또는 슬라이스 범위를 지정할 수 있다.
- 판다스에서는 [ ] 연산자를 사용하여 컬럼명이나 인덱스로 변환 가능한 표현식을 통해 열을 선택할 수 있다.

1. 데이터프레임에서 컬럼명으로 데이터 추출
   - 데이터프레임 변수명['컬럼명']
   - 해당 컬럼은 Series로 추출된다.

```
In [109]: import pandas as pd
          df=pd.read_csv('c:/data/Data1.csv')
          print(df['Peace'])
          df1=df['Peace']
          type(df1)
          0       4.0
          1       2.8
          2       3.8
          3       4.0
          4       4.0
                 ...
          1920    2.0
          1921    3.4
          1922    3.6
          1923    3.8
          1924    3.2
          Name: Peace, Length: 1925, dtype: float64
Out[109]: pandas.core.series.Series
```

스크립트 설명

- 데이터프레임 df에서 'Peace'라는 변수를 선택할 수 있다.

2. 데이터프레임에서 두 개 이상의 컬럼명으로 데이터 추출
    - 2개 이상의 컬럼을 추출할 때 데이터프레임 변수명[['컬럼이름1','컬럼이름2']]
    - 시리즈가 아닌 데이터프레임 형태로 추출된다.

```
In [110]: import pandas as pd
          print(df[["Peace","Happiness"]])
          df2=df[["Peace","Happiness"]]
          type(df2)
               Peace  Happiness
          0     4.0       4.0
          1     2.8       4.0
          2     3.8       3.8
          3     4.0       4.0
          4     4.0       4.0
          ...   ...       ...
          1920  2.0       2.0
          1921  3.4       3.4
          1922  3.6       3.4
          1923  3.8       3.0
          1924  3.2       3.0

          [1925 rows x 2 columns]
Out[110]: pandas.core.frame.DataFrame
```

3. 인덱스로 데이터 추출

- 인덱스로 데이터 추출

```
In [111]: df[:]      # 모든 행 추출
```

Out[111]:

	Q1	Q2	Q3	Q4	Q5	Q6	Q7	Q8	Q9	Q10	...	Q17	Q18	Q19	Q20	Gender	EDU	BF	BM	Happiness	Peace
0	4	4	2	3	4	2	2	4	4	4	...	4	4	4	4	0	1	3.4	3.2	4.0	4.0
1	4	4	4	4	4	3	2	4	4	4	...	3	4	2	1	0	1	4.0	3.4	4.0	2.8
2	4	4	4	4	2	4	4	4	4	2	...	4	4	4	3	0	2	3.6	3.6	3.8	3.8
3	5	4	4	4	4	4	4	4	4	4	...	4	4	4	4	0	1	4.2	4.0	4.0	4.0
4	4	4	4	4	4	4	4	2	4	4	...	4	4	4	4	0	2	4.0	3.6	4.0	4.0
...	...	...	...	...	...	...	...	...	...	...	...	...	...	...	...	...	...	...	...	...	...
1920	2	2	2	1	2	2	2	2	2	2	...	2	2	2	2	1	2	1.8	2.0	2.0	2.0
1921	3	2	2	2	3	1	1	1	1	1	...	4	5	2	2	0	2	2.4	1.0	3.4	3.4
1922	5	4	4	4	2	2	2	2	3	3	...	3	4	4	4	0	2	4.2	2.2	3.4	3.6
1923	4	4	4	2	2	4	2	4	3	3	...	4	4	3	4	1	2	3.2	3.4	3.0	3.8
1924	3	3	1	1	2	1	1	1	1	1	...	4	4	3	2	0	3	2.0	1.0	3.0	3.2

1925 rows × 26 columns

```
In [112]: df[0:5]    # 첫 5행까지 추출
```

Out[112]:

	Q1	Q2	Q3	Q4	Q5	Q6	Q7	Q8	Q9	Q10	...	Q17	Q18	Q19	Q20	Gender	EDU	BF	BM	Happiness	Peace
0	4	4	2	3	4	2	2	4	4	4	...	4	4	4	4	0	1	3.4	3.2	4.0	4.0
1	4	4	4	4	4	3	2	4	4	4	...	3	4	2	1	0	1	4.0	3.4	4.0	2.8
2	4	4	4	4	2	4	4	4	4	2	...	4	4	4	3	0	2	3.6	3.6	3.8	3.8
3	5	4	4	4	4	4	4	4	4	4	...	4	4	4	4	0	1	4.2	4.0	4.0	4.0
4	4	4	4	4	4	4	4	2	4	4	...	4	4	4	4	0	2	4.0	3.6	4.0	4.0

5 rows × 26 columns

4. loc[ ](라벨 기반 인덱싱) 및 iloc[ ](정수 기반 인덱싱)

- loc 및 iloc 함수는 판다스에서 데이터프레임에서 행과 열을 선택하기 위해 사용된다.
- 이 두 메서드의 차이점은 인덱싱 방식에 있다.
- loc은 라벨 기반의 인덱싱을 사용한다. 즉, 인덱스 레이블을 사용하여 데이터를 선택한다.
- loc 함수는 행 위치에서는 데이터프레임의 인덱스값, 열 위치에서의 컬럼명을 사용한다.
- 예를 들어, df.loc[0, 'B']는 0행과 'B' 열에 해당하는 데이터를 선택한다.
- iloc은 정수 기반의 인덱싱을 사용한다. 즉, 정수 위치를 사용하여 데이터를 선택한다.
- 예를 들어, df.iloc[0, 1]은 첫 번째 행과 두 번째 열에 해당하는 데이터를 선택한다.

```
In [113]: df.loc[0,'Q1']
Out[113]: 4
```

> **스크립트 설명**

- loc 메서드를 사용하여 첫 번째 행과 'Q1' 열의 값을 추출한다.

```
In [114]: df.loc[:,'Happiness']   # 시리즈로 출력
Out[114]: 0       4.0
          1       4.0
          2       3.8
          3       4.0
          4       4.0
                 ...
          1920    2.0
          1921    3.4
          1922    3.4
          1923    3.0
          1924    3.0
          Name: Happiness, Length: 1925, dtype: float64
```

> **스크립트 설명**

- loc 메서드를 사용하여 특정 열('Happiness')의 값만 추출한다.

```
In [115]: df.loc[:,['Happiness','Peace']].head(3)
Out[115]:    Happiness  Peace
          0     4.0      4.0
          1     4.0      2.8
          2     3.8      3.8
```

> **스크립트 설명**

- loc 메서드를 사용하여 여러 열을 선택할 수 있다.

```
In [116]:  print(df.loc[0:10,'Happiness'])
Out[116]:  0     4.0
           1     4.0
           2     3.8
           3     4.0
           4     4.0
           5     4.0
           6     4.8
           7     4.4
           8     3.8
           9     4.0
           10    4.0
           Name: Happiness, dtype: float64
```

스크립트 설명

- loc 메서드는 행의 위치에 슬라이싱을 적용하면 여러 행의 데이터를 추출할 수 있다.

```
In [117]:  df.loc[0:10,['Happiness']]
Out[117]:      Happiness
           0      4.0
           1      4.0
           2      3.8
           3      4.0
           4      4.0
           5      4.0
           6      4.8
           7      4.4
           8      3.8
           9      4.0
           10     4.0
```

스크립트 설명

- loc 메서드에서 대괄호 [ ]가 두 개 사용될 경우, 결과가 DataFrame 형태로 출력된다.

```
In [118]: df.loc[0].head(3)
Out[118]: Q1    4.0
          Q2    4.0
          Q3    2.0
          Name: 0, dtype: float64
```

> **스크립트 설명**

- 0번째 행만 추출한다.

```
In [119]: df.iloc[0,0]  # [행위치,열위치]
Out[119]: 4
```

> **스크립트 설명**

- iloc 메서드를 사용하여 df의 첫 번째 행과 열의 값을 추출할 수 있다.

```
In [120]: df.iloc[0:4,0]
Out[120]: 0    4
          1    4
          2    4
          3    5
          Name: Q1, dtype: int64
```

> **스크립트 설명**

- iloc 메서드는 인덱스를 사용하여 데이터를 추출하므로, 끝 값(4)은 포함되지 않는다.

```
In [121]: df.iloc[: ,0]     # 첫번째 열 변수 'Q1' 추출하기
Out[121]: 0       4
          1       4
          2       4
          3       5
          4       4
                 ..
          1920    2
          1921    3
          1922    5
          1923    4
          1924    3
          Name: Q1, Length: 1925, dtype: int64
```

스크립트 설명

- iloc 메서드를 사용하여 특정 열만 추출할 수 있다.

```
In [122]: df.iloc[0].head(5)
Out[122]: Q1    4.0
          Q2    4.0
          Q3    2.0
          Q4    3.0
          Q5    4.0
          Name: 0, dtype: float64
```

스크립트 설명

- iloc 메서드를 사용하여 df의 첫 번째 행만 추출할 수 있다.

04 데이터 추출

- 판다스를 사용하여 특정 조건에 해당하는 데이터를 추출하는 방법은 다양하며, 주로 논리 연산자와 비교 연산자를 함께 사용한다.
- 논리 연산자를 사용하여 조건이 **참(True)인 행만** 선택하려면 데이터프레임의 대괄호 [ ] 안에 논리 조건을 넣으면 된다.
- NOT(~), AND(&), OR(|) 연산자를 사용하여 복수 조건을 지정하여 데이터를 추출할 수 있다.

1. 데이터프레임 추출

- 대괄호 [ ] 안에 열의 이름이나 인덱스를 지정하여 해당 열 또는 행을 선택할 수 있다.
- 여러 열을 추출하려면 열 이름을 리스트로 지정하여 대괄호 [ ]를 사용한다.

```
In [123]: import pandas as pd
          df=pd.read_csv('c:/data/Data1.csv')
          df[['Happiness','Peace']].head(3)

Out[123]:     Happiness    Peace
          0      4.0        4.0
          1      4.0        2.8
          2      3.8        3.8
```

2. 시리즈 추출

- 대괄호 [ ] 안에 인덱스를 지정하여 해당 인덱스에 해당하는 값을 추출한다.

```
In [124]: import pandas as pd
          df=pd.read_csv('c:/data/Data1.csv')
          df['BF'].head(3)

Out[124]: 0    3.4
          1    4.0
          2    3.6
          Name: BF, dtype: float64
```

3. 비교 연산자

- 비교 연산자는 두 개의 피연산자를 비교하고 결과에 따라 **True** 또는 **False**를 반환한다.

```
In [125]: import pandas as pd
          df=pd.read_csv('c:/data/Data1.csv')
          df['BF']==3.4

Out[125]: 0       True
          1       False
          2       False
          3       False
          4       False
                  ...
          1920    False
          1921    False
          1922    False
          1923    False
          1924    False
          Name: BF, Length: 1925, dtype: bool
```

```
In [126]: import pandas as pd
          df=pd.read_csv('c:/data/Data1.csv')
          df[df['BF']==3.4].head(3)
```

Out[126]:

	Q1	Q2	Q3	Q4	Q5	Q6	Q7	Q8	Q9	Q10	...	Q17	Q18	Q19	Q20	Gender	EDU	BF	BM	Happiness	Peace
0	4	4	2	3	4	2	2	4	4	4	...	4	4	4	4	0	1	3.4	3.2	4.0	4.0
50	2	2	4	4	5	1	5	4	4	4	...	4	4	4	4	0	1	3.4	3.6	4.0	4.0
51	4	4	3	3	3	2	4	4	4	2	...	4	4	2	4	0	1	3.4	3.2	3.6	3.6

3 rows × 26 columns

스크립트 설명

- 대괄호 [ ] 안에 비교 연산자가 참(True)인 경우에만 해당 결과를 출력한다.

In [126]:
```
import pandas as pd
df=pd.read_csv('c:/data/Data1.csv')
df[(df['BF']>3.4)&(df['BM']>1.2)].head(3)
```

Out[126]:

	Q1	Q2	Q3	Q4	Q5	Q6	Q7	Q8	Q9	Q10	...	Q17	Q18	Q19	Q20	Gender	EDU	BF	BM	Happiness	Peace
1	4	4	4	4	4	3	2	4	4	4	...	3	4	2	1	0	1	4.0	3.4	4.0	2.8
2	4	4	4	4	2	4	4	4	4	2	...	4	4	4	3	0	2	3.6	3.6	3.8	3.8
3	5	4	4	4	4	4	4	4	4	4	...	4	4	4	4	0	1	4.2	4.0	4.0	4.0

3 rows × 26 columns

In [127]:
```
import pandas as pd
df=pd.read_csv('c:/data/Data1.csv')
df[(df['BF']>3.4)&
   (df['BM']>1.2)&
   (df['Gender']==0)].head(3)
```

Out[127]:

	Q1	Q2	Q3	Q4	Q5	Q6	Q7	Q8	Q9	Q10	...	Q17	Q18	Q19	Q20	Gender	EDU	BF	BM	Happiness	Peace
1	4	4	4	4	4	3	2	4	4	4	...	3	4	2	1	0	1	4.0	3.4	4.0	2.8
2	4	4	4	4	2	4	4	4	4	2	...	4	4	4	3	0	2	3.6	3.6	3.8	3.8
3	5	4	4	4	4	4	4	4	4	4	...	4	4	4	4	0	1	4.2	4.0	4.0	4.0

3 rows × 26 columns

In [128]:
```
import pandas as pd
df=pd.read_csv('c:/data/Data1.csv')
df[(df['BF']>3.4)&
(df['BM']>1.2)&
(df['Gender']==0)&~(df['EDU']==1)].head(3)
```

Out[128]:

	Q1	Q2	Q3	Q4	Q5	Q6	Q7	Q8	Q9	Q10	...	Q17	Q18	Q19	Q20	Gender	EDU	BF	BM	Happiness	Peace
2	4	4	4	4	2	4	4	4	4	2	...	4	4	4	3	0	2	3.6	3.6	3.8	3.8
4	4	4	4	4	4	4	4	4	2	4	...	4	4	4	4	0	2	4.0	3.6	4.0	4.0
10	4	4	4	4	2	4	4	4	4	2	...	4	4	4	4	0	2	4.0	3.2	4.0	4.0

3 rows × 26 columns

스크립트 설명

- 논리 연산자를 사용할 때, 다음과 같이 '&'를 사용하여 'and' 조건을 표현하고, '|'를 사용하여 'or' 조건을 표현한다.

- '~'를 사용하여 'not' 조건을 표현할 수 있다.

4. sum( ) 메서드
   - sum() 메서드는 시리즈나 데이터프레임의 행 또는 열의 값을 모두 더하는 데 사용한다.

```
In [129]: import pandas as pd
          df=pd.read_csv('c:/data/Data1.csv')
          df.sum().head(3)

Out[129]: Q1    6806.0
          Q2    6336.0
          Q3    5637.0
          dtype: float64
```

5. count() 메서드
   - count() 메서드는 데이터프레임 또는 시리즈에서 비어 있지 않은 값(non-null)의 개수를 세는 데 사용된다.

```
In [130]: import pandas as pd
          df=pd.read_csv('c:/data/Data1.csv')
          df.count().head(3)

Out[130]: Q1    1925
          Q2    1925
          Q3    1925
          dtype: int64
```

6. min( ) 메서드

- min() 메서드는 판다스 데이터프레임 또는 시리즈에서 최소값을 찾는 데 사용한다.

```
In [131]: import pandas as pd
          df=pd.read_csv('c:/data/Data1.csv')
          df.min().head(3)

Out[131]: Q1    1.0
          Q2    1.0
          Q3    1.0
          dtype: float64
```

7. max( ) 메서드

- max() 메서드는 판다스 데이터프레임 또는 시리즈에서 최대값을 찾는 데 사용한다.

```
In [132]: import pandas as pd
          df=pd.read_csv('c:/data/Data1.csv')
          df.max().head(3)

Out[132]: Q1    5.0
          Q2    5.0
          Q3    5.0
          dtype: float64
```

8. var() 메서드

- var() 메서드는 판다스 데이터프레임 또는 시리즈의 분산(variance)을 계산하는 데 사용한다.

```
In [133]: import pandas as pd
          df=pd.read_csv('c:/data/Data1.csv')
          df.var().head(3)
Out[133]: Q1    0.885038
          Q2    0.880202
          Q3    1.038517
          dtype: float64
```

9. median() 메서드

- median() 메서드는 판다스 데이터프레임 또는 시리즈의 중앙값(median)을 계산하는 데 사용한다.

```
In [134]: import pandas as pd
          df=pd.read_csv('c:/data/Data1.csv')
          df.median().head(3)
Out[134]: Q1    4.0
          Q2    3.0
          Q3    3.0
          dtype: float64
```

10. std( ) 메서드
   - std() 메서드는 판다스 데이터프레임 또는 시리즈의 표준편차(standard deviation)를 계산하는 데 사용한다.

   ```
   In [135]: import pandas as pd
             df=pd.read_csv('c:/data/Data1.csv')
             df.std().head(3)
   Out[135]: Q1    0.940764
             Q2    0.938191
             Q3    1.019077
             dtype: float64
   ```

05 특정 컬럼의 데이터 탐색

1. describe( ) 메서드

    - describe( ) 메서드는 판다스 데이터프레임 또는 시리즈의 기술 통계량(descriptive statistics)을 계산하는 데 사용한다.
    - 기술 통계량에는 count(개수), mean(평균), std(표준편차), min(최솟값), 25%(제1사분위수), 50%(제2사분위수, 중앙값), 75%(제3사분위수), max(최댓값)이 포함한다.

```
In [136]: import pandas as pd
          df=pd.read_csv('c:/data/Data1.csv')
          df[['Happiness','Peace']].describe()

Out[136]:        Happiness       Peace
          count  1925.000000     1925.000000
          mean      3.547065        3.564260
          std       0.748004        0.657075
          min       1.400000        1.200000
          25%       3.000000        3.200000
          50%       3.600000        3.600000
          75%       4.000000        4.000000
          max       5.000000        5.000000
```

```
In [137]: import pandas as pd
          df=pd.read_csv('c:/data/Data1.csv')
          df[['Happiness']].mean()

Out[137]: Happiness    3.547065
          dtype: float64
```

```
In [138]:  import pandas as pd
           df=pd.read_csv('c:/data/Data1.csv')
           df[['Happiness']].min()
```
Out[138]: Happiness   1.4
          dtype: float64

```
In [139]:  import pandas as pd
           df=pd.read_csv('c:/data/Data1.csv')
           df[['Happiness']].max()
```
Out[139]: Happiness   5.0
          dtype: float64

```
In [140]:  import pandas as pd
           df=pd.read_csv('c:/data/Data1.csv')
           df[['Happiness']].var()
```
Out[140]: Happiness   0.559509
          dtype: float64

```
In [141]:  import pandas as pd
           df=pd.read_csv('c:/data/Data1.csv')
           df[['Happiness']].std()
```
Out[141]: Happiness   0.748004
          dtype: float64

```
In [142]:  import pandas as pd
           df=pd.read_csv('c:/data/Data1.csv')
           df[['Happiness']].median()
```
Out[142]: Happiness   3.6
          dtype: float64

```
In [143]: import pandas as pd
          df=pd.read_csv('c:/data/Data1.csv')
          df[['Happiness']].mode()  #최빈값

Out[143]:      Happiness
          0      4.0
```

```
In [144]: import pandas as pd
          df=pd.read_csv('c:/data/Data1.csv')
          df[['Happiness']].skew()    #왜도

Out[144]: Happiness   -0.369651
          dtype: float64
```

2. quantile( ) 메서드

- quantile() 메서드는 주어진 분위수(quantile)에 해당하는 값을 반환하는 함수이다.
- quantile() 메서드를 사용하여 **25%, 50%, 75% 분위수**에 해당하는 값을 추출할 수 있다.

```
In [145]: import pandas as pd
          df=pd.read_csv('c:/data/Data1.csv')
          # 상위 25% 데이터 추출
          df1=df['Happiness'].quantile(.75)<df['Happiness']
          df[df1].head(3)
```

Out[145]:

	Q1	Q2	Q3	Q4	Q5	Q6	Q7	Q8	Q9	Q10	...	Q17	Q18	Q19	Q20	Gender	EDU	BF	BM	Happiness	Peace
6	4	2	4	4	4	4	4	5	5	5	...	2	4	4	4	0	1	3.6	4.6	4.8	3.8
7	4	2	4	4	4	4	4	5	5	5	...	2	4	2	2	0	1	3.6	4.6	4.4	2.4
16	4	2	4	4	4	2	4	4	2	4	...	4	2	5	5	0	1	3.6	3.2	5.0	4.2

3 rows × 26 columns

3. 그룹별 집계 함수

1) groupby( ) 메서드

- groupby( ) 메서드는 데이터프레임의 특정 열을 기준으로 그룹을 형성하고, 그룹 단위로 작업을 수행할 수 있도록 한다. 이를 통해 데이터를 분석하거나 집계할 때 매우 유용하다.

```
In [146]: import pandas as pd
          df=pd.read_csv('c:/data/Data1.csv')
          df.groupby('Gender').mean()  # 'Gender'별로 평균값 확인
```

Out[146]:

Gender	Q1	Q2	Q3	Q4	Q5	Q6	Q7	Q8	Q9	Q10	...
0	3.539613	3.249120	2.868838	3.014085	2.954225	2.674296	3.069542	3.073063	3.071303	2.841549	...
1	3.529785	3.352345	3.013942	3.129278	3.166033	2.970849	3.110266	3.013942	3.058302	2.941698	...

Gender	Q16	Q17	Q18	Q19	Q20	EDU	BF	BM	Happiness	Peace
0	3.848592	3.537852	3.876761	3.375880	3.345951	2.519366	3.125088	2.945863	3.565933	3.596655
1	3.708492	3.484157	3.698352	3.346008	3.352345	2.754119	3.238530	3.018885	3.519899	3.517617

2 rows × 25 columns

```
In [147]: import pandas as pd
          df=pd.read_csv('c:/data/Data1.csv')
          df.groupby('Gender')[['Peace']].mean()# 특정변수의 평균값 확인
```

Out[147]:
```
           Peace
Gender
0        3.596655
1        3.517617
```

```
In [148]: import pandas as pd
          df=pd.read_csv('c:/data/Data1.csv')
          df.groupby('Gender')[['Peace']].agg(['min','max','sum'])
```

Out[148]:
```
              Peace
          min   max    sum
Gender
0         1.4   5.0  4085.8
1         1.2   5.0  2775.4
```

- Pandas의 groupby( ) 메서드에는 집계(aggregation) 함수를 적용할 수 있는 agg( ) 메서드가 있다.
- 내장 함수(min, max, sum)를 문자열 형태('min', 'max', 'sum')로 전달해야 최적화된 방식으로 처리할 수 있다.

06 데이터 타입 변경

1) astype( ) 메서드

- astype( ) 메서드는 판다스(Pandas) 데이터프레임 또는 시리즈의 데이터 타입을 변경하는 데 사용한다.

```
In [149]: import pandas as pd
          df=pd.read_csv("c:/data/Data1.csv")
          df['Gender']=df['Gender'].astype('category')
```

스크립트 설명

- 'Gender' 열의 데이터 타입을 astype( ) 메서드를 사용하여 범주형(category)로 변환할 수 있다.

```
In [150]: df.info()
          <class 'pandas.core.frame.DataFrame'>
          RangeIndex: 1925 entries, 0 to 1924
          Data columns (total 26 columns):
               ~
          20  Gender     1925 non-null   category
          21  EDU        1925 non-null   int64
          22  BF         1925 non-null   float64
          23  BM         1925 non-null   float64
          24  Happiness  1925 non-null   float64
          25  Peace      1925 non-null   float64
          dtypes: category(1), float64(4), int64(21)
          memory usage: 378.1 KB
```

> **스크립트 설명**

- info() 메서드는 판다스(Pandas) 데이터프레임(DataFrame) 또는 시리즈(Series)의 간략한 요약 정보를 제공한다.
- 이 메서드를 호출하면 데이터프레임 또는 시리즈의 구조, 각 열의 데이터 타입, 누락된 값의 개수 등을 확인할 수 있다.

2) pd.DataFrame( )

- pd.DataFrame() 함수를 사용하면 다양한 유형의 데이터를 가진 데이터프레임을 손쉽게 생성할 수 있다.

```
In [151]: import pandas as pd
          data = {'A': [1, 2, 3], 'B': [4, 5, 6]}
          df = pd.DataFrame(data)
```

> **스크립트 설명**

- data = {'A': [1, 2, 3], 'B': [4, 5, 6]}: 두 개의 열('A', 'B')과 각각의 값을 리스트로 정의한 딕셔너리이다.
- data 딕셔너리를 사용하여 DataFrame 객체인 df를 생성할 수 있다.

```
In [152]: import pandas as pd
          df=pd.read_csv('c:/data/airquality.csv')
          df1=df.groupby(['Month','Day'])['Wind'].mean()
          df1.head(3)
```

```
Out[152]: Month  Day
          5      1     7.4
                 2     8.0
                 3    12.6
          Name: Wind, dtype: float64
```

스크립트 설명

- groupby( )함수를 이용해서 'Month'와 'Day'별 'Wind'의 평균값을 df1에 저장한다.

```
In [153]:  type(df1)
Out[153]:  pandas.core.series.Series
```

스크립트 설명

- type( )함수로 시리즈(series) 유형임을 확인하다.

3) reset_index( ) 메서드
   - reset_index() 메서드는 인덱스를 기본적으로 0부터 시작하는 정수 인덱스로 재설정한다.
   - 이를 통해 데이터프레임의 인덱스를 열로 추가할 수 있다.
   - groupby( )와 reset_index( ) 메서드를 조합하여 데이터프레임을 그룹화하고 그룹화된 결과를 다시 인덱스로 리셋할 수 있다.

```
In [154]:  df2=df.groupby(['Month','Day'])['Wind'].mean().reset_index()
           df2.head(3)
Out[154]:     Month   Day   Wind
           0    5      1    7.4
           1    5      2    8.0
           2    5      3   12.6
```

스크립트 설명

- reset_index() 함수를 사용하여 인덱스를 기본 정수 인덱스로 재설정할 수 있다.

4장 결측치 처리와 이상값 검색

01 결측치(Missing Values)

- 판다스(Pandas)에서 결측치는 NaN(Not a Number)으로 표시된다.
- NaN은 수치 데이터에서 값이 누락 되었음을 나타내며, 판다스에서는 이를 통해 데이터프레임(DataFrame) 또는 시리즈(Series) 내의 결측치를 표현한다.

1) isna() 또는 isnull( ) 메서드

- isna() 메서드는 판다스(Pandas) 데이터프레임 또는 시리즈(Series) 객체의 각 요소가 결측치인지를 확인하는 데 사용된다.
- 데이터프레임 또는 시리즈의 각 요소를 검사하여 해당 요소가 결측치(NaN)이면 **True**를 반환하고, 그렇지 않으면 **False**를 반환한다.

```
In [155]: import pandas as pd
          df=pd.read_csv('c:/data/airquality.csv')
          df.isna().head(5)

Out[155]:    Ozone  Solar.R  Wind   Temp   Month  Day
          0  False  False    False  False  False  False
          1  False  False    False  False  False  False
          2  False  False    False  False  False  False
          3  False  False    False  False  False  False
          4  True   True     False  False  False  False
```

- sum() 메서드를 함께 사용하면 isna() 메서드의 결과에서 True의 개수를 셀 수 있다.
- 이를 통해 각 열 또는 행의 결측치 개수를 확인할 수 있다.
- 결과는 시리즈 형태로 반환되며, 각 열의 이름이 인덱스로, 해당 열의 결측치 개수가 값으로 출력된다.

```
In [156]: import pandas as pd
          df=pd.read_csv('c:/data/airquality.csv')
          df.isna().sum()

Out[156]: Ozone      37
          Solar.R     7
          Wind        0
          Temp        0
          Month       0
          Day         0
          dtype: int64
```

2) fillna( ) 메서드

- fillna() 메서드는 판다스(Pandas) 데이터프레임(DataFrame) 또는 시리즈(Series) 객체 내의 결측치를 다른 값으로 채우는 데 사용된다.

```
In [157]: import pandas as pd
          df=pd.read_csv('c:/data/airquality.csv')
          df1=df.fillna(df.mean())
          df1.isna().sum()

Out[157]: Ozone      0
          Solar.R    0
          Wind       0
          Temp       0
          Month      0
          Day        0
          dtype: int64
```

스크립트 설명

- mean() 메서드를 사용하여 각 열 변수의 평균값을 계산한다.
- fillna() 메서드를 사용하여 데이터프레임 내의 결측치를 해당 열 변수의 평균값으로 대체한 후, 결측치 존재 여부를 확인한다.

```
In [158]: import pandas as pd
          df=pd.read_csv('c:/data/airquality.csv')
          df2=df.fillna((df['Ozone']).mean())
```

> **스크립트 설명**

- 특정 변수 'Ozone'의 평균값으로도 대체가 가능하다.

```
In [159]: import pandas as pd
          df=pd.read_csv('c:/data/airquality.csv')
          import numpy as np
          df['Ozone_na']=np.nan
          df['ratio']=(df['Wind']/df['Temp'])
          df.head(3)
```

Out[159]:

	Ozone	Solar.R	Wind	Temp	Month	Day	Ozone_na	ratio
0	41.0	190.0	7.4	67	5	1	NaN	0.110448
1	36.0	118.0	8.0	72	5	2	NaN	0.111111
2	12.0	149.0	12.6	74	5	3	NaN	0.170270

> **스크립트 설명**

- 넘파이(Numpy) 라이브러리에서 np.nan은 결측치(누락된 데이터)를 나타내는 상수이다.
- 결측치를 갖는 'Ozone_na' 변수를 생성한다.
- 'ratio'라는 파생 변수를 임의로 생성할 수 있다.

3) dropna() 메서드

- dropna() 메서드는 판다스(Pandas) 데이터프레임(DataFrame) 또는 시리즈(Series) 객체에서 결측치가 포함된 행 또는 열을 제거하는 데 사용된다.

```
In [160]:  df=pd.read_csv('c:/data/airquality.csv')
           df1=df.dropna()
           df1.isna().sum()

Out[160]:  Ozone     0
           Solar.R   0
           Wind      0
           Temp      0
           Month     0
           Day       0
           dtype: int64
```

4) drop( ) 메서드

- drop( ) 메서드는 판다스(Pandas) 데이터프레임(DataFrame) 또는 시리즈(Series) 객체에서 지정된 행 또는 열을 삭제하는 데 사용한다.
- index 또는 columns으로 삭제할 행 또는 열의 인덱스 또는 이름을 명시적으로 지정할 수 있다.

```
In [161]:  df=pd.read_csv('c:/data/airquality.csv')
           df.drop(index=[0,1,4]).head(5)

Out[161]:     Ozone  Solar.R  Wind  Temp  Month  Day
           2   12.0    149.0  12.6    74      5    3
           3   18.0    313.0  11.5    62      5    4
           5   28.0      NaN  14.9    66      5    6
           6   23.0    299.0   8.6    65      5    7
           7   19.0     99.0  13.8    59      5    8
```

스크립트 설명

- df 데이터프레임에서 인덱스가 0, 1, 4인 행을 삭제할 수 있다.

```
In [162]: df=pd.read_csv('c:/data/airquality.csv')
          df.drop(columns=['Month','Day']).head(3)

Out[162]:    Ozone  Solar.R  Wind  Temp
          0   41.0    190.0   7.4    67
          1   36.0    118.0   8.0    72
          2   12.0    149.0  12.6    74
```

스크립트 설명

- df 데이터프레임에서 'Month'와 'Day' 열을 삭제할 수 있다.

5) replace( ) 메서드

- replace() 메서드는 판다스(Pandas) 데이터프레임(DataFrame) 또는 시리즈(Series) 객체 내의 값을 다른 값으로 대체하는 데 사용한다.
- value_counts() 메서드는 판다스(Pandas) 시리즈(Series) 객체에서 각 고유한 값의 빈도를 세는 데 사용된다.

```
In [163]: df=pd.read_csv('c:/data/fish.csv')
          df['Species'].value_counts()

Out[163]: Species
          Perch        56
          Bream        35
          Roach        20
          Pike         17
          Smelt        14
          Parkki       11
          Whitefish     6
          Name: count, dtype: int64
```

```
In [164]: df=pd.read_csv('c:/data/fish.csv')
          df['Species']=df['Species'].replace('Bream','Br')
```

> **스크립트 설명**

- 'Species'변수의 'Bream' 값을 'Br' 변경할 수 있다.

02 이상값(Outliers) 검색

- 이상치 또는 이상값은 일반적인 데이터 패턴에서 크게 벗어난 값으로, 데이터 분석 및 모델링에 부정적인 영향을 줄 수 있다.
- 이상치를 처리하는 방법은 데이터와 분석 목적에 따라 다를 수 있다.
- 이상치를 제거하거나 대체하는 것이 일반적인 방법이지만, 경우에 따라 이상치를 그대로 둘 수도 있다.
- 이상치 처리에 대한 의사 결정은 주어진 상황과 데이터의 특성을 고려하여 결정한다.
- 이상치를 탐지하고 처리하는 방법은 데이터의 기술 통계량을 확인하여 범위를 벗어나는 값이 있는지 또는 상자 그림(box plot), 히스토그램 등을 사용하여 데이터 분포를 시각화하고 이상치를 확인할 수 있다.

1. 상자그림(Boxplot)을 통한 이상값 확인

```
In [165]: import pandas as pd
          import seaborn as sns
          iris=sns.load_dataset('iris')
```

> **스크립트 설명**

- "import seaborn as sns"은 파이썬에서 Seaborn 데이터 시각화 라이브러리를 불러오고, 약어로 sns를 사용한다.
- sns.load_dataset()함수는 Seaborn 라이브러리에 내장된 함수로, 다양한 예제 데이터셋을 로드할 수 있다.

```
In [163]: sns.boxplot(x=iris['sepal_width'])
```

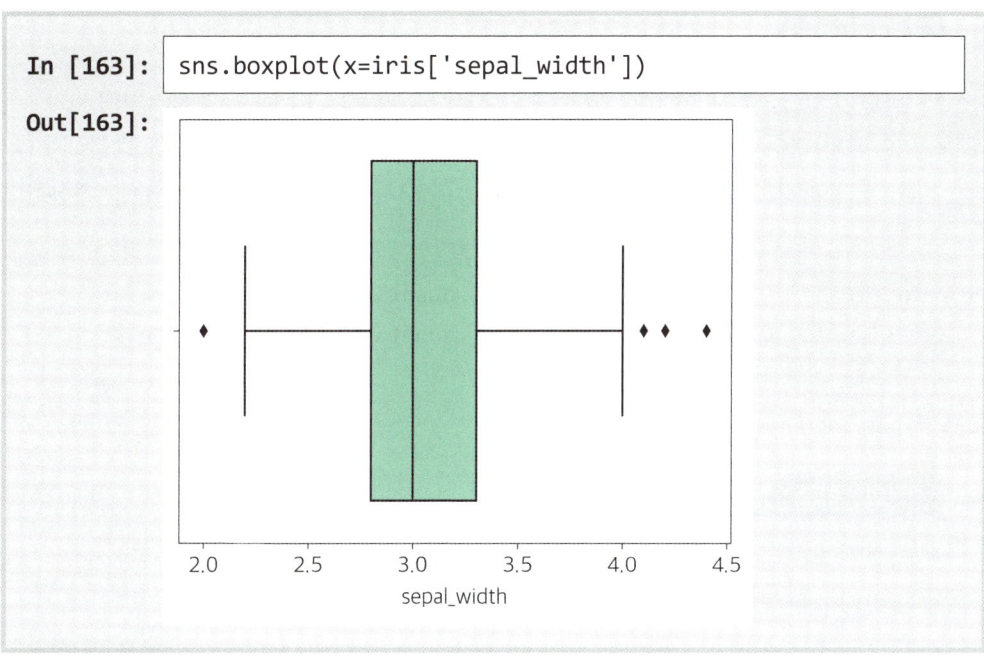

스크립트 설명

- Seaborn 라이브러리의 boxplot 함수를 사용하여 iris 데이터셋에서 'sepal_width' 열에 대한 상자 수염을 시각화 할 수 있다.

```
In [164]: stats=pd.DataFrame(iris['sepal_width'].describe())
          print(stats)
```

```
Out[164]:        sepal_width
         count   150.000000
         mean      3.057333
         std       0.435866
         min       2.000000
         25%       2.800000
         50%       3.000000
         75%       3.300000
         max       4.400000
```

> **스크립트 설명**

- describe()는 'sepal_width' 열에 대한 기술 통계량을 계산하는 메서드이다.
- 데이터의 개수(count), 평균(mean), 표준편차(std), 최솟값(min), 25% 백분위수(1사분위수), 중앙값(50% 백분위수), 75% 백분위수(3사분위수), 최댓값(max)을 계산한다.

```
In [165]: Q1=iris['sepal_width'].quantile(0.25)
          Q3=iris['sepal_width'].quantile(0.75)
          IQR=Q3 - Q1
```

> **스크립트 설명**

- 25번째 백분위수에 해당하는 값을 구한다. 이를 1사분위수(Q1)라고 한다.
- 75번째 백분위수에 해당하는 값을 구한다. 이를 3사분위수(Q3)라고 한다.
- 3사분위수(Q3)에서 1사분위수(Q1)를 빼서 IQR(Interquartile Range)을 계산한다.
- IQR은 데이터의 중간 50% 범위를 나타낸다.

```
In [166]: lower_bound=Q1 - 1.5 * IQR
          upper_bound=Q3 + 1.5 * IQR
```

> **스크립트 설명**

- 이상치를 결정하기 위한 하한값(lower_bound)과 상한값(upper_bound)을 계산한다.

```
In [167]: outliers=iris[(iris['sepal_width'] < lower_bound) |
                   (iris['sepal_width'] > upper_bound)]
```

> **스크립트 설명**

- 두 조건식 중 하나라도 만족하는 경우를 찾는 것으로, 'sepal_width' 열의 값이 하한값 미만이거나 상한값 초과인 경우를 포함한다.

```
In [168]: print(outliers)
Out[168]:     sepal_length  sepal_width  petal_length  petal_width     species
          15           5.7          4.4           1.5          0.4      setosa
          32           5.2          4.1           1.5          0.1      setosa
          33           5.5          4.2           1.4          0.2      setosa
          60           5.0          2.0           3.5          1.0  versicolor
```

> **스크립트 설명**

- 상자그림의 이상치 기준에 의해 'sepal_width' 변수의 이상치를 포함한 데이터를 출력한다.

5장 사이킷런(Scikit-learn)

01 사이킷런(Scikit-learn)

- scikit-learn은 파이썬에서 머신러닝 알고리즘을 사용할 수 있는 라이브러리이다.
- scikit-learn은 데이터 마이닝과 데이터 분석을 위한 간결하고 효율적인 도구를 제공한다.
- 다양한 머신러닝 모델, 전처리 기능, 평가 도구 등을 포함하고 있어 머신러닝 프로젝트를 구현하고 평가하는 데 유용하다.

1. scikit-learn 주요 특징

1) 간결하고 일관된 API
   - scikit-learn은 일관된 API를 제공하여 다양한 머신러닝 알고리즘을 효과적으로 사용할 수 있도록 한다. 이를 통해 머신러닝 모델을 쉽게 구현할 수 있다.

2) 다양한 알고리즘 제공
   - scikit-learn은 다양한 머신러닝 알고리즘을 제공한다.
   - 지도학습(Supervised Learning), 비지도학습(Unsupervised Learning), 강화학습(Reinforcement Learning) 등 다양한 학습 방법을 지원한다.

3) 전처리 기능
   - scikit-learn은 데이터 전처리를 위한 다양한 기능을 제공한다.
   - 데이터 스케일링, 차원 축소, 특성 선택 등의 전처리 기능을 제공하여 데이터를 머신러닝 모델에 적합한 형태로 변환할 수 있다.

4) 모델 평가 도구
   - scikit-learn은 모델의 성능을 평가하기 위한 다양한 도구를 제공한다.
   - 교차 검증(Cross-validation), 그리드 서치(Grid Search), 모델 선택 등의 기능을 제공하여 모델의 성능을 효과적으로 평가할 수 있다.

5) 유용한 문서와 예제 코드
- scikit-learn은 풍부한 문서와 예제 코드를 제공하여 사용자가 머신러닝 모델을 쉽게 이해하고 적용할 수 있도록 도와준다.

2. 모형 분석 프로세스
- 모형 분석 프로세스의 일반적인 순서는 다음과 같다.

1) 데이터 불러오기
- 분석에 필요한 데이터를 불러온다. 이는 CSV 파일, 데이터베이스, API 등 다양한 소스에서 데이터를 가져올 수 있다.

2) 데이터 전처리 과정
- 데이터를 분석에 적합한 형태로 가공한다. 이 단계에는 다음과 같은 작업이 포함될 수 있다.
- 스케일링: 데이터의 범위를 조정하여 모델의 성능을 향상시킨다.
- 결측치 처리: 결측치를 다루거나 대체하여 데이터의 완전성을 보완한다.
- 파생 변수 생성: 기존 변수를 조합하거나 변형하여 모델에 추가 정보를 제공한다.

3) 데이터 분할
- 전체 데이터를 학습 데이터와 평가 데이터로 나눈다.
- 학습 데이터(Training Data)를 사용하여 모델을 학습하고, 평가 데이터(Test Data)를 사용하여 모델의 성능을 측정한다.
- 학습 데이터는 더 큰 비율로 할당되며, 평가 데이터는 모델이 새로운 데이터에서 얼마나 잘 일반화되는지를 측정하는 데 사용된다.

4) 머신러닝 모델 적용 및 예측
- 선택한 머신러닝 알고리즘을 사용하여 모델을 학습하고, 학습된 모델을 사용하여 새로운 데이터에 대한 예측을 수행한다.

5) 모델 평가
   - 모델의 성능을 측정하고 평가한다.
   - 이를 통해 모델이 얼마나 잘 작동하는지를 확인하고 비교할 수 있다. 주로 사용되는 평가 지표로는 ROC AUC, Macro-F1 등이 있다.

6) 최종 모델 선택
   - 최종적으로 가장 우수한 성능을 보이는 모델을 선택한다.

02 분석 모형 구축

1. 데이터 불러오기
   - sklearn은 파이썬의 scikit-learn 라이브러리를 임포트하는 명령어이다.
   - from sklearn.datasets import 구문은 scikit-learn 라이브러리의 내장 데이터셋을 불러오기 위한 명령어이다.
   - scikit-learn은 다양한 내장 데이터셋을 제공하여 머신러닝 모델을 테스트하고 실습할 수 있도록 도와준다.

1) iris data 소개

	4개의 특성들(features)				클래스(class)
	sepal _ length	sepal_ width	petal _ length	petal_ width	species
샘플 (samples)	5.8	4.0	1.2	0.2	setosa
	5.1	2.5	3.0	1.1	versicolor
	6.6	3.0	4.4	1.4	versicolor
	5.4	3.9	1.3	0.4	setosa
	7.9	3.8	6.4	2.0	virginica

In [169]:
```
import sklearn
import numpy as np
import pandas as pd
from sklearn.datasets import load_iris
iris=load_iris()
```

In [170]: `dir(iris)`

Out[170]:
```
['DESCR',
 'data',
 'data_module',
 'feature_names',
 'filename',
 'frame',
 'target',
 'target_names']
```

스크립트 설명

- dir() 함수는 주어진 객체(object)가 가지고 있는 속성과 메서드를 리스트로 반환한다.
- 이 함수는 파이썬의 내장 함수로, 객체를 인자로 전달하여 해당 객체의 속성과 메서드를 확인할 때 주로 사용된다.

```
In [171]: iris.feature_names
Out[171]: ['sepal length (cm)',
           'sepal width (cm)',
           'petal length (cm)',
           'petal width (cm)']
```

> **스크립트 설명**

- feature_names는 scikit-learn 라이브러리의 데이터셋 객체에서 사용되는 속성 중 하나이다.
- 데이터셋을 불러오면 해당 데이터셋에 포함된 특성(feature)의 이름을 나타내는 데 사용된다.

```
In [172]: iris.data
Out[172]: array([[5.1, 3.5, 1.4, 0.2],
                 [4.9, 3. , 1.4, 0.2],
                 [4.7, 3.2, 1.3, 0.2],
                 [4.6, 3.1, 1.5, 0.2],
                    지면 관계상 생략
```

> **스크립트 설명**

- iris.data는 데이터셋을 불러오면 해당 데이터셋에 포함된 특성(feature) 데이터를 나타내는 데 사용한다.

```
In [173]: iris.target_names
Out[173]: array(['setosa', 'versicolor', 'virginica'], dtype='<U10')
```

> **스크립트 설명**

- target_names는 scikit-learn 라이브러리의 데이터셋 객체에서 사용되는 속성 중 하나이다.
- 데이터셋의 타겟(class 또는 label)의 이름을 출력한다.

```
In [174]: iris.target
Out[174]: array([0, 0, 0, 0, 0, 0, 0, 0, 0, 0, 0, 0, 0, 0, 0, 0, 0,
          지면 관계상 생략
```

스크립트 설명

- target은 데이터셋의 타겟(class 또는 label) 데이터를 출력한다.

```
In [175]: iris_df=pd.DataFrame(data=iris.data,columns=iris.feature_names)
          iris_df.head()
```

Out[175]:

	sepal length (cm)	sepal width (cm)	petal length (cm)	petal width (cm)
0	5.1	3.5	1.4	0.2
1	4.9	3.0	1.4	0.2
2	4.7	3.2	1.3	0.2
3	4.6	3.1	1.5	0.2
4	5.0	3.6	1.4	0.2

스크립트 설명

- pd.DataFrame() 함수는 다양한 데이터 구조를 데이터프레임으로 변환할 수 있으며, 데이터프레임을 생성할 수 있다.

```
In [176]: iris_df['species']=iris.target
          iris_df.head(3)
```

Out[176]:

	sepal length (cm)	sepal width (cm)	petal length (cm)	petal width (cm)	species
0	5.1	3.5	1.4	0.2	0
1	4.9	3.0	1.4	0.2	0
2	4.7	3.2	1.3	0.2	0

스크립트 설명

- 타겟(class 또는 label) 변수를 추가하고 head( )함수를 통해서 확인한다.

```
In [177]: iris_df=iris_df.rename(columns={'sepal length (cm)':'sepal length',
                                          'sepal width (cm)':'sepal width',
                                          'petal length (cm)':'petal length',
                                          'petal width (cm)':'petal width '})
          iris_df.head(3)
```

Out[177]:

	sepal length	sepal width	petal length	petal width	species
0	5.1	3.5	1.4	0.2	0
1	4.9	3.0	1.4	0.2	0
2	4.7	3.2	1.3	0.2	0

스크립트 설명

- rename( )함수로 'cm'를 제외한 변수 이름으로 변경할 수 있다.

2. 데이터 분할

1) train_test_split()
   - train_test_split() 함수는 scikit-learn 라이브러리에서 제공하는 함수로, 데이터를 학습용(train) 데이터와 평가용(test) 데이터로 분할하는 데 사용한다.
   - 이 함수는 주어진 데이터셋을 무작위로 분할하여 학습과 평가를 위한 데이터셋을 생성한다.
   - 일반적으로는 전체 데이터셋의 일부를 학습에 사용하고, 나머지 일부를 모델의 성능을 평가하는 데 사용한다.
   - 이렇게 데이터를 분할하는 이유는 모델의 일반화 성능을 평가하고 과대적합을 방지하기 위해서이다.

2) train_test_split() 함수의 매개변수
- arrays: 분할할 데이터셋을 지정한다. 보통 입력 데이터(X)와 타겟 데이터(Y)를 함께 지정한다.
- test_size: 테스트 데이터의 비율을 지정한다. 기본값은 0.25(25%)이며, 0에서 1 사이의 값을 지정할 수 있다.
- train_size: 학습 데이터의 비율을 지정한다. test_size를 지정하지 않을 경우 사용된다.
- random_state: 데이터를 분할할 때 사용되는 난수 시드이다. 이 값을 고정하면 동일한 분할 결과를 얻을 수 있다.

In [178]:
```
X=iris_df.iloc[:,0:4]
Y=iris_df["species"]
```

스크립트 설명

- 독립변수와 종속변수(목표) 데이터셋을 분리한다.
- 분류 문제에서는 1차원으로 타겟 변수를 설정하는 것이 일반적이다.
- Y = iris_df["species"]와 같이 타겟 변수를 1차원 배열로 처리하는 것이 좋다.

In [179]:
```
from sklearn.model_selection import train_test_split
x_train,x_test,y_train,y_test=train_test_split(X,Y,
test_size=0.3,random_state=5)
```

스크립트 설명

- from sklearn.model_selection import train_test_split 코드는 scikit-learn 라이브러리에서 train_test_split() 함수를 import 하는 명령문이다.
- train_test_split() 함수는 데이터를 학습용(train) 데이터와 평가용(test) 데이터로 분할하는 데 사용한다.
- 학습 데이터와 평가용 데이터를 7:3 비율로 분할한다.
- random_state 값을 설정하면 같은 데이터를 사용할 때마다 같은 방식으로 학습용(train) 데이터와 평가용(test) 데이터로 분할할 수 있다.

```
In [180]:  print(x_train.head(3))
           print(y_train.head(3))
           print(x_test.head(3))
           print(y_test.head(3))
```

```
     sepal length  sepal width  petal length  petal width
126           6.2          2.8           4.8          1.8
61            5.9          3.0           4.2          1.5
124           6.7          3.3           5.7          2.1
     species
126        2
61         1
124        2
     sepal length  sepal width  petal length  petal width
82            5.8          2.7           3.9          1.2
134           6.1          2.6           5.6          1.4
114           5.8          2.8           5.1          2.4
     species
82         1
134        2
114        2
```

스크립트 설명

- train_test_split() 함수를 사용하여 데이터를 분할할 때, 반환되는 변수들은 다음과 같다.
- x_train: 학습용 데이터의 입력 특성(feature)을 나타내는 배열이다.
- y_test: 테스트용 데이터의 입력 특성(feature)을 나타내는 배열이다.
- y_train: 학습용 데이터의 타겟(class 또는 label)을 나타내는 배열이다.
- y_test: 테스트용 데이터의 타겟(class 또는 label)을 나타내는 배열이다.

```
In [181]:  print(x_train.shape,y_train.shape)
           print(x_test.shape,y_test.shape)

           (105,) (105,)
           (45,) (45,)
```

스크립트 설명

- 학습용 데이터셋에는 105개의 데이터가 있으며, 각 데이터는 4개의 특성(feature)을 가지고 있다. 타겟은 1차원 배열로, 105개의 요소를 가지고 있다.

- 평가용 데이터셋에는 45개의 데이터가 있으며, 각 데이터는 4개의 특성(feature)을 가지고 있다. 타겟은 1차원 배열로, 45개의 요소를 가지고 있다.

3. **머신러닝 모델 적용 및 예측**
    - scikit-learn에서는 다양한 모델과 관련된 함수들이 제공된다. 모델을 사용하기 위해서는 해당 모듈에서 필요한 함수를 임포트해야 한다. 일반적으로 scikit-learn에서 모델을 임포트할 때 사용되는 구문은 다음과 같다.

```
from sklearn.모듈 import 모델함수
```

- 여기서 모듈은 scikit-learn 라이브러리의 하위 모듈을 나타내며, 모델 함수는 해당 모듈에서 사용할 모델에 해당하는 함수를 나타낸다.
- 예를 들어, scikit-learn의 선형 회귀 모델을 사용하기 위해서는 다음과 같이 구문을 작성할 수 있다.

```
from sklearn.linear_model import LinearRegression
```

- 위 코드는 linear_model 모듈에서 LinearRegression 클래스를 임포트하여 선형 회귀 모델을 사용할 수 있도록 한다.
- 또 다른 예로, scikit-learn의 의사결정트리 모델을 사용하기 위해서는 다음과 같이 구문을 작성할 수 있다.

```
from sklearn.tree import DecisionTreeClassifier
```

- 위 코드는 tree 모듈에서 DecisionTreeClassifier 클래스를 임포트하여 의사결정트리 분류 모델을 사용할 수 있도록 한다.

1) 의사결정나무 모형

```
In [182]: from sklearn.tree import DecisionTreeClassifier
```

- tree 모듈에서 제공하는 DecisionTreeClassfier 함수를 가져온다.

```
In [183]: model=DecisionTreeClassifier()
```

- 의사결정나무 분석을 수행할 모델(model)을 만든다.

```
In [184]: model.fit(x_train,y_train)
Out[184]: DecisionTreeClassifier
```

- model.fit(x_train, y_train)은 scikit-learn의 모델을 학습시키는 메서드이다.
- 이 메서드를 사용하여 입력 데이터 x_train과 해당 데이터에 대한 타겟값 y_train을 사용하여 모델을 학습시킨다.

```
In [185]: y_test_predicted=model.predict(x_test)
          y_test_predicted
Out[185]: array([1, 2, 2, 0, 2, 2, 0, 2, 0, 1, 1, 1, 2, 2, 0, 0, 2, 2, 0, 0, 1, 2,
                0, 1, 1, 2, 1, 1, 1, 2, 0, 1, 1, 0, 1, 0, 0, 2, 0, 2, 2, 1, 0, 0,
                1])
```

- model.predict(x_test)는 scikit-learn의 모델을 사용하여 주어진 특성 데이터 x_test에 대한 예측을 수행하는 메서드이다.
- 예측된 결과는 분류 모델의 경우 예측된 클래스 레이블을, 회귀 모델의 경우 예측된 연속형 값을 포함하는 배열로 반환한다.
- 이 예측된 결과를 사용하여 모델의 성능을 평가하거나 다양한 작업을 수행할 수 있다.

```
In [186]: from sklearn.metrics import roc_auc_score
          from sklearn.metrics import accuracy_score,precision_score,recall_score, f1_score
```

- roc_auc_score 함수는 scikit-learn에서 제공하는 ROC 곡선 아래 면적(Area Under the Receiver Operating Characteristic curve, ROC AUC)을 계산하는 함수이다.
- ROC AUC는 이진 분류 모델의 성능을 평가하는 지표 중 하나로, 모델이 얼마나 잘 분류하는지를 나타낸다.
- accuracy_score, precision_score, recall_score, f1_score는 scikit-learn에서 제공하는 분류 모델의 성능을 평가하는 지표들이다.

```
In [187]: print(accuracy_score(y_test,y_test_predicted))
          0.9555555555555556
```

- accuracy_score(y_test, y_test_predicted)는 주어진 예측 결과와 실제 타겟값을 사용하여 정확도를 계산하는 함수이다.
- y_test: 실제 타겟값을 나타내는 배열
- y_test_predicted: 모델의 예측 결과를 나타내는 배열

```
In [188]: from sklearn.metrics import confusion_matrix
          confusion_matrix(y_test,y_test_predicted)
Out[188]: array([[15,  0,  0],
                 [ 0, 14,  2],
                 [ 0,  0, 14]], dtype=int64)
```

- confusion_matrix 함수는 scikit-learn에서 제공하는 혼동 행렬(Confusion Matrix)을 계산하는 함수이다.
- 혼동 행렬은 분류 모델의 성능을 평가하기 위해 사용되며, 모델이 예측한 클래스와 실제 클래스 간의 일치 여부를 나타낸다.

4. 머신러닝 회귀 모형 모델 적용 및 예측

1) 데이터 소개
- 보스턴 주택 가격 데이터는 보스턴 지역의 주택 가격과 관련된 여러 특징을 포함하는 데이터이다.
- 이 데이터셋은 미국 보스턴의 여러 지역에서 수집된 데이터를 기반으로 구성되어 있다.
- 주택 가격을 예측하는 데 사용되며, 머신 러닝과 회귀 분석 등의 작업에 자주 활용된다.
- CRIM: 지역별 범죄율
- ZN: 25,000 평방 피트 이상의 주거 구역 비율
- INDUS: 비소매 상업지역 면적 비율
- CHAS: 찰스 강(Charles River)에 대한 더미 변수(강 주변이면 1, 아니면 0)
- NOX: 일산화질소 농도
- RM: 주택 당 평균 방의 개수
- AGE: 1940년 이전에 건축된 주택 비율
- DIS: 보스턴의 5개 직업 고용 센터와의 가중 거리
- RAD: 방사형 고속도로 접근성 지수
- TAX: 10,000달러당 재산세율
- PTRATIO: 학생당 교사 비율
- B: 지역별 흑인 비율
- LSTAT: 하위 계층의 비율(%)
- MEDV: 주택의 중앙값(단위: $1,000)
- 이러한 특징들은 각 지역의 다양한 환경 및 주택 시장의 특성을 설명하고 있다.
- 주택의 중앙값인 MEDV는 가격을 예측하고자 하는 목표 변수로 사용한다.

2) 데이터 불러오기

In [189]:
```
import pandas as pd
boston=pd.read_csv("c:/data/boston.csv")
```

3) 결측치 처리

```
In [190]: boston.isna().sum()
Out[190]: CRIM       0
          ZN         0
          INDUS      0
          CHAS       0
          NOX        0
          RM         15
          AGE        0
          DIS        0
          RAD        0
          TAX        0
          PTRATIO    0
          B          0
          LSTAT      0
          MEDV       0
          dtype: int64
```

- 'RM' 변수에 15개의 결측치를 확인할 수 있다.

```
In [191]: boston=boston.dropna()
          boston.isna().sum()
Out[191]: CRIM       0
          ZN         0
          INDUS      0
          CHAS       0
          NOX        0
          RM         0
          AGE        0
          DIS        0
          RAD        0
          TAX        0
          PTRATIO    0
          B          0
```

```
       LSTAT       0
       MEDV        0
       dtype: int64
```

- dropna() 함수로 결측치를 제거하고 isna().sum()함수로 결측치 제거를 확인한다.

4) 데이터 분할

```
In [192]: X=boston.iloc[:,0:13]
          Y=boston["MEDV"]
```

- 독립변수와 종속변수(목표) 데이터 셋을 분리한다.

```
In [193]: from sklearn.model_selection import train_test_split
          x_train,x_test,y_train,y_test=train_test_split(X,Y,test_size=0.3,random_state=5)
```

- 학습 데이터와 평가용 데이터를 7:3 비율로 분할한다.

```
In [194]: from sklearn.linear_model import LinearRegression
```

5) 모델 적용 및 예측
   - linear_model 모듈에서 제공하는 LinearRegression 함수를 가져온다.

```
In [195]: model=LinearRegression()
```

- 선형 회귀분석을 수행할 모델(model)을 만든다.

```
In [196]: model.fit(x_train,y_train)
Out[196]: LinearRegression
```

- 생성할 모델 x_train,y_train에 선형 회귀분석 모형을 학습한다.

```
In [197]: y_test_predicted=model.predict(x_test)
```

- 학습한 모델에 x_test를 전달하여 y_test를 예측한다.

6) 모델 평가

```
In [198]: from sklearn.metrics import mean_squared_error,r2_score,mean_absolute_error
```

- mean_squared_error, r2_score, mean_absolute_error는 scikit-learn에서 제공하는 회귀 모델의 성능을 평가하는 지표들이다.
- 이러한 지표들은 모델이 예측한 값과 실제 값 사이의 차이를 측정하여 모델의 예측 성능을 평가한다.
- mean_squared_error: 평균 제곱 오차를 계산한다.
- r2_score: 결정 계수(R-squared)를 계산한다.
- mean_absolute_error: 평균 절대 오차를 계산한다.

```
In [199]: mse=mean_squared_error(y_test,y_test_predicted)
          mse
Out[199]: 22.046856922325222
```

- MSE 평가 지표를 출력할 수 있다.

```
In [200]: rmse=np.sqrt(mse)
          rmse
Out[200]: 4.695408067710965
```

- RMSE(Root Mean Squared Error)는 평균 제곱근 편차를 나타내는 지표로, 회귀 모델의 예측 성능을 평가하는 데 사용한다.

```
In [201]: r2_score(y_test,y_test_predicted)
Out[201]: 0.6949716436113095
```

- 결정계수 평가 지표를 출력할 수 있다.

```
In [202]: mae=mean_absolute_error(y_test,y_test_predicted)
          mae
Out[202]: 3.380161457858396
```

- MAE(Mean Absolute Error)는 평균 절대 오차를 나타내는 지표로, 회귀 모델의 예측 성능을 평가하는 데 사용된다.
- MAE(Mean Absolute Error, 평균 절대 오차)는 예측값과 실제값 사이의 차이(오차)의 절댓값을 구한 후, 모든 샘플에 대해 평균을 낸 값이다.

6장 데이터 인코딩(Encoding)

- 데이터 인코딩은 범주형 데이터를 수치형 데이터로 변환하는 과정을 말한다.
- 머신러닝 모델은 일반적으로 수치형 데이터를 입력으로 사용하기 때문에, 범주형 데이터를 수치형 데이터로 변환하여 모델에 적용할 필요가 있다.
- 주요한 데이터 인코딩 방법으로는 **레이블 인코딩**(Label Encoding)과 **원-핫 인코딩**(One-Hot Encoding)이 있다.

1. 레이블 인코딩(Label Encoding)
   - 레이블 인코딩은 각 범주형 변수의 고유한 값들을 순차적으로 정수형으로 변환하는 방법이다.
   - 예를 들어, ["사과", "바나나", "딸기"]와 같은 범주형 변수를 [0, 1, 2]와 같이 변환한다.
   - 이 방법은 간단하고 직관적이지만, 숫자의 크기가 모델에 영향을 미칠 수 있으며, 범주 간의 순서가 모델에 반영될 수 있다.

```
In [203]: import pandas as pd
          from sklearn.preprocessing import LabelEncoder
          titanic_data = pd.read_csv('c:/data/titanic.csv')
          label_encoder = LabelEncoder()
          titanic_data['Gender_encoded'] = label_encoder.fit_transform(titanic_data['Gender'])
          print(titanic_data[['Gender', 'Gender_encoded']].head())
```

```
     Sex  Sex_encoded
0   male            1
1 female            0
2 female            0
3 female            0
4   male            1
```

스크립트 설명

- LabelEncoder 클래스를 사용하여 범주형 변수를 레이블 인코딩할 수 있다.
- 타이타닉 데이터셋 불러온다.
- LabelEncoder 객체를 생성한다.

- 성별('Gender') 열을 레이블 인코딩한다.
- fit_transform 메서드를 사용하여 실제 데이터를 변환한다.
- print( )함수로 변환된 범주형 변수를 출력한다.

2. 원-핫 인코딩(One-Hot Encoding)
   - 원-핫 인코딩은 각 범주형 변수의 고유한 값들을 이진 형태의 벡터로 변환하는 방법이다.
   - 각 값에 해당하는 열에 1을 할당하고, 나머지 열에는 0을 할당한다.
   - 이 방법은 범주 간의 상대적인 크기나 순서를 고려하지 않으며, 범주형 변수의 차원이 매우 커질 수 있다.
   - 파이썬으로 원-핫 인코딩을 구현하는 방법 중 하나는 pandas 라이브러리의 **get_dummies()** 함수를 사용한다.
   - get_dummies() 함수를 사용하여 주어진 범주형 변수를 원-핫 인코딩한다.
   - 이 함수는 각 범주에 대해 새로운 이진 변수를 생성하고, 해당 범주에 속하는 경우에는 1을 할당하며, 그렇지 않은 경우에는 0을 할당한다.

```
In [204]: import pandas as pd
          titanic_data = pd.read_csv('c:/data/titanic.csv')
          categorical_columns = ['Gender']
          encoded_data = pd.get_dummies(titanic_data, columns=categorical_columns,drop_first=True)
          print(encoded_data)
```

```
              Ticket      Fare  Cabin  Embarked  Gender_male
0           A/5 21171    7.2500    NaN         S         True
1            PC 17599   71.2833    C85         C        False
2    STON/O2. 3101282    7.9250    NaN         S        False
3              113803   53.1000   C123         S        False
4              373450    8.0500    NaN         S         True
..                ...       ...    ...       ...          ...
886            211536   13.0000    NaN         S         True
887            112053   30.0000    B42         S        False
888          W./C. 6607  23.4500    NaN         S        False
889            111369   30.0000   C148         C         True
890            370376    7.7500    NaN         Q         True
[891 rows x 12 columns]
```

스크립트 설명

- 타이타닉 데이터셋을 불러온다.
- 원-핫 인코딩할 범주형 변수로 선택한다. (예시로 'Gender'을 선택)
- 범주형 변수를 원-핫 인코딩을 한다.
- columns 매개변수를 사용하여 인코딩할 변수를 지정할 수 있다.
- 변환된 데이터는 DataFrame으로 출력된다.

도움말

- get_dummies() vs LabelEncoder() 차이점
- get_dummies()는 범주형 변수를 이진 변수(0, 1)로 변환하는 원-핫 인코딩 방식이다.
- drop_first=True를 사용하면 기준이 되는 하나의 범주(베이스라인)를 제거하여 다중공선성을 줄일 수 있다.
- LabelEncoder()는 범주형 변수를 정수(0, 1, 2...)로 변환하는 방식이다.
- 숫자의 크기는 의미가 없지만, 선형 모델에서는 변수 간 순서가 있다고 잘못 해석될 수 있다.
- 트리 기반 모델에서는 사용 가능하지만, 선형 회귀나 로지스틱 회귀에서는 부적절할 수 있다.

7장 연습문제

01 hflights 데이터에서 Dest 변수는 항공편의 도착지 공항을 나타낸다. 가장 적은 도착지 공항과 가장 많은 도착지 공항을 찾고, 각각의 운항 횟수를 구하시오.

정답

가장 적은 공항 AGS, 1회 / 가장 많은 공항 DAL, 9820회

해설

```
In [205]: import pandas as pd
          hflights=pd.read_csv("c:/data/hflights.csv")
```

```
In [206]: hflights['Dest'].value_counts()
          counts=hflights['Dest'].value_counts()
          counts
Out[206]: Dest
          DAL    9820
          ATL    7886
          MSY    6823
                 ....
          BPT       3
          AGS       1
          Name: count, Length: 116, dtype: int64
```

스크립트 설명

- value_counts() 함수를 사용하여 Dest 변수의 고유한 값별로 도착 횟수를 계산한다.

```
In [207]: counts.max()
Out[207]: 9820
```

```
In [208]:  counts.idxmax()
Out[208]:  'DAL'
```

> **스크립트 설명**

- idxmin()과 min() 메서드를 사용하여 가장 적은 도착지 공항명과 그 횟수를 찾고, idxmax()와 max() 메서드를 사용하여 가장 많은 도착지 공항명과 그 횟수를 찾는다.
- idxmin() 메서드는 Series나 DataFrame에서 최솟값을 가지는 인덱스를 반환한다.

```
In [209]:  counts.min()
Out[209]:  1
```

```
In [210]:  counts.idxmin()
Out[210]:  'AGS'
```

02 hflights 데이터에서 'DepTime' 변수의 결측치 개수를 구하시오.

> **정답**

2905

> **해설**

```
In [211]:  import pandas as pd
           hflights=pd.read_csv("c:/data/hflights.csv")
           hflights['DepTime'].isna().sum()
Out[211]:  2905
```

> **스크립트 설명**

- isna().sum() 메서드를 이용해 'DepTime' 변수의 결측치 수를 구한다.

03 airquality 데이터셋에 대한 문제이다. Ozone 변수에서 결측치를 제외한 데이터들의 중위수를 구하고, 그리고 그 중위수를 Ozone 변수의 결측치에 입력한 후에 Ozone의 평균을 구하라.

정답

39.55882352941177

해설

- 주어진 문제를 해결하기 위해 다음 단계를 따라야 한다.
① 'Ozone' 변수에서 결측치를 제외한 데이터들의 중위수를 계산한다.
② 'Ozone' 변수의 결측치에 중위수를 입력한다.
③ 결측치가 채워진 'Ozone' 변수의 평균을 계산한다.

```
In [212]: import pandas as pd
          airquality=pd.read_csv("c:/data/airquality.csv")
          ozone_median=airquality['Ozone'].dropna().median()
```

```
In [213]: ozone_median
Out[213]: 31.5
```

```
In [214]: airquality.loc[:, 'Ozone']=airquality['Ozone'].fillna(ozone_median)
```

스크립트 설명

- fillna() 함수를 사용할 때 inplace=True 매개변수를 사용하면 해당 데이터프레임이 직접 변경된다.
- 이는 결측치를 채운 후에 새로운 데이터프레임을 반환하는 대신, 기존 데이터프레임을 변경하여 결측치가 채워진 상태로 유지하게 된다.

```
In [215]:  ozone_mean=airquality['Ozone'].mean()
```

```
In [216]:  ozone_mean
Out[216]:  39.55882352941177
```

04 diamonds 데이터셋에서 price 변수가 가장 높을 때의 price 값을 구하시오.

정답

18823

해설

```
In [217]:  import pandas as pd
           diamonds=pd.read_csv("c:/data/diamonds.csv")
```

```
In [218]:  diamonds['price'].max()
Out[218]:  18823
```

05 diamonds 데이터셋의 cut, color 범주별로 price 평균을 구하고 price 변수의 내림차순 기준으로 cut의 상위 3개 집단을 구하시오.

정답

	cut	color	price
27	Premium	J	6294.591584
26	Premium	I	5946.180672
33	Very Good	I	5255.879568

```
In [219]:  import pandas as pd
           diamonds = pd.read_csv("c:/data/diamonds.csv")
```

```
In [220]: diamonds.groupby(['cut', 'color'])['price'].mean().reset_index().head(3)
Out[220]:    cut   color    price
          0  Fair    D    4291.061350
          1  Fair    E    3682.312500
          2  Fair    F    3827.003205
```

스크립트 설명

- 'cut'과 'color' 범주별로 price의 평균 계산을 한다.

```
In [221]: grouped = diamonds.groupby(['cut', 'color'])['price'].mean().reset_index()
          grouped.sort_values(by='price',ascending=False).head(3)
Out[221]:       cut    color    price
          27  Premium    J    6294.591584
          26  Premium    I    5946.180672
          33  Very Good  I    5255.879568
```

스크립트 설명

- 'price' 평균을 내림차순으로 정렬한다.

06 diamonds에서 cut의 범주별 빈도와 비율 중 'Ideal' 백분율을 구하시오

정답

39.953652206154985

해설

```
In [222]: import pandas as pd
          diamonds=pd.read_csv("c:/data/diamonds.csv")
          cut_counts=diamonds['cut'].value_counts()
          cut_percentages=cut_counts / len(diamonds) * 100
```

스크립트 설명

- value_counts()로 'cut' 열의 범주별 빈도 계산한다.
- 'cut' 열의 범주별 빈도를 전체 데이터 수로 나누어 비율 계산한다.

```
In [223]: cut_percentages['Ideal']
Out[223]: 39.953652206154985
```

07 gapminder dataset에서 Europe과 Africa 대륙 중 가장 많은 인구(pop)를 가졌던 국가와 연도를 구하시오

정답

Nigeria,2007

```
In [224]: import pandas as pd
          gapminder = pd.read_csv("c:/data/gapminder.csv")
          max_pop_data =gapminder[(gapminder['continent'] == 'Europe')|
                         (gapminder['continent'] == 'Africa')].groupby(['continent','country']).max().reset_index()
```

스크립트 설명

- Europe와 Africa 대륙 중에서 최대 인구를 가진 국가와 해당 연도를 저장한다.

```
In [225]: max_pop_data.loc[max_pop_data['pop'].idxmax(), ['country', 'year', 'pop']]
Out[225]: country         Nigeria
          year               2007
          pop           135031164
          Name: 36, dtype: object
```

스크립트 설명

- 최대 인구를 가진 국가와 해당 연도를 출력한다.

8장 실전문제

01 서울특별시 대기환경정보 데이터를 이용해서 서울시의 미세먼지, 초미세먼지를 분석한다.

- 예제파일 period1.xlsx는 서울시 2022.02~03까지 구별 미세먼지, 초미세먼지, 오존, 이산화질소, 일산화탄소, 아황산가스 데이터를 포함하고 있다.
- 해당 데이터는 출판사 홈페이지 또는 서울시 대기환경정보 공공데이터에서 다운로드할 수 있다.

1) 분석 데이터 구조를 파악한다.

```
In [226]: import pandas as pd
          airseoul=pd.read_excel("c:/data/period1.xlsx")
          airseoul.info()
```

```
<class 'pandas.core.frame.DataFrame'>
RangeIndex: 1535 entries, 0 to 1534
Data columns (total 8 columns):
 #   Column              Non-Null Count  Dtype
---  ------              --------------  -----
 0   날짜                  1535 non-null   object
 1   측정소명                1535 non-null   object
 2   미세먼지 PM10
     (㎍/m3)              1528 non-null   float64
 3   초미세먼지
     PM2.5 (㎍/m3)        1532 non-null   float64
 4   오존
     O3 (ppm)            1533 non-null   float64
 5   이산화질소
     NO2 (ppm)           1531 non-null   float64
```

```
        6   일산화탄소
            CO (ppm)       1525 non-null    float64
        7   아황산가스
            SO2(ppm)       1521 non-null    float64
       dtypes: float64(6), object(2)
       memory usage: 96.1+ KB
```

스크립트 설명

- 엑셀 데이터를 불러오기 위해 read_excel() 함수를 사용한다.
- 객체 이름을 airseoul로 저장하고 info() 메서드를 통해 데이터 구조를 확인한다.
- 8개 변수에 1535개의 데이터, 날짜와 측정소명은 문자(object)이며 그 외 변수는 수치형 데이터이다.

2) 결측치와 이상치를 확인한다.

```
In [227]: airseoul.columns
Out[227]: Index(['날짜', '측정소명', '미세먼지 PM10\n(μg/m3)', '초미세먼지\nPM2.5 (μg/m3)',
                 '오존\nO3 (ppm)', '이산화질소\nNO2 (ppm)', '일산화탄소\nCO (ppm)',
                 '아황산가스\nSO2(ppm)'],
                dtype='object')
```

스크립트 설명

- columns 속성을 사용하여 데이터의 변수명을 출력한다.

```
In [228]: airseoul1=airseoul.rename(columns={
              '날짜': 'date',
              '측정소명': 'region',
              '미세먼지 PM10\n(μg/m3)': 'pm10',
              '초미세먼지\nPM2.5 (μg/m3)': 'pm2.5'
          })
          airseoul1 = airseoul1[['date', 'region', 'pm10', 'pm2.5']]
```

스크립트 설명

- rename() 메서드를 사용하여 열 이름을 변경할 수 있다.
- 이 메서드의 columns 매개변수에는 딕셔너리 형태로 {기존 열 이름: 새로운 열 이름}의 매핑을 제공한다.
- airseoul 데이터프레임의 열 이름을 변경하고, 'date', 'region', 'pm10', 'pm2.5' 열을 선택하여 새로운 데이터프레임 airseoul1에 저장한다.

```
In [229]: airseoul1['region'].value_counts()
Out[229]: region
          평균        60
          강남구       59
          중구        59
          종로구       59
          은평구       59
          용산구       59
          영등포구      59
          양천구       59
          송파구       59
          성북구       59
          성동구       59
          서초구       59
          서대문구      59
          마포구       59
          동작구       59
          동대문구      59
          도봉구       59
          노원구       59
          금천구       59
          구로구       59
          광진구       59
          관악구       59
          강서구       59
          강북구       59
          강동구       59
          중랑구       59
          Name: count, dtype: int64
```

> **스크립트 설명**

- 문자열 열의 빈도값을 확인하려면 value_counts() 메서드를 사용한다.

```
In [230]: airseoul1=airseoul1[~((airseoul1['date']=='전체')|
                                (airseoul1['region']=='평균'))]
```

> **스크립트 설명**

- 불필요한 값인 'date' 변수가 '전체'인 데이터와 'region'변수가 '평균'인 데이터를 삭제한다.

```
In [231]: airseoul1.isna().sum()
Out[231]: date      0
          region    0
          pm10      7
          pm2.5     3
          dtype: int64
```

> **스크립트 설명**

- 데이터의 결측치를 확인한다.

```
In [232]: airseoul2=airseoul1.dropna()
```

> **스크립트 설명**

- 데이터의 결측치를 제거한다.

(1) 미세먼지가 가장 심했던 날짜, 지역, 미세먼지 수치(pm10)는?

정답

날짜: 2022-03-05 지역: 구로구 미세먼지 수치: 112.0

해설

```
In [233]: airseoul2[airseoul2['pm10']==airseoul2['pm10'].max()]
Out[233]:      date      region   pm10   pm2.5
          684  2022-03-05  구로구    112.0  15.0
```

스크립트 설명

- airseoul2 데이터프레임에서 "pm10" 이 최대값인 행을 필터링한다.

(2) 서울시의 2022년 2월부터 3월까지 미세먼지 평균을 구하고 평균을 기준으로 상위 5개 구는?

정답

양천구 - 강북구 - 강서구 - 노원구 - 강동구

해설

```
In [234]: grouped_mean=airseoul2.groupby('region')['pm10'].mean().reset_index()
```

스크립트 설명

- region 별로 pm10의 평균을 계산한다.

```
In [235]: sorted_mean=grouped_mean.sort_values(by='pm10', ascending=False)
```

스크립트 설명

- 평균값을 기준으로 내림차순으로 정렬한다.

```
In [236]:  top_5=sorted_mean.head(5)
           print(top_5)
              region      pm10
           18   양천구   44.448276
           2    강북구   44.155172
           3    강서구   43.796610
           8    노원구   43.677966
           1    강동구   43.576271
```

스크립트 설명

- 상위 5개 값을 선택하고 print( )함수로 출력한다.

(3) 하루의 미세먼지(pm10) 상황은 1일 수치가 0~30이면 'good', 31~80이면 'normal', 81~150이면 'bad', 151이상이면 'worse'로 구분한다. 이 기준에 따라 미세먼지 등급 변수(파생변수)를 생성하고 이때 'good'의 빈도수와 백분율을 구하시오.

정답

538,36.673483%

해설

```
In [237]:  airseoul2=airseoul2.copy()
           airseoul2.loc[:, 'pm_grade']=pd.cut(
               airseoul2['pm10'],
               bins=[-float('inf'), 31, 81, 151, float('inf')],
               labels=['good', 'normal', 'bad', 'worse'],
               right=False
           )
```

스크립트 설명

- airseoul2 = airseoul2.copy( ) : 복사본을 생성하여 airseoul2 데이터프레임에 대한 작업을 안전하게 할 수 있도록 한다.

- pd.cut() 함수는 주어진 연속형 변수를 구간(bin)으로 나누어 범주형 변수로 변환하는 함수이다.
- 연속형 데이터를 이산형 데이터로 변환하여 다양한 분석에 활용할 수 있다.
- 주요 매개변수는 다음과 같다.
- bins: 구간을 나눌 기준값들을 리스트로 지정한다.
- labels: 각 구간에 대한 라벨들을 리스트로 지정한다.
- right: 구간의 오른쪽 경계를 포함할지 여부를 지정한다. 기본값은 True이며, True로 설정하면 오른쪽 경계를 포함한다. False로 설정하면 왼쪽 경계를 포함한다.

```
In [238]: grouped=airseoul2.groupby('pm_grade',observed=False).size().reset_index().rename(columns={0: 'n'})
```

스크립트 설명

- pm_grade의 값(예: 'good', 'normal', 'bad', 'worse')을 기준으로 데이터를 그룹화한다.
- 'observed=False'로 설정되어 있으므로, pm_grade 컬럼에 실제로 존재하는 범주만 포함된다.
- .size(): 각 그룹의 크기, 즉 각 pm_grade 그룹에 속하는 행의 수를 계산한다.
- .reset_index()는 인덱스를 리셋하여 'pm_grade'를 다시 컬럼으로 변환한다.

```
In [239]: grouped['total']=grouped['n'].sum()
```

스크립트 설명

- 총 개수를 계산하여 새로운 열로 추가한다.

```
In [240]: grouped['pct']=grouped['n'] / grouped['total'] * 100
          print(grouped)

Out[240]:    pm_grade    n    total      pct
          0     good   538    1467   36.673483
          1   normal   855    1467   58.282209
          2      bad    74    1467    5.044308
          3    worse     0    1467    0.000000
```

(4) 초미세먼지(pm2.5)가 최소인 날짜 중에서 미세먼지(pm10)가 최대인 지역은?

 정답

성동구

```
In [241]:  result = airseoul1[airseoul1['pm2.5'] == airseoul1['pm2.5'].min()].sort_values(by='pm10', ascending=False)
```

```
In [242]:  print(result)
                date        region   pm10   pm2.5
         355    2022-03-18   성동구    7.0    1.0
         346    2022-03-18   구로구    6.0    1.0
         354    2022-03-18   서초구    6.0    1.0
         320    2022-03-19   구로구    5.0    1.0
         353    2022-03-18   서대문구   5.0    1.0
         336    2022-03-19   종로구    4.0    1.0
```

스크립트 설명

- 주어진 데이터프레임에서 'pm2.5' 열 값이 최솟값인 행을 선택하고, 그 중에서 'pm10' 열 값 기준으로 내림차순으로 정렬하는 작업을 수행한다.

02 공공데이터 포털(https://www.data.go.kr/)의 수도권 지하철의 노선, 역별, 이용인원을 분석한다.

- 공공데이터 포털(https://www.data.go.kr/)는 공공기관이 생성 또는 취득하여 관리하고 있는 공공데이터를 한 곳에서 제공하는 통합 플랫폼이다.
- 검색란에 '지하철 호선별' 키워드 검색하면 '서울특별시_지하철 호선별 역별 승하차 인원정보' 클릭→URL 주소 클릭→'CARD_SUBWAY_MONTH_202203.csv' 다운로드 한다.

1) 분석 데이터 구조를 파악한다.

```
In [243]: import pandas as pd
          subway_202203=pd.read_csv("c:/data/CARD_SUBWAY_MONTH_202203.csv",encoding='cp949')
```

스크립트 설명

- encoding='cp949' 인코딩은 한글 텍스트 파일이나 CSV 파일 등을 불러올 때 사용한다.

```
In [244]: subway_202203.info()
          <class 'pandas.core.frame.DataFrame'>
          RangeIndex: 18467 entries, 0 to 18466
          Data columns (total 6 columns):
           #   Column     Non-Null Count  Dtype
          ---  ------     --------------  -----
           0   사용일자       18467 non-null  int64
           1   노선명        18467 non-null  object
           2   역명         18467 non-null  object
           3   승차총승객수     18467 non-null  int64
           4   하차총승객수     18467 non-null  int64
           5   등록일자       18467 non-null  int64
          dtypes: int64(4), object(2)
          memory usage: 865.8+ KB
```

```
In [245]: subway_202203=subway_202203.rename(columns={
          '사용일자': 'date',
          '노선명': 'line',
          '역명': 'station',
          '승차총승객수': 'on_pass',
          '하차총승객수': 'off_pass'
          }).drop(columns=['등록일자'])
```

스크립트 설명

- 변수 이름을 영문으로 변경하고 불필요한 '등록일자' 변수를 삭제한다.

2) 결측치와 이상치를 파악한다.

```
In [246]: subway_202203.isna().sum()
Out[246]: date        0
          line        0
          station     0
          on_pass     0
          off_pass    0
          dtype: int64
```

스크립트 설명

- 5개 변수에 결측치(NA)가 없음을 확인할 수 있다.

(1) 역의 하루 평균 승차 고객수와 하차 승객수는?

정답

평균 승차 고객수:8851.885688, 평균 하차 고객수:8822.759463

```
In [247]: import pandas as pd
          subway_202203.agg({'on_pass': 'mean', 'off_pass': 'mean'})

Out[247]: on_pass     8851.885688
          off_pass    8822.759463
          dtype: float64
```

> **스크립트 설명**

- agg() 함수는 딕셔너리 형태로 열 이름 또는 함수 이름과 집계 함수를 매핑하여 사용한다.

(2) 승차 승객수가 가장 많은 노선과 승차승객수는?

> **정답**

강남역, 승차승객수(80279명)

```
In [248]: subway_202203[subway_202203['on_pass']== subway_202203['on_pass'].max()]

Out[248]:        date       line  station  on_pass  off_pass
          14526  20220325   2호선    강남      80279    78816
```

(3) 전체 승객수는 승차 총 승객수 + 하차 총 승객수로 정의한다. 역별로 평균 전체승객수 상위 3개 역은?

> **정답**

강남, 신림, 구로디지털단지

```
In [249]: subway_202203['total_pass']=subway_202203['on_pass']+ subway_202203['off_pass']
```

> **스크립트 설명**

- 역별로 승차 승객수와 하차 승객수의 합을 계산하여 'total_pass' 파생변수를 생성한다.

```
In [250]: result = subway_202203.groupby('station').agg({'total_pass': 'mean'})
```

스크립트 설명

- 역별로 그룹화하고 'total_pass'의 평균을 계산한다.

```
In [251]: result.sort_values(by='total_pass', ascending=False).head(3)
Out[251]:              total_pass
          station
          강남         125027.064516
          신림         101544.548387
          구로디지털단지    88651.774194
```

스크립트 설명

- 평균을 기준으로 내림차순 정렬하고 상위 3개 행을 선택한다.

(4) 지하철 1호선에서 평균 전체 승객이 가장 많았던 역과 날짜는?

정답

서울역, 3월 25일

```
In [252]: subway_202203['total_pass']=subway_202203['on_pass'] +subway_202203['off_pass']
```

스크립트 설명

- 역별로 승차 승객수와 하차 승객수의 합을 계산하여 'total_pass' 파생변수를 생성한다.

In [253]: `df=subway_202203[subway_202203['line'] == '1호선']`

스크립트 설명

- 1호선인 행만 선택한다.

In [254]: `df[df['total_pass'] == df['total_pass'].max()]`

Out[254]:

	date	line	station	on_pass	off_pass	total_pass
14495	20220325	1호선	서울역	41104	41346	82450

- total_pass가 최대인 행을 선택한다.

03 한국복지패널에서 제공하는 2021년 급여 실태에 관한 데이터이다.

> - 예제파일의 변수명은 다음과 같다.
> - h1601_4(성별),h1601_5(태어난 년도),h1601_6(교육수준),h16_reg5(지역구분)
>   h1608_114(상용근로자 총 급여), h1608_122(임시근로자 총 급여)

1) 분석 데이터 구조 확인하기

```
In [255]: import pandas as pd
          koweps=pd.read_csv("c:/data/koweps.csv")
          house = koweps[['h1601_4', 'h1601_5', 'h1601_6', 'h16_reg5', 'h1608_114', 'h1608_122']]
```

```
In [256]: house.info()
          <class 'pandas.core.frame.DataFrame'>
          RangeIndex: 5996 entries, 0 to 5995
          Data columns (total 6 columns):
           #   Column      Non-Null Count  Dtype
          ---  ------      --------------  -----
           0   h1601_4     5996 non-null   int64
           1   h1601_5     5996 non-null   int64
           2   h1601_6     5996 non-null   int64
           3   h16_reg5    5996 non-null   int64
           4   h1608_114   1430 non-null   float64
           5   h1608_122   1612 non-null   float64
          dtypes: float64(2), int64(4)
          memory usage: 281.2 KB
```

스크립트 설명

- h1601_4(성별), h1601_5(태어난 연도), h1601_6(교육수준), h16_reg5(지역구분), h1608_114(상용근로자 총 급여), h1608_122(임시근로자 총 급여) 변수만을 추출한다.
- info( )함수로 데이터 구조를 파악한다.

In [257]:
```
house1=house.rename(columns={'h1601_4': 'gender',
                             'h1601_5': 'birth',
                             'h1601_6': 'edu',
                             'h16_reg5': 'region',
                             'h1608_114': 'r_salary',
                             'h1608_122': 't_salary'})
```

스크립트 설명

- rename( )함수로 변수 이름을 변경한다.

In [258]: `house1.describe()`

Out[258]:

	gender	birth	edu	region	r_salary	t_salary
count	5996.000000	5996.000000	5996.000000	5996.000000	1430.000000	1612.000000
mean	1.357238	1956.587558	4.635257	2.701968	5250.285315	1552.403226
std	0.479226	16.654058	1.675378	1.000452	3599.608702	1603.362143
min	1.000000	1922.000000	2.000000	1.000000	0.000000	0.000000
25%	1.000000	1942.000000	3.000000	2.000000	3280.000000	297.000000
50%	1.000000	1955.000000	5.000000	3.000000	4620.000000	1040.000000
75%	2.000000	1970.000000	6.000000	3.000000	6620.000000	2340.000000
max	2.000000	2001.000000	9.000000	5.000000	85860.000000	14580.000000

스크립트 설명

- 데이터프레임의 각 열에 대한 기술 통계를 확인한다.
- 'gender(성별)'는 남자 = 1, 여자 = 2로 이상치가 존재하지 않는다.
- 'birth(생년월일)'도 최소, 최대값을 통해서 이상치 존재를 파악할 수 있다.
- 'edu(교육정도)'는 9개 등급의 학력 구분으로 이상치가 존재하지 않는다.

2) 결측치와 이상값 확인하기

```
In [259]:  house1.isna().sum()
Out[259]:  gender       0
           birth        0
           edu          0
           region       0
           r_salary  4566
           t_salary  4384
           dtype: int64
```

> **스크립트 설명**

- 'r_salary(상용직 총급여)', 't_salary(임시직 총급여)' NA(결측값)수를 확인한다.
- 'r_salary', 't_salary'의 급여가 '0'인 경우 문제가 있는 코딩 값으로 결측처리 한다.

```
In [260]:  import numpy as np
           house1['r_salary'] = np.where(house1['r_salary'] == 0,
                                         np.nan, house1['r_salary'])
           house1['t_salary'] = np.where(house1['t_salary'] == 0,
                                         np.nan, house1['t_salary'])
```

> **스크립트 설명**

- 'r_salary'와 't_salary' 열에서 값이 0인 경우를 NA로 대체한다.

```
In [261]:  house1['age'] = 2021 - house1['birth'] + 1
```

> **스크립트 설명**

- 'birth' 열을 기반으로 age 변수를 생성한다.

```
In [262]: house1['age'].min(), house1['age'].max()
Out[262]: (21, 100)
```

스크립트 설명

- 'age' 변수의 범위를 확인한다.

3) 범주형 분류 재부호하기

```
In [263]: house1['edu_grade'] = '대학이상'
          house1.loc[house1['edu'].isin([2, 3, 4]), 'edu_grade'] = '중학이하'
          house1.loc[house1['edu'] == 5, 'edu_grade'] = '고교'
          house1.loc[house1['edu'] == 6, 'edu_grade'] = '전문대'
```

스크립트 설명

- .isin([2, 3, 4]): 'edu' 열의 각 요소가 2, 3, 또는 4 중 하나인지 여부를 확인한다.
- house1.loc[ ]: [ ] 대괄호의 조건을 만족하는 행을 선택한다.
- 'edu' 열의 값이 2, 3, 또는 4인 경우에 해당 행의 'edu_grade' 열 값을 '중학이하'로 설정함을 의미한다.

```
In [264]: house1['edu_grade'].value_counts()
Out[264]: edu_grade
          중학이하     2730
          고교       1635
          대학이상     1169
          전문대       462
          Name: count, dtype: int64
```

스크립트 설명

- value_counts() 함수를 통해 각 범주값의 횟수를 확인한다.

(1) 상용직 근로자 중 최대 급여 근로자의 성별(gender) 급여액을 구하시오

정답
남성(1) = 85860, 여성(2) = 37260

```
In [265]: filtered_house1=house1.dropna(subset=['r_salary']).groupby('gender')
```

스크립트 설명

- 'r_salary'가 NA가 아닌 행을 필터링하고 gender로 그룹화한다.

```
In [266]: max_r_salary_indices=filtered_house1['r_salary'].idxmax()
```

스크립트 설명

- 각 그룹에서 최대 'r_salary'를 가진 행의 인덱스를 선택한다.

```
In [267]: result = house1.loc[max_r_salary_indices]
          print(result)

              gender  birth  edu  region  r_salary  t_salary  age  edu_grade
          1948      1   1992    7       2   85860.0       NaN   30    대학이상
          3407      2   1997    7       3   37260.0       NaN   25    대학이상
```

스크립트 설명

- 최대 'r_salary'를 가진 행을 선택하여 결과를 출력

(2) 연령별 상용직 평균 급여액 중 상위 3개의 연령을 출력하시오.

정답
76세, 30세, 51세

```
In [268]: result =house1.dropna(subset=['r_salary']).groupby('age')['r_salary'].mean().reset_index()
```

> **스크립트 설명**

- 'r_salary'가 NA가 아닌 행을 필터링하고 age로 그룹화하여 평균을 계산한다.

In [269]: `result=result.sort_values(by='r_salary', ascending=False).head(3)`

> **스크립트 설명**

- 평균으로 내림차순 정렬하고 상위 3개 행을 선택한다.

In [270]:
```
print(result)
      age    r_salary
54    76    9126.000000
8     30    8108.052632
29    51    7000.360000
```

> **스크립트 설명**

- 출력 결과를 확인한다.

(3) 상용직 근로자의 교육 수준과 성별에 따른 평균 급여 분석을 하고 최상위 평균 급여 남성의 교육 수준과 평균 급여, 여성의 교육 수준과 평균 급여를 출력하시오.

> **정답**

1(남성) 대학 이상 6367.245955, 2(여성) 대학 이상 4275.194444

In [271]: `result = house1.dropna(subset=['r_salary']).groupby(['gender', 'edu_grade'])['r_salary'].mean().reset_index()`

> **스크립트 설명**

- 'r_salary'가 NA가 아닌 행을 필터링하고 gender, edu_grade로 그룹화하여 평균을 계산한다.

```
In [272]: result=result.sort_values(by='r_salary', ascending=False)
```

스크립트 설명

- 평균으로 내림차순 정렬한다.

```
In [273]: print(result)
             gender   edu_grade   r_salary
        1       1      대학이상    6367.245955
        2       1      전문대      4950.893023
        0       1      고교       4840.675978
        5       2      대학이상    4275.194444
        4       2      고교       3134.636364
        3       1      중학이하    2868.162162
        6       2      전문대      2696.875000
        7       2      중학이하    1954.000000
```

스크립트 설명

- 출력 결과를 확인한다.

04 서울의 음식점에 관한 데이터이다.

- 지방행정인허가데이터 개방 사이트(https://www.localdata.kr/)에 접속
- 상단메뉴에서 "데이터 받기"를 클릭 후 데이터 다운로드 후에 지역 다운로드에 통해 61000_서울특별시_07_24_04_P_일반음식점업.csv 파일을 이용한다.
- 예제파일은 출판사 홈페이지에서 다운로드 가능하다.
- 예제파일의 변수명은 다음과 같다.
- 사업장명=name, 업태구분명=type, 상세영업상태명=status, 인허가날짜=open_date
- 폐업일자=close_date, 소재지 주소=address

1) 데이터 불러오기

```
In [274]: import pandas as pd
          food=pd.read_csv("c:/data/6110000_서울특별시_07_24_04_P_일반음식점.csv",encoding='cp949',
                          na_values="",low_memory=False)
```

스크립트 설명

- na_values=""는 빈 문자열("")을 결측값으로 처리하도록 지정하는 매개변수이다.
- low_memory=False 매개변수를 사용하여 데이터 유형을 추론할 수 있고 경고 메시지를 없앨 수 있다.
- 변수 이름을 변경하고 필요한 변수만을 선택한다.

2) 변수 이름을 변경하고 필요한 열을 선택한다.

```
In [275]: food1=food.rename(columns={'인허가일자': 'open_date',
                                      '상세영업상태명': 'status',
                                      '폐업일자': 'close_date',
                                      '사업장명': 'name',
                                      '업태구분명': 'type',
                                      '소재지전체주소': 'address'})
          food1=food1[['open_date', 'status', 'name', 'close_date',
          'type', 'address']]
```

3) 분석 데이터 구조를 파악한다.

```
In [276]: food1.info()
<class 'pandas.core.frame.DataFrame'>
RangeIndex: 474140 entries, 0 to 474139
Data columns (total 6 columns):
 #   Column      Non-Null Count   Dtype
---  ------      --------------   -----
 0   open_date   474140 non-null  int64
 1   status      474140 non-null  object
 2   name        474139 non-null  object
 3   close_date  349716 non-null  float64
 4   type        474119 non-null  object
 5   address     473903 non-null  object
dtypes: float64(1), int64(1), object(4)
memory usage: 21.7+ MB
```

스크립트 설명

- info() 함수에서 "Non-Null Count"는 각 열에서 비어 있지 않은 값의 수를 의미한다.

4) 분석변수의 결측치를 확인한다.

```
In [277]: food1.isna().sum()
Out[277]: open_date         0
          status            0
          name              1
          close_date   124424
          type             21
          address         237
          dtype: int64
```

스크립트 설명

- 'close_date'의 결측치는 현재 계속 영업 중인 상태를 의미한다.

5) 유사 업종을 통합 변수로 변경한다.

```
In [278]:   food1['type'].value_counts()

Out[278]:   type
            한식         200172
            분식          78766
            경양식         47987
            호프/통닭       34974
            지면 관계상 이하 내용 삭제
```

스크립트 설명

- 'type' 열의 고유한 값의 빈도수를 계산한다.

```
In [279]:   import pandas as pd
            food1['type'] = food1['type'].replace(["까페", "다방", "라이브카페", "커피숍", "카페"], "카페")
```

스크립트 설명

- Pandas의 replace() 함수는 시리즈(Series) 또는 데이터프레임(DataFrame)의 값을 다른 값으로 대체할 때 사용한다.
- 'type' 열의 값이 "카페", "다방", "라이브카페", "커피숍", "카페" 중 하나인 경우 "카페"로 통합한다.

```
In [280]:   food1['type']=food1['type'].replace(["통닭(치킨)", "호프/통닭"], "치킨")
```

스크립트 설명

- 'type' 열의 값이 "통닭(치킨)" 또는 "호프/통닭"인 경우 "치킨"으로 대체한다.

In [281]: ```food1['type']=food1['type'].replace(["일식", "회집", "횟집"], "회집")```

스크립트 설명

- 'type' 열의 값이 "일식", "회집", "횟집"인 경우 "회집"으로 대체한다.

In [282]: ```food1['type']=food1['type'].replace(["경양식", "패밀리레스토랑"], "레스토랑")```

스크립트 설명

- 'type' 열의 값이 "경양식", "패밀리레스토랑"인 경우 "레스토랑"으로 대체한다.

In [283]: ```food1['type']=food1['type'].replace("정종/대포집/소주방", "소주방")```

스크립트 설명

- 'type' 열의 값이 "정종/대포집/소주방"인 경우 "소주방"으로 대체한다.

In [284]: ```food1['type']=food1['type'].replace("외국음식전문점(인도,태국등)", "외국음식전문점")```

스크립트 설명

- 'type' 열의 값이 "외국음식전문점(인도,태국등)"인 경우 "외국음식전문점"으로 대체한다.

In [285]: ```food1['type']=food1['type'].replace(["기타", "193959.1505"], pd.NA)```

스크립트 설명

- 'type' 열의 값이 "기타" 또는 "193959.1505"인 경우 NA로 대체한다.

6) 파생변수 생성하기

```
In [286]: food1['open_date'].min()
Out[286]: 19000531
```

```
In [287]: food1['open_date'].max()
Out[287]: 20220401
```

스크립트 설명

- 'open_date' 변수의 최댓값과 최소값을 확인한다.

```
In [288]: food1.loc[food1['open_date'] < 19700301, 'open_date'] = None
```

스크립트 설명

- 임의로 특정기간으로 설정하기 위해 'food1' 데이터프레임의 'open_date' 열에서 19700301보다 작은 값을 NaN(결측치)으로한다.
- food1['open_date'] < 19700301는 'open_date' 열의 각 행이 19700301보다 작은지 여부를 판별하는 조건이다. 이 조건을 충족하는 행의 'open_date' 값을 None으로 변경한다.

```
In [289]: food1['open_date']=food1['open_date'].astype(str)
          food1['open_year']=food1['open_date'].str.slice(0,4)
```

스크립트 설명

- 'open_date' 열을 문자열로 변환하고, str.slice() 메서드를 사용하여 문자열을 잘라내어 구현할 수 있다.
- 이를 사용하여 food1 데이터프레임의 'open_date' 열에서 연도 부분을 추출하여 'open_year' 열에 저장한다.

In [290]:
```
food1['close_date']=food1['close_date'].astype(str)
food1['close_year']=food1['close_date'].str.slice(0,4)
```

스크립트 설명

- 'close_date' 열을 문자열로 변환하고, str.slice() 메서드를 사용하여 문자열을 잘라내어 구현할 수 있다.
- 이를 사용하여 food1 데이터프레임의 'close_date' 열에서 연도 부분을 추출하여 'close_date' 열에 저장한다.

(1) 가장 오래된 영업 중인 음식점업의 open_year와 type, name을 출력하시오.

정답
1970, 한식, 경원집

In [291]:
```
import pandas as pd
filtered_food1=food1[(~food1['open_date'].isna()) & (food1['status']=="영업")]
```

스크립트 설명

- 'open_date' 열이 결측치가 아니고 status가 "영업"인 행을 추출한다.

In [292]:
```
filtered_food1 = filtered_food1[filtered_food1['open_date'] == filtered_food1['open_date'].min()]
```

스크립트 설명

- 'open_date' 열이 최솟값인 행을 추출한다.

In [293]:
```
selected_columns=['type', 'open_year', 'name']
filtered_food1=filtered_food1[selected_columns]
```

> 스크립트 설명

- 'type', 'open_yea', 'name' 변수만 선택한다.

```
In [294]: print(filtered_food1)
              type   open_year   name
       16052  한식    1970        경원집
```

> 스크립트 설명

- 출력 결과를 확인한다.

(2) 개업한 전체 음식점에서 상위 3개 업종의 비율을 출력하시오.(단 비율은 소숫점 둘째 자리까지 반올림한다.)

> 정답

한식(45.41), 분식(17.87), 레스토랑(10.89)

```
In [295]: import pandas as pd
          filtered_food1=food1[~food1['open_date'].isna() & ~food1['type'].isna()]
```

> 스크립트 설명

- food1['open_date'].isna()는 'open_datc' 열의 각 행이 결측치인지 여부를 나타내는 불리언 시리즈를 생성한다.
- food1['type'].isna()도 동일한 기능을 제공한다.
- 두 시리즈를 & 연산자를 사용하여 합치면 'open_date'와 'type' 열이 모두 결측치가 아닌 행에 대해 True를 반환하는 새로운 불리언 시리즈가 생성된다.
- 이를 이용하여 food1에서 해당하는 행들을 필터링하여 filtered_food1에 할당한다.

```
In [296]: type_counts = filtered_food1.groupby('type').size().reset_index(name='n')
```

스크립트 설명

- filtered_food1.groupby('type')는 'type' 열을 기준으로 데이터프레임을 그룹화한다.
- size() 함수를 호출하여 각 그룹의 크기(행의 개수)를 계산한다. 이 결과는 시리즈 형태로 반환되며, 각 그룹의 이름('type')이 인덱스로 설정된다.
- reset_index(name='n')은 이 결과를 데이터프레임 형태로 변환한다.
- 'type' 열은 새로운 데이터프레임의 인덱스가 되고, 계산된 행의 개수는 'n'이라는 새로운 열로 추가된다.

```
In [297]:  type_counts['total']=type_counts['n'].sum()
           type_counts['pct']=round(type_counts['n'] / type_counts['total'] * 100, 2)
```

스크립트 설명

- 'n' 열의 모든 값을 합산하여 총 개수를 계산하고, 이를 'total'이라는 새로운 열에 할당한다.
- 'n' 열의 값을 각각 해당하는 그룹의 총 개수로 나누어 백분율을 계산한다. 이를 소수점 둘째 자리까지 반올림하여 'pct'라는 새로운 열에 할당한다.

```
In [298]:  type_counts=type_counts.sort_values(by='n', ascending=False)
```

스크립트 설명

- sort_values(by='n', ascending=False)는 'n' 열을 기준으로 데이터프레임을 정렬하는데, ascending=False 옵션을 사용하여 내림차순으로 정렬한다.

```
In [299]:  top_3=type_counts.head(3)
           print(top_3)
                 type       n   total    pct
           27     한식  200172  440805  45.41
           8      분식   78766  440805  17.87
           5    레스토랑   47987  440805  10.89
```

(3) 개업이 가장 많았던 연도와 해당 연도의 개업 사업체 수를 출력하시오.

정답

개업(2001), 개업 사업체수(18818)

```
In [300]: import pandas as pd
          filtered_food1=food1[~food1['open_date'].isna()]
```

스크립트 설명

- 'open_date' 변수가 결측치가 아닌 행을 추출한다.

```
In [301]: open_year_counts = filtered_food1.groupby('open_year').size().reset_index(name='n')
```

스크립트 설명

- 'open_year' 별로 개수를 집계한다.

```
In [302]: open_year_counts=open_year_counts.sort_values(by='n', ascending=False)
```

스크립트 설명

- 개수를 기준으로 내림차순으로 정렬한다.

```
In [303]: top_3=open_year_counts.head(3)
          print(top_3)
              open_year    n
          31       2001  18818
          24       1994  17978
          29       1999  17882
```

스크립트 설명

- 상위 3개 항목을 선택하여 출력한다.

작업형 제1유형

1장 작업형 제1유형 출제유형 및 주요 출제 포인트
2장 기출·예상문제

1장 작업형 제1유형 출제유형 및 주요 출제 포인트

출제 유형

- 작업형 제1유형 문제는 데이터 전처리 및 기초 통계 분석을 중심으로 출제
- 주어진 데이터를 기반으로 결측치 처리, 이상치 탐지, 집계 및 요약 통계, 조건에 맞는 필터링 및 변환 등의 기술을 평가

주요 출제 포인트

1. 결측치 처리
   - 결측치 제거 (dropna) 또는 대체 (fillna)
   - 결측치 개수 및 비율 계산

2. 기술 통계 및 요약
   - 평균, 중앙값, 표준편차, 사분위수(Q1, Q3) 계산 (mean(), median(), std(), quantile())
   - 최대/최소값 찾기 및 순위 기반 정렬 (sort_values())

3. 데이터 필터링 및 변환
   - 조건에 따른 데이터 필터링 (loc)
   - 스케일링 및 정규화 (MinMaxScaler)
   - 새로운 변수 생성 및 기존 변수 변환

4. 이상치 탐지
   - 사분위수 기반 이상치 탐지 (IQR)
   - 표준편차 기반 이상치 탐지

5. 집계 및 그룹화
   - 그룹화 후 통계량 계산 (groupby())
   - 특정 조건별 집계 (예 : 월별, 연도별 평균)

6. 날짜 및 문자열 처리
    - 날짜 파싱 및 변환 (pd.to_datetime)
    - 문자열 처리

7. 출력 형식
    - 정수 출력 (int) 또는 소수점 자릿수 조정 (round())

2장 기출·예상문제

기출문제

01 주어진 캘리포니아 주택 데이터에서 결측치가 포함된 행을 제거하고, 데이터의 첫 번째 행부터 순서대로 70%를 추출 후, 'housing_median_age' 변수의 1사분위(Q1) 값을 정수로 출력하시오.

```
In [1]: import pandas as pd
        house=pd.read_csv("c:/data/housing.csv")
        print(house.head(3))

Out[1]:    longitude  latitude  housing_median_age  total_rooms  total_bedrooms  \
        0   -122.23     37.88                  41          880           129.0
        1   -122.22     37.86                  21         7099          1106.0
        2   -122.24     37.85                  52         1467           190.0

           population  households  median_income  median_house_value ocean_proximity
        0         322         126         8.3252              452600        NEAR BAY
        1        2401        1138         8.3014              358500        NEAR BAY
        2         496         177         7.2574              352100        NEAR BAY
```

스크립트 설명

- head( )함수로 데이터 구조 및 변수 등을 확인한다.

In [2]: `print(house.info())`

```
<class 'pandas.core.frame.DataFrame'>
RangeIndex: 20640 entries, 0 to 20639
Data columns (total 10 columns):
 #   Column              Non-Null Count  Dtype
---  ------              --------------  -----
 0   longitude           20640 non-null  float64
 1   latitude            20640 non-null  float64
 2   housing_median_age  20640 non-null  int64
 3   total_rooms         20640 non-null  int64
 4   total_bedrooms      20433 non-null  float64
 5   population          20640 non-null  int64
 6   households          20640 non-null  int64
 7   median_income       20640 non-null  float64
 8   median_house_value  20640 non-null  int64
 9   ocean_proximity     20640 non-null  object
dtypes: float64(4), int64(5), object(1)
memory usage: 1.6+ MB
None
```

스크립트 설명

- 각 열에 있는 비어 있지 않은 값(non-null)의 개수를 표시하여 데이터프레임에 누락된 값이 있는지 확인한다.
- 각 열에 저장된 데이터의 타입을 확인할 수 있다. 이를 통해 데이터의 형태를 이해하고 데이터 타입에 따라 필요한 전처리 작업을 진행한다.

In [3]: `print(house.isna().sum())`

```
longitude             0
latitude              0
housing_median_age    0
total_rooms           0
total_bedrooms      207
population            0
households            0
median_income         0
median_house_value    0
ocean_proximity       0
dtype: int64
```

> **스크립트 설명**

- 'total_bedrooms' 변수의 결측치가 207개임을 확인한다.

```
In [4]:  house_dropna=house.dropna( )
```

> **스크립트 설명**

- 원본 데이터프레임에서 결측치를 제거한 새로운 데이터프레임을 생성하고, 이를 house_dropna라는 변수에 할당한다.
- inplace=True를 설정하면 원본 데이터프레임이 수정되므로 새로운 변수를 할당할 필요가 없다.

```
In [5]:  house_dropna.isna().sum()
Out[5]:  longitude             0
         latitude              0
         housing_median_age    0
         total_rooms           0
         total_bedrooms        0
         population            0
         households            0
         median_income         0
         median_house_value    0
         ocean_proximity       0
         dtype: int64
```

> **스크립트 설명**

- 결측치 제거 여부를 확인한다.

```
In [6]:  int(len(house_dropna)*0.7)
Out[6]:  14303
```

스크립트 설명

- 데이터프레임의 행의 수 70%를 나타내는 정수값을 출력한다.

In [7]: `house_drona_70=house_dropna.iloc[:int(len(house_dropna)*0.7)]`

스크립트 설명

- 'iloc[]' 메서드를 사용하여 데이터프레임의 처음부터 계산된 70%의 인덱스 값까지의 행을 선택한다. 선택 후 house_drona_70 변수에 할당한다.

In [8]: `df=int(house_drona_70['housing_median_age'].quantile(.25))`

스크립트 설명

- 결측치가 제거된 데이터프레임에서 'housing_median_age' 열의 값 중에서 하위 25%에 해당하는 값의 정수형을 계산하여 df 변수에 할당한다.

In [9]: `print(df)`

19

스크립트 설명

- print( )함수로 출력하여 답안을 제출한다.

정답

19

기출문제

02 주어진 캘리포니아 주택 데이터에서 첫 번째 행부터 80%까지의 데이터를 추출한 후, 'total_bedrooms' 변수의 결측값을 해당 변수의 중앙값으로 대체하고, 대체 전후의 'total_bedrooms' 변수 표준편차 차이의 절대값을 소수점 셋째 자리에서 반올림하여 소수점 둘째 자리까지 출력하시오.

- data 소개

NO	변수	설명
1	longitude	경도
2	latitude	위도
3	housing_median_age	주택지어진 기간
4	total_rooms	전체방의 갯수
5	total_bedrooms	전체 침실 갯수
6	population	인구수
7	households	세대수
8	median_income	중앙 소득
9	median_house_value	중간 주택 가격
10	ocean_proximity	바다 근접도

```
In [1]: import pandas as pd
        house=pd.read_csv("c:/data/housing.csv")
        print(house.head(3))
        house.shape

           longitude  latitude  housing_median_age  total_rooms  total_bedrooms  \
        0    -122.23     37.88                  41          880           129.0
        1    -122.22     37.86                  21         7099          1106.0
        2    -122.24     37.85                  52         1467           190.0

           population  households  median_income  median_house_value ocean_proximity
        0         322         126         8.3252              452600        NEAR BAY
        1        2401        1138         8.3014              358500        NEAR BAY
        2         496         177         7.2574              352100        NEAR BAY

Out[1]: (20640, 10)
```

스크립트 설명

- house 데이터프레임의 행의 개수와 열의 개수를 확인한다.

In [2]: `house_80=house.iloc[:int(len(house)*0.8)]`

스크립트 설명

- 데이터프레임의 행의 수 80%를 나타내는 정수값을 출력한다.

In [3]: `house_80.shape`

Out[3]: `(16512, 10)`

스크립트 설명

- 'house_80'의 데이터프레임이 16512개의 행과 10개의 열로 이루어져 있음을 재확인한다.

In [4]: `house_80.isna().sum()`

Out[4]:
```
longitude             0
latitude              0
housing_median_age    0
total_rooms           0
total_bedrooms      159
population            0
households            0
median_income         0
median_house_value    0
ocean_proximity       0
dtype: int64
```

스크립트 설명

- 'total_bedrooms' 변수의 결측치 개수가 159개임을 확인한다.

```
In [5]:  df1=house_80["total_bedrooms"].std()
         df1
Out[5]:  435.900577052527
```

스크립트 설명

- 'house_80' 데이터프레임에서 'total_bedrooms' 열의 표준편차를 계산하여 변수 'df1'에 할당한다.

```
In [6]:  df2=house_80.fillna(house_80.median(numeric_only=True))
```

스크립트 설명

- numeric_only=True 옵션은 수치형 열에 대해서만 중앙값을 계산하도록 지정할 수 있다.
- house_80 데이터프레임에서 수치형 열에 대한 중앙값을 계산하여 결측값을 해당 열의 중앙값으로 대체한 후, 새로운 데이터프레임 df2에 할당한다.

```
In [7]:  df3=df2["total_bedrooms"].std()
         print(df3)
```

스크립트 설명

- 결측치 대체후에 'total_bedrooms'의 표준편차를 계산하고 'df3'에 할당한다.
- 'df3' 값을 출력한다.

```
In [8]:  ans=abs(df1-df3)
         print(round(ans, 2))
         1.98
```

스크립트 설명

- df1과 df3의 차이에 대한 절댓값을 계산한다.
- print( )함수로 답안을 출력한다.

정답
1.98

기출문제

03 타이타닉 데이터에서 각 컬럼의 결측치 개수를 계산한 후, 결측값 비율이 가장 높은 컬럼의 이름을 출력하시오.

```
In [1]: import pandas as pd
        titanic=pd.read_csv("c:/data/train_df1.csv")
```

```
In [2]: titanic.info()
<class 'pandas.core.frame.DataFrame'>
RangeIndex: 891 entries, 0 to 890
Data columns (total 12 columns):
 #   Column       Non-Null Count  Dtype
---  ------       --------------  -----
 0   PassengerId  891 non-null    int64
 1   Survived     891 non-null    int64
 2   Pclass       891 non-null    int64
 3   Name         891 non-null    object
 4   Sex          891 non-null    object
 5   Age          714 non-null    float64
 6   SibSp        891 non-null    int64
 7   Parch        891 non-null    int64
 8   Ticket       891 non-null    object
 9   Fare         891 non-null    float64
 10  Cabin        204 non-null    object
 11  Embarked     889 non-null    object
dtypes: float64(2), int64(5), object(5)
memory usage: 83.7+ KB
```

스크립트 설명

- 결측치가 아닌 값의 개수(non-null count)를 확인할 수 있다.

```
In [3]:  titanic.isna().sum()
Out[3]:  PassengerId    0
         Survived       0
         Pclass         0
         Name           0
         Sex            0
         Age          177
         SibSp          0
         Parch          0
         Ticket         0
         Fare           0
         Cabin        687
         Embarked       2
         dtype: int64
```

스크립트 설명

- 열 변수의 결측치 개수를 확인한다.

```
In [4]:  df=titanic.isna().sum()
         df.max()
Out[4]:  687
```

스크립트 설명

- titanic 데이터셋에서 각 열별로 결측치의 개수를 센 다음, 그 결과를 시리즈(Series) 형태로 'df'에 저장한다.
- titanic 데이터셋에서 가장 많은 결측치를 포함하는 열의 결측치 개수를 반환한다.

```
In [5]:  df.argmax()
Out[5]:  10
```

스크립트 설명

- 시리즈(Series)나 데이터프레임(DataFrame)에서 가장 큰 값을 갖는 인덱스(열 또는 행)를 반환한다.

```
In [6]: df.index[10]
Out[6]: 'Cabin'
```

스크립트 설명

- 데이터프레임 df의 인덱스(Index) 중에서 10번째 위치에 해당하는 값을 반환한다.

```
In [7]: df1=df/len(titanic)
        print(df1)
        PassengerId    0.000000
        Survived       0.000000
        Pclass         0.000000
        Name           0.000000
        Sex            0.000000
        Age            0.198653
        SibSp          0.000000
        Parch          0.000000
        Ticket         0.000000
        Fare           0.000000
        Cabin          0.771044
        Embarked       0.002245
        dtype: float64
```

스크립트 설명

- 전체 행의 개수에 대한 결측치의 비율을 출력한다.

```
In [8]:  df1=pd.DataFrame(df1)
         df1.sort_values(by=0,ascending=False)
```

Out[8]:

	0
Cabin	0.771044
Age	0.198653
Embarked	0.002245
PassengerId	0.000000
Survived	0.000000
Pclass	0.000000
Name	0.000000
Sex	0.000000
SibSp	0.000000
Parch	0.000000
Ticket	0.000000
Fare	0.000000

스크립트 설명

- 시리즈 'df1'을 데이터프레임으로 변환하고 열의 인덱스 0을 기준으로 내림차순 정렬한다.

```
In [9]:  df2=df1.sort_values(by=0,ascending=False)
         print(df2.index[0])
         Cabin
```

- df2의 인덱스(Index) 중에서 첫 번째 위치에 해당하는 값 'Cabin'을 출력한다.

정답

Cabin

기출문제

04 Boston Housing 데이터에서 범죄율 변수인 'CRIM'을 큰 값 순서로 정렬한 후, 상위 10개의 값을 10번째로 큰 값으로 변환하고, 'AGE' 변수가 80 이상인 데이터를 추출하여 'CRIM' 변수의 평균을 소수점 셋째 자리에서 반올림하여 출력하시오.

- data 소개

NO	변수	설명
1	CRIM	도시별 1인당 범죄율
2	ZN	25,000 평방피트 이상의 부지로 구획된 주거용 토지의 비율
3	INDUS	도시당 비소매업 에어커 비율
4	CHAS	Charles River에 대한 더미 변수
5	NOX	산화질소 농도
6	RM	가구당 평균 방의 갯수
7	AGE	1940년 이전에 건축된 소유주택의 비율
8	DIS	5개의 보스톤 고용 센터까지의 가중 거리
9	RAD	방사형 고속도로 접근성 지수
10	TAX	USD 10,000$당 재산세율
11	PTRATIO	도시별 학생-교사 비율
12	BLACK	도시별 흑인 비율
13	LSTAT	모집단의 하위 계층의 비율(%)
14	MEDV	소유주가 거주하는 주택의 중앙값

In [1]:
```
import pandas as pd
boston=pd.read_csv("c:/data/boston.csv")
print(boston.head(3))
```

```
      CRIM    ZN  INDUS  CHAS    NOX     RM   AGE     DIS  RAD  TAX  PTRATIO  ₩
0  0.00632  18.0   2.31     0  0.538  6.575  65.2  4.0900    1  296     15.3
1  0.02731   0.0   7.07     0  0.469  6.421  78.9  4.9671    2  242     17.8
2  0.02729   0.0   7.07     0  0.469  7.185  61.1  4.9671    2  242     17.8

        B  LSTAT  MEDV
0  396.90   4.98  24.0
1  396.90   9.14  21.6
2  392.83   4.03  34.7
```

스크립트 설명

- 데이터 구조 및 변수를 확인한다.

In [2]: `print(boston.info())`

```
<class 'pandas.core.frame.DataFrame'>
RangeIndex: 506 entries, 0 to 505
Data columns (total 14 columns):
 #   Column   Non-Null Count  Dtype
---  ------   --------------  -----
 0   CRIM     506 non-null    float64
 1   ZN       506 non-null    float64
 2   INDUS    506 non-null    float64
 3   CHAS     506 non-null    int64
 4   NOX      506 non-null    float64
 5   RM       491 non-null    float64
 6   AGE      506 non-null    float64
 7   DIS      506 non-null    float64
 8   RAD      506 non-null    int64
 9   TAX      506 non-null    int64
 10  PTRATIO  506 non-null    float64
 11  B        506 non-null    float64
 12  LSTAT    506 non-null    float64
 13  MEDV     506 non-null    float64
```

```
dtypes: float64(11), int64(3)
memory usage: 55.5 KB
None
```

스크립트 설명

- 데이터 유형 및 결측치 존재를 확인할 수 있다.

In [3]: `boston.sort_values('CRIM',ascending=False).head(10)`

Out[3]:

	CRIM	ZN	INDUS	CHAS	NOX	RM	AGE	DIS	RAD	TAX	PTRATIO	B	LSTAT	MEDV
380	88.9762	0.0	18.1	0	0.671	6.968	91.9	1.4165	24	666	20.2	396.90	17.21	10.4
418	73.5341	0.0	18.1	0	0.679	5.957	100.0	1.8026	24	666	20.2	16.45	20.62	8.8
405	67.9208	0.0	18.1	0	0.693	5.683	100.0	1.4254	24	666	20.2	384.97	22.98	5.0
410	51.1358	0.0	18.1	0	0.597	5.757	100.0	1.4130	24	666	20.2	2.60	10.11	15.0
414	45.7461	0.0	18.1	0	0.693	4.519	100.0	1.6582	24	666	20.2	88.27	36.98	7.0
404	41.5292	0.0	18.1	0	0.693	5.531	85.4	1.6074	24	666	20.2	329.46	27.38	8.5
398	38.3518	0.0	18.1	0	0.693	NaN	100.0	1.4896	24	666	20.2	396.90	30.59	5.0
427	37.6619	0.0	18.1	0	0.679	6.202	78.7	1.8629	24	666	20.2	18.82	14.52	10.9
413	28.6558	0.0	18.1	0	0.597	5.155	100.0	1.5894	24	666	20.2	210.97	20.08	16.3
417	25.9406	0.0	18.1	0	0.679	5.304	89.1	1.6475	24	666	20.2	127.36	26.64	10.4

스크립트 설명

- 데이터프레임 boston을 'CRIM' 열을 기준으로 내림차순으로 정렬한 후, 상위 10개의 행을 출력한다.
- 이를 통해 'CRIM' 열 값이 가장 높은 상위 10개의 관측치를 확인할 수 있다.

In [4]:
```
boston_sort=boston.sort_values('CRIM',ascending=False)
boston_sort.iloc[9,0]
```

Out[4]: 25.9406

스크립트 설명

- boston_sort에서 인덱스 9에 해당하는 행과 인덱스 0에 해당하는 열의 값을 반환한다.

```
In [5]: crim_10=boston_sort.iloc[9,0]
        boston_sort.iloc[:10,0]=crim_10
        boston_sort.head(10)
```

	CRIM	ZN	INDUS	CHAS	NOX	RM	AGE	DIS	RAD	TAX	PTRATIO	B	LSTAT	MEDV
380	25.9406	0.0	18.1	0	0.671	6.968	91.9	1.4165	24	666	20.2	396.90	17.21	10.4
418	25.9406	0.0	18.1	0	0.679	5.957	100.0	1.8026	24	666	20.2	16.45	20.62	8.8
405	25.9406	0.0	18.1	0	0.693	5.683	100.0	1.4254	24	666	20.2	384.97	22.98	5.0
410	25.9406	0.0	18.1	0	0.597	5.757	100.0	1.4130	24	666	20.2	2.60	10.11	15.0
414	25.9406	0.0	18.1	0	0.693	4.519	100.0	1.6582	24	666	20.2	88.27	36.98	7.0
404	25.9406	0.0	18.1	0	0.693	5.531	85.4	1.6074	24	666	20.2	329.46	27.38	8.5
398	25.9406	0.0	18.1	0	0.693	NaN	100.0	1.4896	24	666	20.2	396.90	30.59	5.0
427	25.9406	0.0	18.1	0	0.679	6.202	78.7	1.8629	24	666	20.2	18.82	14.52	10.9
413	25.9406	0.0	18.1	0	0.597	5.155	100.0	1.5894	24	666	20.2	210.97	20.08	16.3
417	25.9406	0.0	18.1	0	0.679	5.304	89.1	1.6475	24	666	20.2	127.36	26.64	10.4

스크립트 설명

- 해당 값을 'crim_10' 객체에 할당한다.
- 데이터프레임 boston_sort의 처음 10개 행의 첫 번째 열의 값을 'crim_10'으로 설정할 수 있다.
- 이를 통해 데이터프레임의 일부를 선택적으로 수정할 수 있다.
- head( )함수를 통해 'CRIM' 변수의 수정 여부를 확인할 수 있다.

```
In [6]: boston_sort_80=boston_sort[hoston_sort['AGE']>=80]
```

스크립트 설명

- 'AGE' 열의 값이 80 이상인 행들로 이루어진 새로운 데이터프레임 boston_sort_80을 생성한다.

```
In [7]: boston_sort_80['CRIM'].mean()
Out[7]: 5.759386625
```

스크립트 설명

- 'CRIM' 변수의 평균값을 확인한다.

```
In [8]: ans=round(boston_sort_80['CRIM'].mean(), 3)
        print(ans)
Out[8]: 5.759
```

스크립트 설명

- print( )함수로 답안을 제출한다.

정답

5.759

기출문제

05 insurance 데이터셋에서 'charges' 변수의 이상치를 평균에서 ±1.5배의 표준편차를 벗어난 값으로 정의하고, 이상치로 판별된 값들의 총합을 정수로 출력하시오.

- data 소개

NO	변수	설명
1	age	나이
2	sex	성별(male,female)
3	bmi	체질량 지수
4	children	어린이(0,1)
5	smoker	흡연(yes,no)
6	region	지역
7	charges	요금

In [1]:
```
import pandas as pd
insurance=pd.read_csv("c:/data/insurance.csv")
insurance.head(3)
```

Out[1]:

	age	sex	bmi	children	smoker	region	charges
0	19	female	27.90	0	yes	southwest	16884.9240
1	18	male	33.77	1	no	southeast	1725.5523
2	28	male	33.00	3	no	southeast	4449.4620

스크립트 설명

- 데이터 구조 및 변수를 확인한다.

```
In [2]:  insurance.isna().sum()
Out[2]:  age       0
         sex       0
         bmi       0
         children  0
         smoker    0
         region    0
         charges   0
         dtype: int64
```

> **스크립트 설명**

- 결측치 수를 확인할 수 있다.

```
In [3]:  avg=insurance["charges"].mean()
         std=insurance["charges"].std()
```

> **스크립트 설명**

- 이상치의 범위를 설정하기 위해 'charges' 변수의 평균(mean)과 표준편차(std)을 계산한다.

```
In [3]:  high=avg+1.5*std
         low=avg-1.5*std
         print(high)
         print(low)

         31435.439120182247
         -4894.594589899734
```

> **스크립트 설명**

- 이상치의 상한과 하한의 경곗값을 구한다.

In [4]: `df=insurance[(insurance['charges']>=high)|(insurance['charges']<=low)]`

스크립트 설명

- "insurance" 데이터프레임에서 "charges" 열의 값이 특정한 기준값(high 또는 low) 이상 또는 이하인 행들을 선택하여 새로운 데이터프레임 "df"에 저장한다.

In [5]: `df['charges'].sum()`

Out[5]: 6421430.0206699995

스크립트 설명

- "charges" 열에 있는 모든 값을 더하는 작업을 수행하고 결과를 확인한다.

In [6]:
```
df1=int(df['charges'].sum())
print(df1)
```

스크립트 설명

- 합계 값을 정수로 출력한다.

정답

6421430

기출문제

06 mtcars 데이터이다. wt 컬럼을 최소-최대 척도로(min-max scale) 변환한 후 0.5보다 큰 레코드 수를 출력하시오.

- data 소개

NO	변수	설명
1	mpg	연비
2	cyl	기통
3	disp	배기량
4	hp	마력
5	drat	기어 비
6	wt	무게
7	qsec	도달시간
8	vs	엔진
9	am	변속기
10	gear	변속기어기
11	carb	기화기 수

In [1]:
```
import pandas as pd
mtcar = pd.read_csv("c:/data/mtcars.csv")
mtcar['wt_scaled'] = (mtcar['wt'] - mtcar['wt'].min())/ (mtcar['wt'].max() - mtcar['wt'].min())
```

스크립트 설명

- 최소-최대 스케일링(Min-Max Scaling)은 데이터의 범위를 [0,1]으로 변환하는 데이터 전처리 기법 중 하나이다. 이 방법은 데이터의 각 원소를 원래 범위에서 새로운 범위로 변환하여 모든 데이터를 일정한 구간으로 매핑한다.
- 최소-최대 스케일링은 다음과 같은 공식을 사용하여 수행한다.

- $X_{scaled} = \dfrac{X - X_{\min}}{X_{\max} - X_{\min}}$

```
In [2]:  count_above_05 = (mtcar['wt_scaled'] > 0.5).sum()
```

스크립트 설명

- DataFrame에서 'wt_scaled' 열의 각 원소가 0.5보다 큰지 여부를 나타내는 불리언(Boolean) Series를 반환한다.
- 각 원소가 0.5보다 크면 True, 그렇지 않으면 False가 반환한다.
- .sum() 메서드는 이 불리언 Series에서 True인 값의 개수를 계산한다.

```
In [3]:  count_above_05 = (mtcar['wt_scaled'] > 0.5).sum()
         print(count_above_05)
         11
```

스크립트 설명

- print( )함수로 답안을 제출한다.

정답

11

- 동일한 문제를 MinMaxScaler 클래스를 [0,1]로 스케일링 할 수 있다.

```
In [4]:  import pandas as pd
         from sklearn.preprocessing import MinMaxScaler
```

스크립트 설명

- sklearn.preprocessing 모듈에서 MinMaxScaler 클래스를 가져온다.
- 이 클래스는 데이터의 최소-최대 스케일링을 수행하는 데 사용할 수 있다.

```
In [5]: mtcar=pd.read_csv("c:/data/mtcars.csv")
        scaler=MinMaxScaler()
        mtcar['wt_scaled']=scaler.fit_transform(mtcar[['wt']])
        count_above_05=(mtcar['wt_scaled'] > 0.5).sum()
        print(count_above_05)
        11
```

스크립트 설명

- MinMaxScaler 객체를 생성한다.
- 'wt' 열을 최소-최대 척도로 변환한다.
- 0.5보다 큰 레코드 수를 출력한다.

기출문제

07 2000년 국가별 결핵 유병률 데이터에서 해당 연도의 평균 유병률을 초과하는 국가의 수를 출력하시오.

- data 소개

NO	변수	설명
1	year	1999,2000,2001,2002
2	Afghanistan	국가명
3	Albania	국가명
4	Algeria	국가명
5	....	...
6	Andorra	국가명
7	Zimbabwe	국가명

```
In [1]: import pandas as pd
        df=pd.read_csv("c:/data/disease.csv")
        df.head(3)
```

Out[1]:

	year	Afghanistan	Albania	Algeria	Andorra	Angola	Antigua...Barbuda	Argentina	Armenia	Australia	...
0	1999	0	89.0	25.0	245.0	217.0		102.0	193.0	21.0	261.0	...
1	2000	0	132.0	0.0	138.0	57.0		128.0	25.0	179.0	72.0	...
2	2001	0	54.0	14.0	312.0	46.0		45.0	221.0	11.0	212.0	...

Tanzania	USA	Uruguay	Uzbekistan	Vanuatu	Venezuela	Vietnam	Yemen	Zambia	Zimbabwe
36.0	249.0	115.0	25.0	21.0	333.0	111	6.0	32.0	64.0
6.0	158.0	35.0	101.0	18.0	100.0	2	0.0	19.0	18.0
1.0	84.0	220.0	8.0	11.0	3.0	1	0.0	4.0	4.0

3 rows × 194 columns

스크립트 설명

- 데이터 구조 및 변수를 확인한다.

```
In [2]: pd.melt(df,id_vars=['year'])
Out[2]:
        year    variable    value
    0   1999    Afghanistan  0.0
    1   2000    Afghanistan  0.0
    2   2001    Afghanistan  0.0
    3   2002    Afghanistan  0.0
    4   1999    Albania     89.0
    ...  ...     ...         ...
    767 2002    Zambia       2.5
    768 1999    Zimbabwe    64.0
    769 2000    Zimbabwe    18.0
    770 2001    Zimbabwe     4.0
    771 2002    Zimbabwe     4.7
    772 rows × 3 columns
```

스크립트 설명

- 'id_vars=['year']'는 기준 열을 지정하는 매개변수이다.
- melt() 함수를 사용하여 데이터프레임을 재구성할 때 'year' 열을 기준으로 사용하고, 다른 열들은 변수(variable)이라는 새로운 열로 재배치된다.

```
In [3]: df1=pd.melt(df,id_vars=['year'])
        df_2000=df1[df1['year']==2000]
```

스크립트 설명

- df1에서 'year' 열의 값이 2000인 행들을 선택해서 'df_2000' 객체에 저장한다.

```
In [4]: df_2000['value'].mean()
Out[4]: 81.01036269430051
```

스크립트 설명

- 'value' 열의 값들의 평균을 계산한다.

```
In [5]:  avg=df_2000['value'].mean()
         df_2000[(df_2000['value'] > avg)]
```

Out[5]:

	year	variable	value
5	2000	Albania	132.0
13	2000	Andorra	138.0
21	2000	Antigua...Barbuda	128.0
29	2000	Armenia	179.0
45	2000	Bahamas	176.0
...	...	...	...
725	2000	United.Arab.Emirates	135.0
729	2000	United.Kingdom	126.0
737	2000	USA	158.0
745	2000	Uzbekistan	101.0
753	2000	Venezuela	100.0

76 rows × 3 columns

스크립트 설명

- 'df_2000'에서 조건을 만족하는 행들을 선택할 수 있다.

```
In [6]:  len(df_2000[(df_2000['value']>avg)])
```
Out[6]: 76

스크립트 설명

- 평균보다 큰 'value' 값을 가진 행들의 개수를 출력한다.

```
In [7]:  ans=len(df_2000[(df_2000['value']>avg)])
         print(ans)
Out[7]:  76
```

스크립트 설명

- print( )함수로 답안을 제출한다.

정답

76

기출문제

08 페이스북 라이브 사용자 반응 데이터에서 'love(num_loves)'와 'wow(num_wows)'를 매우 긍정적인 반응으로 정의한 후, 전체 반응 수(num_reactions) 대비 매우 긍정적인 반응 비율이 0.4 초과 0.5 미만이고, 유형(status_type)이 'video'인 건수를 정수로 출력하시오.

```
In [1]: import pandas as pd
        df=pd.read_csv("c:/data/facebook.csv")
        df.head(3)
```

Out[1]:

	status_id	status_type	status_published	num_reactions	num_comments	num_shares	num_likes	num_loves	num_wows
0	246675545449582_1649696485147474	video	4/22/2018 6:00	529	512	262	432	92	3
1	246675545449582_1649426988507757	photo	4/21/2018 22:45	150	0	0	150	0	0
2	246675545449582_1648730588577397	video	4/21/2018 6:17	227	236	57	204	21	1

num_hahas	num_sads	num_angrys	react_comment_r	react_share_r	postive_reactions	negative_reactions
1	1	0	1.033203	2.019084	527	2
0	0	0	0.000000	0.000000	150	0
1	0	0	0.961864	3.982456	226	1

스크립트 설명

- 데이터 구조 및 변수를 확인한다.

```
In [2]: df.isna().sum()
```

Out[2]:
```
status_id           0
status_type         0
status_published    0
num_reactions       0
num_comments        0
num_shares          0
num_likes           0
num_loves           0
num_wows            0
num_hahas           0
num_sads            0
num_angrys          0
```

```
react_comment_r      120
react_share_r        117
postive_reactions      0
negative_reactions     0
dtype: int64
```

스크립트 설명

- 결측치를 확인한다.

In [3]: `df['ratio']=((df['num_loves']+df['num_wows'])/(df['num_reactions']))`

- 각 행의 'num_loves'와 'num_wows' 열의 값을 합한 후, 'num_reactions' 열의 값으로 나눈다.
- 이렇게 계산된 값은 해당 행의 'num_reactions'에 대한 'num_loves'와 'num_wows'의 비율을 나타낸다.

In [4]: `df[(df['ratio']>0.4)&(df['ratio']<0.5)]`

Out[4]:

	status_id	status_type	status_published	num_reactions	num_comments	num_shares	num_likes	num_loves	num_wows
3114	134115277150304_226952507866580	video	2/15/2018 22:55	255	926	181	142	108	0
4622	72598008425106_838993039620476	video	3/26/2018 7:17	1397	771	695	765	485	139
4774	614855718638584_852682288189258	video	6/11/2018 1:18	259	695	263	151	106	0
4791	614855718638584_851581351632685	video	6/10/2018 1:02	146	303	221	73	69	2
4810	614855718638584_850456998411787	video	6/9/2018 1:11	184	530	224	101	80	0
...	...	...	...	...	...	...	...	...	...
6255	1050855161656896_1633473383395068	video	5/22/2018 8:41	416	5352	580	204	194	3
6258	1050855161656896_1630620870346986	video	5/19/2018 9:14	370	6316	633	182	166	2
6282	1050855161656896_1616943501714723	video	5/5/2018 8:45	236	5237	526	138	97	1
6318	1050855161656896_1598796110196129	video	4/16/2018 2:07	239	2574	419	140	95	1
6648	1050855161656896_1422444124497996	video	10/16/2017 9:17	517	5514	388	243	220	8

num_hahas	num_sads	num_angrys	react_comment_r	react_share_r	postive_reactions	negative_reactions	ratio
5	0	0	0.275378	1.408840	250	5	0.423529
4	1	3	1.811933	2.010072	1389	8	0.446671
2	0	0	0.372662	0.984791	257	2	0.409266
1	0	1	0.481848	0.660633	144	2	0.486301
1	1	1	0.347170	0.821429	181	3	0.434783
13	1	1	0.077728	0.717241	401	15	0.473558
17	3	0	0.058581	0.584518	350	20	0.454054
0	0	0	0.045064	0.448669	236	0	0.415254
2	1	0	0.092852	0.570406	236	3	0.401674
43	3	0	0.093761	1.332474	471	46	0.441006

90 rows × 17 columns

스크립트 설명

- 데이터프레임 df에서 'ratio' 열의 값이 0.4보다 크고 동시에 0.5보다 작은 행들을 선택한다.

```
In [5]:  len(df[(df['ratio']>0.4)&
             (df['ratio']<0.5)&
             (df['status_type']=='video')])
Out[5]:  90
```

스크립트 설명

- 'ratio' 열의 값이 0.4보다 크고 동시에 0.5보다 작으며 'status_type' 열의 값이 'video'인 행들의 개수를 반환한다.

```
In [6]:  ans=len(df[(df['ratio']>0.4)&
             (df['ratio']<0.5)&
             (df['status_type']=='video')])
         print(ans)
Out[6]:  90
```

스크립트 설명

- print( )함수로 답안을 제출한다.

정답

90

기출문제

09 넷플릭스 메타데이터에서 2018년 1월에 등록된 콘텐츠 중 'United Kingdom'이 단독 제작한 콘텐츠의 개수를 정수로 출력하시오.

```
In [1]: import pandas as pd
        df=pd.read_csv("c:/data/netflix.csv",encoding_errors='ignore')
```

스크립트 설명

- encoding_errors='ignore' : 인코딩 오류가 발생할 경우 해당 오류를 무시하고 파일을 읽어들인다.
- 데이터 구조 및 변수를 확인한다.

```
In [2]: import datetime as dt
        x=dt.datetime.now()
        x
Out[2]: datetime.datetime(2025, 2, 24, 18, 56, 37, 747952)
```

스크립트 설명

- Python의 datetime 모듈은 날짜와 시간을 처리하는 데 사용되는 클래스와 함수를 제공한다. 이 모듈을 사용하면 날짜, 시간, 날짜 및 시간의 조합 등을 쉽게 다룰 수 있다.
- dt.datetime.now() 코드는 현재 시간을 나타내는 datetime 객체를 반환한다.

```
In [3]: df['date_added'] = pd.to_datetime(df['date_added'], format='%Y-%m-%d', errors='coerce')
```

스크립트 설명

- date_added 컬럼의 값을 YYYY-MM-DD 형식에 맞는 datetime 객체로 변환한다.

- errors='coerce' 매개변수는 변환 중 오류가 발생하면 해당 행을 NaT(Not a Time) 값으로 설정 할 수 있다.

```
In [4]:  len(df[(df['date_added']>='2018-01-01')&
             (df['date_added']<='2018-01-31')&
             (df['country']=='United Kingdom')])
Out[4]:  6
```

스크립트 설명

- 필터링 조건에 만족하는 행들의 개수를 출력한다.

```
In [5]:  ans=len(df[(df['date_added']>='2018-01-01')&
             (df['date_added']<='2018-01-31')&
             (df['country']=='United Kingdom')])
         print(int(ans))
Out[5]:  6
```

스크립트 설명

- print( )함수로 답안을 제출한다.

정답

6

기출문제

10 주어진 데이터프레임 a의 'y' 컬럼에서 1사분위수(Q1)와 3사분위수(Q3)의 차이를 절댓값으로 계산하시오. 이후, 소수점 이하는 버리고 정수로 출력하시오.

```
In [1]:  import numpy as np
         import pandas as pd
         x=np.random.choice(range(1, 21), size=10, replace=False)
         y=[1, 2, 3, 4, 5, 37, 41, 42, 44, 10]
         a = pd.DataFrame({'x': x, 'y': y})
```

스크립트 설명

- np.random.choice: NumPy 라이브러리의 random 모듈에서 제공하는 함수이다. 이 함수는 주어진 배열에서 무작위로 원소를 선택한다.

```
In [2]:  quantiles=a['y'].quantile([0.25, 0.5, 0.75])
         quantiles
Out[2]:  0.25     3.25
         0.50     7.50
         0.75    40.00
         Name: y, dtype: float64
```

스크립트 설명

- 데이터프레임 a의 'y' 열에 대해 25%, 50%, 75% 분위수를 출력한다.

```
In [3]:  df=pd.DataFrame({'quantiles': quantiles})
         diff=abs(df.iloc[0, 0] - df.iloc[2, 0])
         print(int(np.floor(diff)))
```
Out[3]: **36**

스크립트 설명

- 분위수를 계산하여 DataFrame으로 생성한다.
- df.iloc[0, 0]: 데이터프레임 df의 첫 번째 행(인덱스 0)과 첫 번째 열(인덱스 0)에 해당하는 값을 선택한다. 이 값은 데이터프레임에서 25% 분위수에 해당한다.
- df.iloc[2, 0]: 데이터프레임 df의 세 번째 행(인덱스 2)과 첫 번째 열(인덱스 0)에 해당하는 값을 선택한다. 이 값은 데이터프레임에서 75% 분위수에 해당한다.
- 두 값을 뺀 후에 abs() 함수를 사용하여 절댓값을 계산한다.
- int(np.floor(diff)): diff 값의 소수점 이하를 내림하여 가장 가까운 정수로 출력한다.

정답

36

기출문제

11 종량제 봉투 데이터에서 용도가 '음식물쓰레기'이고 사용대상이 '가정용'인 봉투 중 '2L 가격' 의 평균을 계산한 후, 소수점을 버린 정수로 출력하시오.
(단, "2L가격" 컬럼은 종량제 봉투가 존재하면 가격을 값으로, 존재하지 않으면 0으로 기록됨)

```
In [1]:  import pandas as pd
         df = pd.read_csv("c:/data/trash.csv", encoding="euc-kr")
         df.info()
```

```
<class 'pandas.core.frame.DataFrame'>
RangeIndex: 749 entries, 0 to 748
Data columns (total 21 columns):
 #   Column   Non-Null Count  Dtype
---  ------   --------------  -----
 0   시도명      749 non-null    object
 1   시군구명     749 non-null    object
 2   종류       749 non-null    object
 3   처리방식     749 non-null    object
 4   용도       749 non-null    object
 5   사용대상     749 non-null    object
 6   1L가격     749 non-null    int64
 7   1.5L가격   749 non-null    int64
 8   2L가격     749 non-null    int64
 9   2.5L가격   749 non-null    int64
 10  3L가격     749 non-null    int64
 11  5L가격     749 non-null    int64
 12  10L가격    749 non-null    int64
 13  20L가격    749 non-null    int64
 14  30L가격    749 non-null    int64
 15  50L가격    749 non-null    int64
 16  60L가격    749 non-null    int64
 17  75L가격    749 non-null    int64
 18  100L가격   749 non-null    int64
 19  120L가격   749 non-null    int64
 20  125L가격   749 non-null    int64
dtypes: int64(15), object(6)
memory usage: 123.0+ KB
```

스크립트 설명

- info() 메서드를 사용하여 데이터프레임의 구조를 확인한다.

```
In [2]:  filtered_df=df[(df['용도']=='음식물쓰레기') &
                (df['사용대상']=='가정용') &
                (df['2L가격'] != 0)]
```

스크립트 설명

- 필터링 조건에 만족하는 행을 선택한다.

```
In [3]:  filtered_df['2L가격'].mean()
Out[3]:  119.32692307692308
```

스크립트 설명

- 필터링된 데이터프레임에서 '2L가격' 열의 평균을 계산한다.

```
In [4]:  ans=filtered_df['2L가격'].mean()
         print(int(ans))
Out[4]:  119
```

스크립트 설명

- 정수로 출력하여 답안을 제출한다.

정답

119

기출문제

12 비만도(BMI) 데이터에서 각 개인의 BMI 지수를 Weight / (Height^2)로 계산한 후, '정상(18.5 이상 23 미만)'과 '과체중(23 이상 25 미만)'에 해당하는 인원 수를 각각 구하고, 두 값의 차이를 정수로 출력하시오.

BMI	비만도 분류
18.5 미만	저체중
18.5 이상 23 미만	정상
23 이상 25 미만	과체중
25 이상 30 미만	경도비만
30 이상	중등비만

In [1]:
```
import pandas as pd
df1 = pd.read_csv("c:/data/bmi.csv")
df1.info()
```

```
<class 'pandas.core.frame.DataFrame'>
RangeIndex: 500 entries, 0 to 499
Data columns (total 3 columns):
 #   Column  Non-Null Count  Dtype
---  ------  --------------  -----
 0   Gender  500 non-null    object
 1   Height  500 non-null    int64
 2   Weight  500 non-null    int64
dtypes: int64(2), object(1)
memory usage: 11.8+ KB
```

스크립트 설명

- info() 메서드를 사용하여 데이터프레임의 구조를 확인한다.

In [2]:
```
df1['Height1']=df1['Height'] / 100
df1['bmi']=df1['Weight'] / (df1['Height1'] ** 2)
```

스크립트 설명

- 'Height1' 열 추가: Height 열을 100으로 나눈 값
- 'bmi' 열 추가: Weight 열을 Height1 열의 제곱으로 나눈 값

```
In [3]: len(df1[(df1['bmi'] >= 18.5) & (df1['bmi'] < 23)])
Out[3]: 47
```

스크립트 설명

- 'bmi'가 18.5 이상이고 23 미만인 행만 필터링하여 만족하는 행의 수를 파악한다.

```
In [4]: len(df1[(df1['bmi'] >= 23) & (df1['bmi'] < 25)])
Out[4]: 19
```

스크립트 설명

- 'bmi'가 23 이상이고 25 미만인 행만 필터링하여 만족하는 행의 수를 파악한다.

```
In [5]: ans1=len(df1[(df1['bmi'] >= 18.5) & (df1['bmi'] < 23)])
        ans2=len(df1[(df1['bmi'] >= 23) & (df1['bmi'] < 25)])
        print(int(ans1-ans2))
Out[5]: 28
```

스크립트 설명

- 정상(ans1)과 과체중(ans2) 차이를 정수로 출력하여 답안을 제출한다.

정답

28

기출문제

13 students.csv 데이터에서 순 전입학생 수(총 전입학생 수 - 총 전출학생 수)가 가장 많은 학교의 전체 학생수를 출력하시오.

```
In [1]:  import pandas as pd
         df2 = pd.read_csv("c:/data/students.csv", encoding="euc-kr")
         df2.info()
```

```
<class 'pandas.core.frame.DataFrame'>
RangeIndex: 24 entries, 0 to 23
Data columns (total 5 columns):
 #   Column    Non-Null Count  Dtype
---  ------    --------------  -----
 0   학교        24 non-null     object
 1   학년        24 non-null     int64
 2   총전입학생     24 non-null     int64
 3   총전출학생     24 non-null     int64
 4   전체학생수     24 non-null     int64
dtypes: int64(4), object(1)
memory usage: 1.1+ KB
```

스크립트 설명

- info() 메서드를 사용하여 데이터프레임의 구조를 확인한다.

```
In [2]: df2['순전입학생']=df2['총전입학생']-df2['총전출학생']
        df2.groupby('학교')['순전입학생'].sum().reset_index()
```

Out[2]:

	학교	순전입학생
0	A	18
1	B	13
2	C	-9
3	D	7
4	E	14
5	F	1
6	G	10
7	H	-1

스크립트 설명

- '순전입학생' 열 추가: '총전입학생'에서 '총전입학생'을 뺀 값
- 학교별로 그룹화하고 '순전입학생'의 합을 계산한다.

```
In [3]: filtered_df = df2[df2['학교'] == "A"]
```

스크립트 설명

- 순 전입학생이 가장 많은 "A"인 학교인 행만 필터링한다.

```
In [4]: total_students_sum=filtered_df['전체학생수'].sum()
        print(total_students_sum)
        566
```

스크립트 설명

- 전체 학생수의 합을 계산하고 print( )함수로 출력하여 답안을 제출한다.

정답

566

기출문제

14 주어진 데이터는 출동 소방서별 신고 접수 시각과 실제 출동 시각을 기록한 파일이다.
각 출동 소방서별로 신고일시부터 출동일시까지 걸린 시간의 연도별 월평균을 계산한 후, 가장 늦게 출발한 출동 소방서의 월평균 출동 시간을 분 단위로 출력하시오.
(단, 30초 단위로 반올림하여 제출할 것)

```
In [1]: import pandas as pd
        df=pd.read_csv('c:/data/firestation.csv')
        df.info()
```

```
<class 'pandas.core.frame.DataFrame'>
RangeIndex: 21542 entries, 0 to 21541
Data columns (total 3 columns):
 #   Column   Non-Null Count  Dtype
---  ------   --------------  -----
 0   신고일시     21542 non-null  object
 1   출동일시     21542 non-null  object
 2   출동소방서    21542 non-null  object
dtypes: object(3)
memory usage: 505.0+ KB
```

스크립트 설명

- info() 메서드를 사용하여 데이터프레임의 구조를 확인한다.

```
In [2]: df.isna().sum()
Out[2]: 신고일시      0
        출동일시      0
        출동소방서     0
        dtype: int64
```

스크립트 설명

- 각 변수에 대한 결측치 수의 합계를 확인한다.

```
In [3]:  df['신고일시_1']=pd.to_datetime(df['신고일시'])
         df['출동일시_1']=pd.to_datetime(df['출동일시'])
         df['시간차']=(df['출동일시_1']-df['신고일시_1']).dt.total_seconds()
```

스크립트 설명

- Pandas의 to_datetime() 함수를 사용하여 '신고일시'와 '출동일시' 열을 datetime 형식으로 변환한다.
- '출동일시'에서 '신고일시'를 뺀 시간 차이를 계산한다.
- .dt.total_seconds()는 Pandas의 datetime 열에서 초를 계산하는 메서드이다. 따라서 두 datetime 값의 차이를 초로 계산한다.

```
In [4]:  df.groupby([df['출동소방서'], df['신고일시_1'].dt.year, df['신고일시_1'].dt.month]).agg(mean_time=('시간차', 'mean'))
```

Out[4]:

출동소방서	신고일시_1	신고일시_1	mean_time
가평119안전센터	2018	1	90.000000
		2	180.000000
		4	60.000000
		5	120.000000
		6	0.000000
...	...	...	...
화성소방서	2018	8	144.285714
		9	157.777778
		10	141.714286
		11	169.879518
		12	116.341463

623 rows × 1 columns

스크립트 설명

- '출동소방서', '신고일시_1'의 연도, 월별로 그룹화하고 평균 시간차를 계산한다.

```
In [5]: df=df.groupby([df['출동소방서'], df['신고일시_1'].dt.year, df['신고일시_1'].dt.month]).agg(mean_time=('시간차', 'mean'))
        df.sort_values(by='mean_time', ascending=False)
```

Out[5]:

			mean_time
출동소방서	신고일시_1	신고일시_1	
대화119안전센터	2018	9	3840.0
초월119안전센터	2018	7	2925.0
		6	2865.0
경기도소방재난본부	2018	8	2220.0
		10	1620.0
...	...	...	...
용문119안전센터	2018	2	45.0
설악119안전센터	2018	6	45.0
백암119안전센터	2018	12	40.0
영북119안전센터	2018	3	0.0
가평119안전센터	2018	6	0.0

623 rows × 1 columns

스크립트 설명

- 평균 시간차를 기준으로 내림차순 정렬한다.

```
In [6]: df1=df.sort_values(by='mean_time', ascending=False)
        mean_time_in_minutes = df1.iloc[0]['mean_time'] / 60
        print(round(mean_time_in_minutes))
```

Out[6]: **64**

스크립트 설명

- 첫 번째 행의 평균 시간을 분으로 변환하여 출력한다.
- 'mean_time_in_minutes' 변수에 저장된 값을 반올림하여 출력한다.

정답

64

기출문제

15 15개 초등학교의 학년별 학생 수와 교사 수 데이터에서 각 학교의 교사 1인당 학생 수를 계산한 후, 가장 많은 학교를 찾아 해당 학교의 교사 수를 정수로 출력하시오.

조건 :
- 학교명은 중복되지 않는다.
- 각 학교는 단일한 학생 수 및 교사 수 데이터를 가진다.

```
In [1]:  import pandas as pd
         df=pd.read_csv('c:/data/elementary.csv')
         df.info()

<class 'pandas.core.frame.DataFrame'>
RangeIndex: 6309 entries, 0 to 6308
Data columns (total 8 columns):
 #   Column       Non-Null Count  Dtype
---  ------       --------------  -----
 0   school_name  6309 non-null   object
 1   student_1    6309 non-null   int64
 2   student_2    6309 non-null   int64
 3   student_3    6309 non-null   int64
 4   student_4    6309 non-null   int64
 5   student_5    6309 non-null   int64
 6   student_6    6309 non-null   int64
 7   teacher      6309 non-null   int64
dtypes: int64(7), object(1)
memory usage: 394.4+ KB
```

스크립트 설명

- info() 메서드를 사용하여 데이터프레임의 구조를 확인한다.

```
In [2]:  df.isna().sum()
Out[2]:  school_name   0
         student_1     0
         student_2     0
         student_3     0
         student_4     0
         student_5     0
         student_6     0
         teacher       0
         dtype: int64
```

스크립트 설명

- 각 변수에 대한 결측치 수의 합계를 확인한다.

```
In [3]:  df['total']=(df['student_1']+df['student_2']+df['student_3']+df['student_4']+df['student_5']+df['student_6'])
```

```
In [4]:  df['total'] = df[['student_1', 'student_2', 'student_3', 'student_4', 'student_5', 'student_6']].sum(axis=1)
```

스크립트 설명

- 위 2가지의 코드 모두 DataFrame의 여러 열을 합산하여 'total'이라는 새로운 열을 만드는 것을 목표로 한다. 그러나 결과는 동일하지만 구현 방식에는 차이가 있다.
- "In [3]" 코드는 각 열을 개별적으로 선택하여 값을 더하는 방식이다.
- "In [4]" 코드는 한 번에 여러 열들을 선택하고, 선택된 열들을 행 방향으로 합산하여 'total' 열을 생성한다.
- sum() 메서드의 axis 매개변수를 지정하지 않을 경우 기본값으로 axis=0이 적용한다. 이는 각 열을 따라 합계를 계산하는 것을 의미한다.

In [5]: df['teacher_1']=df['total']/df['teacher']

스크립트 설명

- 'teacher_1' 열은 각 행의 총 학생 수를 각 행의 교사 수로 나눈 값을 의미한다.

In [6]: df.sort_values(by='teacher_1', ascending=False)

Out[6]:

	school_name	student_1	student_2	student_3	student_4	student_5	student_6	teacher	total	teacher_1
1044	대구삼육초등학교	36	39	40	39	37	28	6	227	37.833333
620	부산삼육초등학교	64	64	64	32	25	28	9	313	34.777778
3387	원주삼육초등학교	84	90	90	90	96	96	16	534	33.375000
687	동성초등학교	128	128	128	128	127	89	23	767	33.347826
360	태강삼육초등학교	129	128	128	128	128	128	24	770	32.083333
...	...	...	...	...	...	...	...	...	...	...
5115	율촌초등학교상봉분교장	0	0	0	0	0	2	1	0	0.000000
5116	토지초등학교연곡분교장	0	0	0	0	0	1	1	0	0.000000
3621	가곡초등학교보발분교장	0	0	0	0	0	2	1	0	0.000000
5124	청산초등학교모도분교장	0	0	0	0	0	3	1	0	0.000000
3403	기린초등학교방동분교장	0	0	0	0	0	0	0	0	NaN

6309 rows × 10 columns

스크립트 설명

- teacher_1 열을 기준으로 내림차순 정렬한다.

In [7]:
```
df_sorted = df.sort_values(by='teacher_1', ascending=False)
print(df_sorted['teacher'].iloc[0])
```
6

스크립트 설명

- 정렬된 결과에서 첫 번째 행의 'teacher' 값을 출력한다.

정답

6

기출문제

16 월별 범죄 발생 건수가 기록된 데이터가 주어진다. 연도별 월평균 범죄 발생 건수를 계산한 후, 범죄가 가장 많이 발생한 연도의 월평균 건수를 정수로 출력하시오.

조건 :
- 데이터는 연도와 월 단위로 제공된다.
- 모든 범죄 유형을 합산하여 총 범죄 발생 건수를 계산한다.

```
In [1]:  import pandas as pd
         df=pd.read_csv('c:/data/crime.csv')
         df.info()

<class 'pandas.core.frame.DataFrame'>
RangeIndex: 84 entries, 0 to 83
Data columns (total 7 columns):
 #   Column   Non-Null Count  Dtype
---  ------   --------------  -----
 0   년월       84 non-null     object
 1   강력범      84 non-null     int64
 2   절도범      84 non-null     int64
 3   폭력범      84 non-null     int64
 4   지능범      84 non-null     int64
 5   풍속범      84 non-null     int64
 6   기타형사범    84 non-null     int64
dtypes: int64(6), object(1)
memory usage: 4.7+ KB
```

스크립트 설명

- info() 메서드를 사용하여 데이터프레임의 구조를 확인한다.

In [2]: df.describe()

	강력범	절도범	폭력범	지능범	풍속범	기타형사범
count	84.000000	84.000000	84.000000	84.000000	84.000000	84.000000
mean	446.285714	3840.976190	5931.738095	5659.059524	236.666667	1405.666667
std	143.197780	1359.567144	986.131802	906.075429	161.785767	287.946796
min	22.000000	91.000000	263.000000	256.000000	8.000000	44.000000
25%	340.500000	2653.500000	5504.750000	5265.000000	149.750000	1257.000000
50%	420.000000	3924.500000	6034.000000	5831.500000	190.500000	1408.000000
75%	559.500000	4765.250000	6501.250000	6174.500000	265.500000	1577.250000
max	724.000000	7317.000000	7849.000000	7115.000000	1216.000000	2099.000000

스크립트 설명

- describe( ) 메서드로 데이터프레임의 기초 통계량을 확인한다.

In [3]: df.head()

	년월	강력범	절도범	폭력범	지능범	풍속범	기타형사범
0	2007-01	291	2608	6494	5283	242	1126
1	2007-02	252	2403	4613	4270	158	880
2	2007-03	292	2273	6242	5110	196	1119
3	2007-04	306	2794	6813	5492	250	1311
4	2007-05	298	3469	7221	5432	192	1412

스크립트 설명

- '년월' 변수의 구성 형태를 확인한다.

In [4]: df['year']=df['년월'].str[:4]

스크립트 설명

- '년월' 변수에서 연도만 추출하여 'year' 변수를 생성한다.

In [5]: `df['case'] = df[['강력범', '절도범', '폭력범', '지능범', '풍속범', '기타형사범']].sum(axis=1)`

스크립트 설명

- 범죄 유형별로 총 범죄 건수 계산하여 'case' 변수를 추가한다.

In [6]: `df.groupby('year').agg(case_mean=('case', 'mean')).reset_index()`

Out[6]:

	year	case_mean
0	2007	14880.333333
1	2008	15631.833333
2	2009	17505.666667
3	2010	17391.000000
4	2011	18613.000000
5	2012	19291.666667
6	2013	19329.250000

스크립트 설명

- 연도별 평균 범죄 건수를 계산한다.
- 'year'가 2013일 때 평균값이 최대임을 확인할 수 있다.

In [7]:
```
df2=df.groupby('year').agg(case_mean=('case', 'mean')).reset_index()
print(round(df2[df2['year'] == '2013']['case_mean'].values[0]))
```

Out[7]: **19329**

스크립트 설명

- 정수로 출력하여 답안을 제출한다.

정답

19329

기출문제

17 결측치를 포함한 행을 제거한 후 학생들이 가장 많이 수강한 과목의 점수를 표준화하고, 표준화된 점수 중 최댓값을 소수점 셋째 자리까지 반올림하여 구하시오.

- 데이터 소개

변수	설명
student_id	학생의 고유 ID
evaluation_subject	평가(과목)의 ID
learning_period	학습 기간 (일)
score	평가 점수

```
In [18]: import pandas as pd
```

```
In [20]: df=pd.read_csv("c:/data/7_type1_1.csv")
```

```
In [22]: df.isna().sum()
Out[22]: student_id            0
         evaluation_subject    0
         learning_period       0
         score                 2
         dtype: int64
```

스크립트 설명

- 결측치의 존재를 파악한다.

```
In [26]: df_cleaned=df.dropna()
```

스크립트 설명

- Pandas DataFrame (df)에서 결측값(NaN)이 포함된 행을 제거한 후, 새로운 데이터프레임 df_cleaned에 저장한다.

```
In [28]: most_taken_subject=df_cleaned['evaluation_subject'].value_counts().idxmax()
```

스크립트 설명

- .value_counts()의 결과는 각 고유 값의 빈도를 계산한 뒤, 내림차순으로 정렬된 시리즈(Series) 형태로 반환된다.
- .idxmax()는 이 시리즈에서 가장 큰 값(최빈값)을 가지는 인덱스(과목 ID)를 반환한다. 따라서, 위 코드는 가장 많이 등장한 evaluation_subject 값(즉, 최다 평가 과목 ID)을 찾는 역할을 한다.

```
In [36]: from sklearn.preprocessing import StandardScaler
         scaler=StandardScaler()
         standardized_score = scaler.fit_transform(df_cleaned[df_cleaned['evaluation_subject']==most_taken_subject][['score']])
```

스크립트 설명

- StandardScaler( )는 데이터를 평균 0, 표준편차 1로 변환하는 도구(또는 클래스)이다.
- StandardScaler는 표준화를 수행하는 scikit-learn의 클래스이며, fit_transform()을 사용해 데이터를 변환한다.
- most_taken_subject 과목의 'score' 데이터를 표준화하여 standardized_score에 저장한다.

```
In [40]: max_standardized_score=round(standardized_score.max(), 3)
```

스크립트 설명

- 표준화된 점수(standardized_score) 중 최댓값을 찾고, 이를 소수 셋째 자리까지 반올림하여 저장한다.

```
In [44]: print(max_standardized_score)
         2.183
```

정답

2.183

18 MEDV 변수와 가장 높은 상관관계를 갖는 변수를 식별한 후, 해당 변수의 평균값을 소수점 셋째 자리까지 반올림하여 구하시오.

```
In [56]: import pandas as pd
         df=pd.read_csv("c:/data/7_type1_2.csv")
```

```
In [58]: df.info()
         <class 'pandas.core.frame.DataFrame'>
         RangeIndex: 506 entries, 0 to 505
         Data columns (total 13 columns):
          #   Column   Non-Null Count  Dtype
         ---  ------   --------------  -----
          0   CRIM     506 non-null    float64
          1   ZN       506 non-null    float64
          2   INDUS    506 non-null    float64
          3   CHAS     506 non-null    int64
          4   NOX      506 non-null    float64
          5   RM       506 non-null    float64
          6   AGE      506 non-null    float64
          7   DIS      506 non-null    float64
          8   RAD      506 non-null    int64
          9   TAX      506 non-null    int64
          10  PTRATIO  506 non-null    float64
          11  LSTAT    506 non-null    float64
          12  MEDV     506 non-null    float64
         dtypes: float64(10), int64(3)
         memory usage: 51.5 KB
```

스크립트 설명

- info() 메서드를 사용하여 데이터프레임의 구조를 확인한다.

```
In [60]: correlation_matrix=df.corr()
```

스크립트 설명

- df.corr()은 DataFrame 내 모든 수치형(숫자형) 변수 간의 상관계수(Correlation Coefficient)를 계산하는 메서드이다.

```
In [62]: most_correlated_var=correlation_matrix["MEDV"].drop("MEDV").abs().idxmax()
```

스크립트 설명

- .drop("MEDV"): 'MEDV' 변수는 자기 자신과의 상관계수(1.000)이므로 제거한다.
- .abs( ): 상관계수는 양수(+)와 음수(-)가 있을 수 있으므로, abs()를 사용하여 절댓값을 기준으로 변환한다.
- .idxmax( ): 가장 높은 상관계수를 가진 변수의 이름을 반환한다.
- 'MEDV' 변수와 가장 상관관계가 높은(절댓값 기준) 변수를 찾는다.

```
In [64]: mean_value=round(df[most_correlated_var].mean(), 3)
```

스크립트 설명

- most_correlated_var 변수의 평균을 구한 후, 소수점 셋째 자리까지 반올림하여 저장한다.

```
In [68]: print(most_correlated_var, mean_value)
         LSTAT 12.653
```

스크립트 설명

- 가장 상관관계가 높은 변수 : 'LSTAT'
- 해당 변수의 평균값 : 12.653

정답

12.653

19 상자그림(Boxplot)을 활용하여 'Weight' 변수에서 이상값의 개수를 구하시오.

In [70]:
```
import pandas as pd
df=pd.read_csv("c:/data/7_type1_3.csv")
```

In [76]:
```
Q1,Q3=df["Weight"].quantile([0.25, 0.75])
IQR=Q3 - Q1
lower_bound,upper_bound=Q1-1.5*IQR,Q3+1.5*IQR
```

스크립트 설명

- 'Weight' 열에서 제1사분위수(Q1)와 제3사분위수(Q3)를 이용하여 IQR (Interquartile Range, 사분위 범위)을 계산한다.
- IQR 방법을 사용하여 이상치(Outlier) 기준을 설정하며, 하한(lower bound):Q1 - 1.5 * IQR 과 상한(upper bound):Q3 + 1.5 * IQR 로 정의한다.

In [80]:
```
num_weight_outliers = ((df["Weight"] < lower_bound) | (df["Weight"] > upper_bound)).sum()
```

스크립트 설명

- "Weight" 열에서 이상치(Outlier) 기준(하한 lower_bound, 상한 upper_bound)을 적용하여 이상치 개수를 계산한다.

In [84]:
```
print(num_weight_outliers)
3
```

정답

3

20

국가별 맥주 소비량 데이터이다. 대륙(Continent)별 맥주 소비량(beer_servings)의 평균을 계산하고, 평균이 가장 큰 대륙을 찾은 후 그 대륙에서 맥주 소비량이 5번째로 많은 국가(Country)의 맥주 소비량을 구하시오.

```
In [ ]:  <class 'pandas.core.frame.DataFrame'>
         RangeIndex: 193 entries, 0 to 192
         Data columns (total 6 columns):
          #   Column                        Non-Null Count   Dtype
         ---  ------                        --------------   -----
          0   country                       193 non-null     object
          1   beer_servings                 193 non-null     int64
          2   spirit_servings               193 non-null     int64
          3   wine_servings                 193 non-null     int64
          4   total_litres_of_pure_alcohol  193 non-null     float64
          5   continent                     193 non-null     object
         dtypes: float64(1), int64(3), object(2)
         memory usage: 9.2+ KB
```

스크립트 설명

- 컬럼(Column) 및 데이터 타입(Data Types) 확인하다.

```
In [ ]:  country                         0
         beer_servings                   0
         spirit_servings                 0
         wine_servings                   0
         total_litres_of_pure_alcohol    0
         continent                       0
         dtype: int64
```

스크립트 설명

- 모든 컬럼에 결측치가 존재하지 않는다.

```
In [ ]:  df.groupby('continent')['beer_servings'].mean().sort_values(ascending=False)
```

> **스크립트 설명**

- groupby() : 대륙(continent)별로 데이터를 그룹화한다.
- ['beer_servings'] : 각 그룹에서 맥주 소비량(beer_servings) 데이터만 선택한다.
- mean() : 각 그룹(대륙)의 평균 맥주 소비량을 계산한다.
- sort_values( ) : 평균 맥주 소비량을 내림차순으로 정렬한다.

```
In [ ]:  continent_mean=df.groupby('continent')['beer_servings'].mean().sort_values(ascending=False)
         top_continent=continent_mean.idxmax()
         print(top_continent)
```

> **스크립트 설명**

- .idxmax()는 최대값의 인덱스(대륙명)를 반환한다.
- .max()는 최대값(숫자)을 반환하지만, .idxmax()는 최대값의 인덱스(이 경우, 대륙명)를 반환한다.

```
In [ ]:  top_continent_countries=df[df['continent']=="Europe"]
```

> **스크립트 설명**

- 'top_continent' 대륙에 속하는 국가들만 필터링하여 'top_continent_countries'에 저장한다.

```
In [ ]:  top_continent_countries=top_continent_countries.sort_values(by='beer_servings', ascending=False)
```

> **스크립트 설명**

- 맥주 소비량(beer_servings)을 기준으로 내림차순 정렬하여 top_continent_countries에 저장한다.

```
In [ ]:  print((top_continent_countries).head(6))
```

스크립트 설명

- 'top_continent_countries'에서 맥주 소비량이 가장 많은 상위 6개 국가를 출력하여 확인한다.

```
In [ ]:  fifth_highest=top_continent_countries.iloc[4]
```

스크립트 설명

- .iloc[4]: 정렬된 데이터프레임에서 다섯 번째(0부터 시작하는 인덱스 기준) 행을 선택한다.
- 즉, 맥주 소비량 기준으로 정렬된 대륙 내에서 5번째로 소비량이 많은 국가의 정보를 저장한다.

```
In [ ]:  print(fifth_highest['beer_servings'])
```

스크립트 설명

- fifth_highest['beer_servings']: 5번째로 맥주 소비량이 많은 국가의 'beer_servings' 값 (466)을 반환한다.

정답

466

21 국가별 방문에 대한 데이터이다. '관광객 비율'이 두 번째로 높은 국가의 '사업' 방문객 수를 a라고 정의하고, '관광'이 두 번째로 높은 국가의 '공무' 방문객 수를 b로 정의할 때 a와 b의 합을 구하시오.

In [ ]:
```
import pandas as pd
df=pd.read_csv("c:/data/8_type1_2.csv")
```

In [ ]:
```
<class 'pandas.core.frame.DataFrame'>
RangeIndex: 100 entries, 0 to 99
Data columns (total 6 columns):
 #   Column    Non-Null Count  Dtype
---  ------    --------------  -----
 0   나라        100 non-null    object
 1   관광        100 non-null    int64
 2   공무        100 non-null    int64
 3   사업        100 non-null    int64
 4   기타        100 non-null    int64
 5   관광객 비율   100 non-null    float64
dtypes: float64(1), int64(4), object(1)
memory usage: 4.8+ KB
나라         0
관광         0
공무         0
사업         0
기타         0
관광객 비율    0
dtype: int64
```

스크립트 설명

- df.info( ): 데이터프레임(df)의 전체 구조 및 정보(컬럼명, 데이터 타입, 결측값 개수, 메모리 사용량 등)를 출력한다.
- df.isna( ).sum( ): 각 열(column)별 결측값(NA) 개수를 계산하여 반환한다.

```
In [ ]: df['관광객 비율']=df['관광']/(df['관광'] +df['공무']+df['사업']+df['기타'])
```

스크립트 설명

- "관광객 비율"을 '(관광 방문객 수) / (전체 방문객 수)'로 계산하여 데이터프레임(df)에 새로운 컬럼으로 추가한다.
- df.head()를 사용하여 추가된 컬럼을 포함한 상위 5개 행을 확인한다.

```
In [ ]: df.sort_values(by='관광객 비율', ascending=False).iloc[1]
```

스크립트 설명

- '관광객 비율'을 기준으로 내림차순 정렬한 후, 두 번째(iloc[1])로 관광객 비율이 높은 국가의 데이터를 선택한다.

```
In [ ]: second_highest_tourism_country = df.sort_values(by='관광객 비율', ascending=False).iloc[1]
```

스크립트 설명

- '관광객 비율'을 기준으로 내림차순 정렬한 후, 두 번째(iloc[1])로 관광객 비율이 높은 국가의 정보를 second_highest_tourism_country에 저장한다.

```
In [ ]: a=second_highest_tourism_country['사업']
```

스크립트 설명

- '관광객 비율'이 두 번째로 높은 국가의 '사업' 방문객 수를 a에 저장한다.

In [ ]: `second_highest_sightseeing_country = df.sort_values(by='관광', ascending=False).iloc[1]`

스크립트 설명

- '관광' 방문객 수를 기준으로 내림차순 정렬한 후, 두 번째(iloc[1])로 관광 방문객 수가 많은 국가의 정보를 'second_highest_sightseeing_country'에 저장한다.

In [ ]: `b=second_highest_sightseeing_country['공무']`

스크립트 설명

- '관광' 방문객 수가 두 번째로 높은 국가의 '공무' 방문객 수를 'b'에 저장한다.

In [ ]: `total=a + b`

스크립트 설명

- '관광객 비율'이 두 번째로 높은 국가의 '사업' 방문객 수(a)와 '관광' 방문객 수가 두 번째로 높은 국가의 '공무' 방문객 수(b)를 더하여 total에 저장한다.

In [ ]: `print(total)`

정답

362

22 'Wine 데이터셋'은 와인의 화학적 특성과 품질 점수를 포함한 데이터이다. 'density','alcohol' 컬럼을 각각 Min-Max 스케일링하고 스케일링 된 컬럼의 표준편차를 구한 뒤 'density' 컬럼의 표준편차에서 'alcohol' 컬럼의 표준편차를 뺀 값을 소수점 셋째 자리로 반올림하여 구하시오.

```
In [ ]: import pandas as pd
        wine=pd.read_csv("c:/data/wine_dataset.csv")
```

```
In [ ]: from sklearn.preprocessing import MinMaxScaler
        import numpy as np
```

스크립트 설명

- MinMaxScaler : 데이터를 0과 1 사이의 값으로 정규화(변환)하는 scikit-learn의 도구를 가져온다.
- numpy (np) : 수치 연산 및 배열 연산을 위한 라이브러리를 가져온다.

```
In [ ]: scaler=MinMaxScaler()
```

스크립트 설명

- Min-Max 스케일러(MinMaxScaler) 객체를 생성하여 'scaler'에 저장한다.
- 이를 통해 데이터를 0과 1 사이의 범위로 변환(정규화) 할 수 있다.

```
In [ ]: wine['density_scaled']=scaler.fit_transform(wine[['density']])
        wine['alcohol_scaled']=scaler.fit_transform(wine[['alcohol']])
```

스크립트 설명

- 'density' 값을 Min-Max 스케일링하여 'density_scaled' 컬럼에 저장한다.
- 'alcohol' 값을 Min-Max 스케일링하여 'alcohol_scaled' 컬럼에 저장한다.
- fit_transform()은 데이터를 학습(fit)한 후 변환(transform)하여 0~1 범위로 정규화 한다.

In [ ]:
```
density_std=np.std(wine['density_scaled'])
alcohol_std=np.std(wine['alcohol_scaled'])
```

스크립트 설명

- 'density_scaled'(정규화된 밀도)의 표준편차를 계산하여 density_std에 저장한다.
- 'alcohol_scaled'(정규화된 알코올 도수)의 표준편차를 계산하여 'alcohol_std'에 저장한다.
- np.std()는 표본이 아닌 전체 데이터에 대한 표준편차(기본 : 자유도 0)를 계산한다.

In [ ]:
```
result=round(density_std - alcohol_std, 3)
print(result)
```

스크립트 설명

- 'density_scaled'의 표준편차에서 'alcohol_scaled'의 표준편차를 뺀 값을 계산한다.
- 결과를 소수점 셋째 자리까지 반올림하여 result에 저장한다.

정답

0.017

작업형 제2유형

1장 작업형 제2유형 출제유형 및 주요 출제 포인트
2장 기출·예상문제

1장 작업형 제2유형 출제유형 및 주요 출제 포인트

출제 유형

- **작업형 제2유형**은 머신러닝 기반 분류 및 예측 모델을 구축하고 평가하는 문제 유형
- 주어진 학습용 데이터(x_train, y_train)를 기반으로 분류 및 예측 모델을 구축하고, 평가용 데이터(x_test)에 적용하여 결과를 생성하는 것이 목표
- 평가지표로는 RMSE, MAE, ROC-AUC, F1-score 등이 활용되며, 성능에 따라 점수가 부여

주요 출제 포인트

1. 데이터 탐색(EDA)
   - 학습 및 평가용 데이터 로딩
   - 데이터 구조 및 요약 통계 확인(head(), info(), describe())

2. 데이터 전처리
   - 결측치 처리(dropna(), fillna())
   - 이상치 탐지 및 처리(IQR, Z-score)
   - 범주형 변수 인코딩(Label Encoding, One-Hot Encoding)
   - 스케일링 및 정규화(StandardScaler, MinMaxScaler)
   - 파생변수 생성

3. 모델링 및 학습
   - 회귀 : Linear Regression, Random Forest, XGBoost, LightGBM, SVM, KNN 등
   - 분류 : Logistic Regression, Random Forest, XGBoost, LightGBM, SVM, KNN 등
   - 적합한 평가지표 사용(RMSE, MAE, ROC-AUC, F1-score 등)

4. 하이퍼파라미터 튜닝
   - GridSearchCV, RandomizedSearchCV, Optuna 등을 활용한 최적화
   - 교차검증(Cross-Validation) 사용

5. 성능 평가 및 결과 제출
   - 제출 양식에 맞게 예측 결과 저장(to_csv())

2장 기출·예상문제

기출문제

01 고객 3,500명에 대한 학습용 데이터(x_train.csv, y_train.csv)를 이용하여 성별 예측 모형을 만든 후, 이를 평가용 데이터(x_test.csv)에 적용하여 얻은 2,482명의 고객 성별 예측값(남자일 확률)을 아래 형식의 csv파일로 제출하시오.(제출할 모델의 성능은 ROC_AUC 평가지표에 따라 채점)

■ 제출형태

변수명.to_csv('수험번호.csv', index=False)

cust_id	gender
3500	0.267
3501	0.578
3502	0.885

■ 유의사항

성능이 우수한 예측 모형을 구축하려면 적절한 데이터 전처리, Feature Engineering, 분류 알고리즘사용, 하이퍼 파라미터 최적화, 모형 앙상블 등이 수반되어야 한다.

㉮ 제공 데이터 목록

　　① y_train.csv : 고객의 성별 데이터(학습용), csv 형식파일

　　② x_train.csv, x_test.csv : 고객의 상품구매 속성(학습용 및 평가용), csv 형식파일

㉯ 데이터 형식 및 내용

　　① y_train.csv(3,500명 데이터)

	cust_id	gender
0	0	0
1	1	1
2	2	1
3	3	0
4	4	1

*cust_id : 고객 ID, gender : 고객 성별(0:남성, 1:여성)

② x_train.csv(3,500명 데이터), x_test.csv(2,482명 데이터)

1) 데이터 불러오기

```
In [1]: import pandas as pd
        x_train=pd.read_csv("c:/data/x_train.csv",encoding = 'cp949' )
        x_test=pd.read_csv("c:/data/x_test.csv",encoding = 'cp949' )
        y_train=pd.read_csv("c:/data/y_train.csv",encoding = 'cp949' )
```

스크립트 설명

- 데이터 불러온다.
- 'cp949'는 한글 윈도우 시스템에서 사용되는 문자 인코딩 방식 중 하나이다. 실제 수험 환경에서는 사용하지 않는다.

```
In [2]: print(x_train.head(3))
```

```
   cust_id      총구매액     최대구매액     환불금액 주구매상품 주구매지점  내점일수  내점당구매건수  \
0        0  68282840  11264000  6860000.0    기타   강남점    19  3.894737
1        1   2136000   2136000   300000.0   스포츠   잠실점     2  1.500000
2        2   3197000   1639000        NaN 남성 캐주얼  관악점     2  2.000000

   주말방문비율  구매주기
0  0.527027    17
1  0.000000     1
2  0.000000     1
```

```
In [3]:  print(x_test.shape)

         (2482, 10)
```

```
In [4]:  print(y_train.head(3))

              cust_id  gender
         0         0       0
         1         1       0
         2         2       1
```

```
In [5]:  print(y_train.shape)

         (3500, 2)
```

스크립트 설명

- 학습 데이터(train)와 평가(test) 데이터의 컬럼(변수)과 데이터의 행과 열의 수를 확인한다.

```
In [6]:  print(x_train.info())

         <class 'pandas.core.frame.DataFrame'>
         RangeIndex: 3500 entries, 0 to 3499
         Data columns (total 10 columns):
          #   Column      Non-Null Count  Dtype
         ---  ------      --------------  -----
          0   cust_id     3500 non-null   int64
          1   총구매액        3500 non-null   int64
          2   최대구매액       3500 non-null   int64
          3   환불금액        1205 non-null   float64
          4   주구매상품       3500 non-null   object
          5   주구매지점       3500 non-null   object
          6   내점일수        3500 non-null   int64
          7   내점당구매건수     3500 non-null   float64
```

```
 8   주말방문비율    3500 non-null   float64
 9   구매주기        3500 non-null   int64
dtypes: float64(3), int64(5), object(2)
memory usage: 273.6+ KB
None
```

> **스크립트 설명**

- 주구매상품, 주구매지점 변수는 문자형(object)임을 확인하고, 환불금액 변수는 결측치가 존재함을 확인할 수 있다.

2) 불필요한 컬럼 삭제

```
In [7]: x_test_cust_id=x_test['cust_id']
        x_train=x_train.drop(columns=['cust_id'])
        y_train=y_train.drop(columns=['cust_id'])
        x_test=x_test.drop(columns=['cust_id'])
```

> **스크립트 설명**

- 회귀 또는 분류 모형을 만들 때 불필요한 컬럼을 삭제한다.
- 'cust_id' 변수는 답안 제출시에 필요한 컬럼이므로 별도로 저장한다.

> **도움말** 불필요한 컬럼을 삭제하는 이유

- 불필요한 컬럼이 모델에 포함되면 모델의 복잡성이 증가할 수 있다. 이는 과대적합(Overfitting)을 유발할 수 있어 모델의 일반화 성능을 저하시킬 수 있다.
- 불필요한 컬럼을 제거하면 모델 학습 및 예측에 필요한 계산량이 감소한다.
- 모델의 결과를 해석할 때 불필요한 컬럼이 포함되면 모델의 결과를 이해하는 데 어려움이 있을 수 있다.

3) 결측치 처리

```
In [8]: print(x_train.isna().sum())
```
```
총구매액            0
최대구매액           0
환불금액         2295
주구매상품           0
주구매지점           0
내점일수            0
내점당구매건수         0
주말방문비율          0
구매주기            0
dtype: int64
```

```
In [9]: print(x_test.isna().sum())
```
```
총구매액            0
최대구매액           0
환불금액         1611
주구매상품           0
주구매지점           0
내점일수            0
내점당구매건수         0
주말방문비율          0
구매주기            0
dtype: int64
```

```
In [10]: x_train['환불금액']=x_train['환불금액'].fillna(0)
         x_test['환불금액']=x_test['환불금액'].fillna(0)
```

In [11]:
```
print(x_train.isna().sum())
print(x_test.isna().sum())
```

```
총구매액        0
최대구매액       0
환불금액        0
주구매상품       0
주구매지점       0
내점일수        0
내점당구매건수     0
주말방문비율      0
구매주기        0
dtype: int64
총구매액        0
최대구매액       0
환불금액        0
주구매상품       0
주구매지점       0
내점일수        0
내점당구매건수     0
주말방문비율      0
구매주기        0
dtype: int64
```

> **스크립트 설명**

- 결측치를 확인한다.
- '환불금액' 변수에서 결측치는 환불 이력이 없음을 의미함으로 결측치를 숫자 '0'으로 대체한다.
- 결측치 처리 여부를 확인한다.

> **도움말**   사이킷런(Scikit-learn)을 사용하기 위한 인코딩(Encoding)

- 사이킷런(Scikit-learn) 라이브러리는 대부분의 머신러닝 모델이 숫자 데이터를 입력으로 사용하기 때문에 카테고리형(범주형) 데이터를 직접 처리하는 데이터 타입을 제공하지 않는다.
- 따라서, 카테고리형 데이터를 숫자로 변환해야 한다.
- 사이킷런에서는 이러한 변환을 쉽게 수행할 수 있도록 LabelEncoder 및 OneHotEncoder와 같은 인코딩(Encoding) 기법을 제공한다.

4) 인코딩 변환(Encoding transformation)

```
In [12]: print(x_train['주구매상품'].unique())
```
['기타' '스포츠' '남성 캐주얼' '보석' '디자이너' '시티웨어' '명품' '농산물' '화장품' '골프' '구두' '가공식품'
 '수산품' '아동' '차/커피' '캐주얼' '섬유잡화' '육류' '축산가공' '젓갈/반찬' '액세서리' '피혁잡화' '일용잡화'
 '주방가전' '주방용품' '건강식품' '가구' '주류' '모피/피혁' '남성 트랜디' '셔츠' '남성정장' '생활잡화'
 '트래디셔널' '란제리/내의' '커리어' '침구/수예' '대형가전' '통신/컴퓨터' '식기' '소형가전' '악기']

스크립트 설명

- '주구매상품' 열에 있는 고유한 값들을 출력한다.

```
In [13]: print(x_train['주구매상품'].unique().size)
```
42

스크립트 설명

- '주구매상품' 열에 있는 고유한 값들의 개수를 출력한다.

```
In [14]: print(x_train['주구매지점'].unique())
```
['강남점' '잠실점' '관악점' '광주점' '본 점' '일산점' '대전점' '부산본점' '분당점' '영등포점' '미아점'
 '청량리점' '안양점' '부평점' '동래점' '포항점' '노원점' '창원점' '센텀시티점' '인천점' '대구점' '전주점'
 '울산점' '상인점']

```
In [15]: print(x_train['주구매지점'].unique().size)
```
24

스크립트 설명

- '주구매지점' 열에 있는 고유한 값 및 개수를 출력한다.

```
In [16]: from sklearn.preprocessing import LabelEncoder
```

스크립트 설명

- 사이킷런(Scikit-learn) 라이브러리에서 제공하는 LabelEncoder 클래스를 가져온다.

```
In [17]: encoder_product=LabelEncoder()
         encoder_store=LabelEncoder()
```

스크립트 설명

- 사이킷런(Scikit-learn) 라이브러리에서 제공하는 LabelEncoder 클래스의 인스턴스를 생성한다.

```
In [18]: x_train['주구매상품']=encoder_product.fit_transform(x_train['주구매상품'])
         x_train['주구매지점']=encoder_store.fit_transform(x_train['주구매지점'])
```

스크립트 설명

- encoder_product 객체는 fit_transform() 메서드를 사용하여 주구매상품 열의 고유한 값들을 학습(fit) 한 후, 숫자로 변환(transform) 한다.
- encoder_store가 주구매지점 열의 고유한 값을 학습(fit)한 후, 숫자로 변환(transform) 한다.

```
In [19]: print(x_train['주구매지점'].head(3))
         print(x_train['주구매상품'].head(3))

Out[19]: 0     0
         1    19
         2     1
         Name: 주구매지점, dtype: int32
         0     5
         1    21
         2     6
         Name: 주구매상품, dtype: int32
```

스크립트 설명

- 인코딩 변환을 확인한다.

```
In [20]:  x_test['주구매상품']=encoder_product.transform(x_test['주구매상품'])
          x_test['주구매지점']=encoder_store.transform(x_test['주구매지점'])
```

스크립트 설명

- encoder_product와 encoder_store는 LabelEncoder() 객체로, 이미 훈련 데이터(x_train)에서 fit_transform()을 사용하여 학습되었다.
- x_test 데이터에는 새로운 범주가 포함되면 안 되므로, transform()을 사용하여 기존 학습된 변환 규칙을 그대로 적용한다.
- 이렇게 하면 훈련 데이터(x_train)와 테스트 데이터(x_test) 간의 일관성을 유지할 수 있다.

5) 표준화(Standardization)

```
In [21]:  from sklearn.preprocessing import StandardScaler
          scaler=StandardScaler()
```

스크립트 설명

- StandardScaler는 파이썬의 scikit-learn 라이브러리의 sklearn.preprocessing 모듈에서 가져온 클래스이다.
- 표준화를 통해 각 특성이 동일한 스케일을 가지도록 변환하여, 머신러닝 모델의 성능을 향상시킬 수 있다.
- 특히 거리 기반 알고리즘(예: KNN, SVM, PCA, 로지스틱 회귀 등)에서 표준화가 매우 중요하다.
- StandardScaler는 데이터의 평균을 0으로 조정하고, 표준편차를 1로 변환하는 방식으로 스케일링을 수행한다.

In [21]:
```
# 숫자형 컬럼만 선택
num_cols=x_train.select_dtypes(include=['number']).columns
x_train[num_cols] = scaler.fit_transform(x_train[num_cols])
```

스크립트 설명

- StandardScaler 객체인 scaler를 사용하여 x_train 데이터를 표준화한다.

In [22]:
```
x_train.head(3)
x_train.describe()
```

Out[22]:

	총구매액	최대구매액	환불금액	주구매상품	주구매지점	내점일수	내점당구매건수	주말방문비율	구매주기
0	-0.14458	-0.262608	-0.047505	-0.738357	-1.904703	-0.009338	0.554247	0.758623	-0.159962
1	-0.54919	-0.547967	-0.265461	0.490702	1.466677	-0.635003	-0.698168	-1.060530	-0.806554
2	-0.54270	-0.563504	-0.275429	-0.661541	-1.727262	-0.635003	-0.436675	-1.060530	-0.806554

스크립트 설명

- 표준화 결과를 확인한다.

In [23]:
```
num_cols=x_test.select_dtypes(include=['number']).columns
x_test[num_cols] = scaler.transform(x_test[num_cols])
```

스크립트 설명

- x_test도 동일하게 표준화한다.
- x_test를 변환할 때 fit_transform 대신에 transform을 사용해야 한다.
- fit_transform은 학습 데이터에 맞춰 스케일러를 학습하고 변환을 수행하는데, 테스트 데이터에 적용할 때는 이미 학습한 스케일러를 그대로 사용하여야 한다.
- 그렇지 않으면 테스트 데이터의 스케일링이 학습 데이터의 스케일링과 다를 수 있다.

> **도움말** 데이터를 표준화(Standardization) 또는 정규화(Normalization) 선택 방법
>
> - **표준화(Standardization)**
> - 데이터의 평균을 0, 표준편차를 1로 조정하여 특성 간 스케일 차이를 없애고, 모델 학습에 적합한 형태로 변환
> - 선형 회귀, 로지스틱 회귀, SVM, KNN, PCA 등 스케일에 민감한 알고리즘에서 사용
> - 이상치에 상대적으로 덜 민감하지만, 극단적인 이상치가 있으면 평균과 표준편차를 왜곡할 수 있으므로 주의가 필요
> - **정규화(Normalization)**
> - 데이터의 범위를 [0, 1]로 조정
> - 신경망, 딥러닝 모델, k-NN 등 입력값이 일정 범위(예 : [0, 1] 또는 [-1, 1])에 있어야 하는 알고리즘에서 사용
> - 이상치에 매우 민감하여, 극단값이 있으면 데이터 범위가 왜곡
> - **모델별 사용 권장 사항**
> - 표준화 : 선형 회귀, 로지스틱 회귀, SVM, KNN, PCA 등 스케일에 민감한 알고리즘에서 주로 사용
> - 정규화 : 신경망, 딥러닝 모델, k-NN 등 입력값이 일정 범위(예 : [0, 1] 또는 [-1, 1])에 있어야 하는 알고리즘에서 주로 사용

6) 모델 예측

```
In [24]: from sklearn.ensemble import RandomForestClassifier
         model=RandomForestClassifier()
         model.fit(x_train,y_train.values.ravel())

Out[24]: RandomForestClassifier()
```

스크립트 설명

- x_train: 모델이 학습할 특성(Feature) 데이터이다.
- y_train.values.ravel(): 모델이 예측하고자 하는 값, 즉 타겟(Target) 데이터이다. 예를 들어, 이진 분류 문제에서는 '양성' 또는 '음성'을 나타내는 라벨이 될 수 있다.
- model.fit(): 모델을 실제로 학습시키는 메서드이다. 이 메서드를 호출하면 모델은 특성 데이터 x_train과 해당하는 타겟 데이터 y_train을 사용하여 학습한다.
- scikit-learn의 대부분의 모델은 타겟 데이터로 1차원 배열을 기대한다. ravel() 메서드를 사용하여 2차원 배열을 1차원으로 변경을 해야 오류 또는 경고 메시지가 발생하지 않는다.

```
In [25]: y_test_predicted=model.predict(x_test)
```

스크립트 설명

- model: 이 변수는 머신러닝 모델을 나타낸다. 모델은 이미 이전에 훈련된 상태이다.
- predict(): 새로운 데이터를 입력으로 받아 예측값을 반환한다. 모델이 학습한 내용을 바탕으로 새로운 데이터를 예측한다.
- x_test에 대한 예측값을 계산하여 y_test_predicted에 저장한다.

```
In [26]: y_test_predicted
Out[26]: array([1, 0, 0, ..., 0, 0, 0], dtype=int64)
```

7) 모델 평가

```
In [27]: from sklearn.metrics import accuracy_score,roc_auc_score
```

스크립트 설명

- scikit-learn 라이브러리에서 제공하는 metrics 모듈로부터 accuracy_score와 roc_auc_score 함수를 import하는 것을 의미한다.
- accuracy_score: 이 함수는 분류 모델의 정확도를 계산하는 데 사용된다. 정확도는 예측값과 실제값이 얼마나 일치하는지를 나타내는 지표이다.
- roc_auc_score: 이 함수는 분류 모델의 성능을 평가하는 데 사용된다. ROC 곡선 아래의 면적(Area Under the ROC Curve, AUC)을 계산하여 모델의 분류 성능을 나타낸다.

In [28]:
```
y_train_predicted=model.predict(x_train)
print(accuracy_score(y_train,y_train_predicted))
```
0.9994285714285714

스크립트 설명

- 훈련된 모델을 사용하여 훈련 데이터셋에 대한 예측을 수행하고, 이를 통해 모델의 정확도를 출력하는 것을 의미한다.

In [29]:
```
y_test_proba=model.predict_proba(x_test)
```

스크립트 설명

- 훈련된 분류 모델을 사용하여 새로운 데이터셋 x_test에 대한 클래스 확률을 예측한다.

In [30]:
```
print(pd.DataFrame(y_test_proba).head())
```
```
          0     1
0      0.48  0.52
1      0.73  0.27
2      0.82  0.18
3      0.42  0.58
4      0.72  0.28
```

스크립트 설명

- x_test의 예측값 결과를 확인한다.

8) 데이터 병합

- pandas.concat() 함수는 Pandas 라이브러리에서 제공하는 함수로, 여러 개의 DataFrame 또는 Series를 이어붙이는(concatenating) 역할을 한다. 주로 데이터 프레임을 합치거나 연결할 때 사용한다.

- axis: 데이터를 이어붙일 축을 지정한다. 기본값은 0으로, 행(row) 방향으로 병합하고 1로 지정하면 열(column) 방향으로 병합한다.
- ignore_index: 이어붙일 인덱스를 무시하고 새로운 인덱스를 생성한다. 기본값은 False 이다.

```
In [32]: import pandas as pd
         df1=pd.DataFrame({'name':['A','B','C','D'],
                           'age':[18,30,25,42],
                           'city':['Seoul','Incheon','Seoul','Busan']}, in
                           dex=[0,1,2,3])
         df2=pd.DataFrame({'name':['B','C','D','E'],
                           'age':[30,25,42,11],
                           'city':['Incheon','Seoul','Busan','Suwon'],
                           'height':[150, 170, 180, 135]}, index=[1,2,3,4])
```

```
In [33]: df1.head(3)
```

Out[33]:

	name	age	city
0	A	18	Seoul
1	B	30	Incheon
2	C	25	Seoul

```
In [34]: df2.head(3)
```

Out[34]:

	name	age	city	height
1	B	30	Incheon	150
2	C	25	Seoul	170
3	D	42	Busan	180

스크립트 설명

- 두 개의 데이터프레임인 df1과 df2를 생성하고 데이터 변수 및 구조를 확인한다.

```
In [35]: pd.concat([df1,df2])
```

Out[35]:
	name	age	city	height
0	A	18	Seoul	NaN
1	B	30	Incheon	NaN
2	C	25	Seoul	NaN
3	D	42	Busan	NaN
1	B	30	Incheon	150.0
2	C	25	Seoul	170.0
3	D	42	Busan	180.0
4	E	11	Suwon	135.0

스크립트 설명

- pd.concat() 함수를 사용하여 df1과 df2 두 개의 데이터프레임을 병합(concatenating) 작업을 수행한다. 기본적으로 행 방향(axis=0)으로 병합한다.
- 'height' 열은 df2에만 존재하는 열이다. df1에서는 해당 열의 값이 없으므로 NaN(결측치)으로 대체된다.
- 각 데이터프레임의 인덱스(index)는 유지되며, 중복된 인덱스는 그대로 유지된다. 따라서 새로운 인덱스를 생성하지 않는다.

```
In [36]: pd.concat([df1, df2], ignore_index=True)
```

Out[36]:
	name	age	city	height
0	A	18	Seoul	NaN
1	B	30	Incheon	NaN
2	C	25	Seoul	NaN
3	D	42	Busan	NaN
4	B	30	Incheon	150.0
5	C	25	Seoul	170.0
6	D	42	Busan	180.0
7	E	11	Suwon	135.0

> **스크립트 설명**

- ignore_index=True: 이 매개변수는 기본값이 False이며, True로 설정하면 이어붙인 결과 데이터프레임에 대해 새로운 인덱스를 생성한다. 즉, 기존의 인덱스를 무시하고 0부터 순차적으로 새로운 인덱스를 생성한다.

```
In [37]: pd.concat([df1, df2], axis=1)
```

Out[37]:

	name	age	city	name	age	city	height
0	A	18.0	Seoul	NaN	NaN	NaN	NaN
1	B	30.0	Incheon	B	30.0	Incheon	150.0
2	C	25.0	Seoul	C	25.0	Seoul	170.0
3	D	42.0	Busan	D	42.0	Busan	180.0
4	NaN	NaN	NaN	E	11.0	Suwon	135.0

> **스크립트 설명**

- axis=1: 이 매개변수는 데이터를 이어붙일 축을 지정한다. 여기서는 1로 설정되어 있으므로 열 방향으로 데이터프레임을 병합한다.
- 'height' 열은 df2에만 존재하는 열이다. df1에서는 해당 열의 값이 없으므로 NaN(결측치)으로 채워진다.

```
In [38]: pd.concat([df1, df2], axis=1, join='inner')
```

Out[38]:

	name	age	city	name	age	city	height
1	B	30	Incheon	B	30	Incheon	150
2	C	25	Seoul	C	25	Seoul	170
3	D	42	Busan	D	42	Busan	180

> **스크립트 설명**

- 'join=inner' 매개변수는 결합 방식을 지정한다. 'inner'로 설정되어 있으므로 두 데이터프레임에 공통으로 존재하는 열만을 포함하여 병합한다.
- 'name', 'age', 'city' 열은 두 데이터프레임에 모두 존재하는 열이다. 병합 결과에서는 이러한 공통 열만을 포함하게 된다.

9) 답안 제출

- 최종 답안은 남성(1)에 대한 확률 예측값이다.

```
In [39]: print(pd.DataFrame(y_test_proba)[1])
         0       0.54
         1       0.17
         2       0.16
         3       0.31
         4       0.27
                 ...
         2477    0.55
         2478    0.39
         2479    0.41
         2480    0.39
         2481    0.42
         Name: 1, Length: 2482, dtype: float64
```

스크립트 설명

- x_test의 남성(1)의 확률 예측값을 확인할 수 있다.
- 회귀 및 분류 알고리즘의 예측값은 학습 과정에 따라 달라질 수 있다.

```
In [40]: df=pd.DataFrame(y_test_proba)[1]
         final_df=pd.concat([x_test_cust_id,df],axis=1).rename(columns={1:'gender'})
```

스크립트 설명

- 'x_test_cust_id'와 df를 열 방향으로 병합하고 열 이름을 1에서 'gender' 변경한다.

```
In [41]: final_df.head()
```

Out[41]:
	cust_id	gender
0	3500	0.52
1	3501	0.27
2	3502	0.18
3	3503	0.58
4	3504	0.28

스크립트 설명

- 문제에서 주어진 답안 제출 양식과 비교하여 확인한다.

```
In [42]: final_df.to_csv("000001.csv",index=False)
```

스크립트 설명

- "to_csv()" 메서드를 사용하여 데이터프레임을 CSV 파일로 저장한다.
- "000001.csv"는 저장할 CSV 파일의 이름을 나타내며 실제 시험환경에서는 본인의 수험번호로 제출한다.
- "index=False" 매개변수는 인덱스를 CSV 파일에 포함할지 여부를 결정한다. 여기서는 False로 설정되어 있으므로 인덱스는 파일에 저장되지 않는다.

```
In [43]: final_df=pd.read_csv("000001.csv")
         print(final_df)
```

	cust_id	gender
0	3500	0.52
1	3501	0.27
2	3502	0.18
3	3503	0.58
4	3504	0.28
...	...	...

```
        2477    5977    0.59
        2478    5978    0.65
        2479    5979    0.70
        2480    5980    0.54
        2481    5981    0.57

        [2482 rows x 2 columns]
```

스크립트 설명

- print( )함수로 최종 답안을 재확인한다.

10) 하이퍼파라미터 튜닝(hyperparameter tuning)

- 하이퍼파라미터 튜닝(hyperparameter tuning)은 머신러닝 모델의 성능을 최적화하기 위해 모델의 하이퍼파라미터를 조정하는 과정을 말한다.
- 하이퍼파라미터(hyperparameter)는 머신러닝 모델을 학습할 때 모델 자체의 구조나 학습 방식을 제어하기 위해 사전에 설정해야 하는 매개변수이다.
- 하이퍼파라미터 튜닝을 통해 최적의 모델을 찾는 것은 모델의 성능을 향상시키고, 실제 환경에서 더 좋은 예측을 할 수 있도록 도와준다.
- "빅데이터 분석기사 실기" 전체 코딩 시간이 1분으로 제한 있다는 점을 유념하고 제한적으로 사용하시길 추천한다.
- 하이퍼파라미터 튜닝 방법 중 그리드 서치(Grid Search) 방법을 실습하도록 한다.

```
In [1]:  from sklearn.model_selection import GridSearchCV
```

스크립트 설명

- GridSearchCV: 그리드 서치(Grid Search Cross-Validation)를 수행하는 데 사용되는 클래스이다.

```
In [2]:  params={
          'max_depth':[3,4,5,6],
          'min_samples_leaf':[3,4,5,6],
          'min_samples_split':[2,4,6]
          }
```

> 스크립트 설명

- "max_depth": 결정 트리의 최대 깊이를 나타내는 파라미터이다.
- "min_samples_leaf": 리프 노드가 되기 위한 최소 샘플 수를 나타내는 파라미터이다.
- "min_samples_split": 노드를 분할하기 위한 최소 샘플 수를 나타내는 파라미터이다.
- params 딕셔너리는 그리드 서치를 실행할 때 각 하이퍼파라미터의 가능한 모든 조합을 탐색하는 데 사용된다. 그리드 서치는 주어진 모든 하이퍼파라미터 조합에 대해 모델을 학습하고 검증하여 최적의 조합을 찾는다.

```
In [3]:  rf_clf=RandomForestClassifier(n_estimators=50,random_state=0)
```

> 스크립트 설명

- RandomForestClassifier : 랜덤 포레스트 분류기이다.
- 'n_estimators=50': 랜덤 포레스트 모델에서 사용할 트리의 개수를 나타내는 매개변수이다.
- 'random_state=0': 모델의 무작위성을 제어하는 매개변수로, 난수 발생을 제어하기 위한 시드(seed)값을 설정한다. 0으로 설정되어 있으므로, 같은 시느값을 사용할 경우 항상 동일한 결과가 출력될 수 있다.

```
In [4]:  grid_cv=GridSearchCV(rf_clf,param_grid=params,cv=2)
```

> 스크립트 설명

- GridSearchCV: 그리드 서치를 수행하는 클래스이다.
- 'cv=2': 교차 검증(Cross-validation)을 수행하는 횟수를 나타내는 매개변수이다. 여기서는 2-fold cross-validation을 수행하도록 설정한다.

```
In [5]:  grid_cv.fit(x_train,y_train.values.ravel())
```

스크립트 설명

- grid_cv.fit(x_train, y_train.values.ravel())는 그리드 서치를 사용하여 훈련 데이터셋 (x_train 및 y_train)에 대해 랜덤 포레스트 분류기 모델을 학습하는 작업을 수행한다.

```
In [6]:  print(grid_cv.best_params_)
         {'max_depth': 5, 'min_samples_leaf': 4, 'min_samples_split': 2}
```

스크립트 설명

- 그리드 서치를 통해 찾은 최적의 하이퍼파라미터 조합을 출력한다.

11) 기타 분류 및 회귀 알고리즘

- KNN(K-Nearest Neighbors) 알고리즘은 지도학습의 분류(Classification)와 회귀(Regression) 문제에 사용되는 간단하면서도 강력한 알고리즘이다. KNN은 인스턴스 기반(instance-based) 학습이라고도 한다.

```
In [1]:  from sklearn.neighbors import KNeighborsClassifier
```

스크립트 설명

- KNeighborsClassifier 클래스는 주어진 데이터를 사용하여 KNN 모델을 학습하고, 새로운 데이터 포인트에 대해 예측을 수행할 수 있는 기능을 제공한다.

```
In [2]:  knn = KNeighborsClassifier(n_neighbors = 5, metric='euclidean')
```

스크립트 설명

- n_neighbors=5: 이웃의 개수를 지정하는 매개변수이다. 여기서는 5개의 가장 가까운 이웃을 사용하여 예측을 수행한다.

- metric='euclidean': 거리 측정 방법을 지정하는 매개변수이다.

```
In [3]: knn.fit(x_train,y_train.values.ravel())
```

스크립트 설명

- K-Nearest Neighbors 분류기를 사용하여 주어진 훈련 데이터셋 (x_train 및 y_train)을 학습하는 작업을 수행한다.

```
In [4]: y_test_predicted=knn.predict_proba(x_test)
```

스크립트 설명

- K-Nearest Neighbors 분류기(knn)를 사용하여 주어진 테스트 데이터셋(x_test)에 대한 예측 확률을 계산한다.

```
In [5]: y_test_predicted
Out[5]: array([[0. , 1. ],
               [1. , 0. ],
               [0.8, 0.2],
               ...,
               [0.2, 0.8],
               [0.6, 0.4],
               [0.6, 0.4]])
```

스크립트 설명

- 각 테스트 데이터 포인트에 대해 각 클래스에 속할 확률을 나타내는 배열을 확인한다.

```
In [6]: df=pd.DataFrame(y_test_proba)[1]
        final_df=pd.concat([x_test_cust_id,df],axis=1).rename(columns={1:'gender'})
        final_df.head()
```

Out[6]:

	cust_id	gender
0	3500	0.52
1	3501	0.27
2	3502	0.18
3	3503	0.58
4	3504	0.28

스크립트 설명

- 답안 제출 양식으로 출력한다.

기출문제

02 보험관련 학습용 데이터 Insurance_train_10.csv 데이터를 이용하여 "Segmentation" 예측모형을 개발하려고 한다. 자동차 회사는 기존 시장에서 영업팀은 모든 고객을 4개의 "Segmentation"으로 분류하고 새로운 시장에서 동일한 전략을 사용할 계획이다.

- 데이터 소개

Insurance_train_10.csv

변수	정의
Gender	고객의 성별
Ever_Married	고객의 결혼상태
Age	고객의 나이
Graduated	고객의 졸업 유무
Profession	고객의 직업 유무
Work_Experiecnce	고객의 근무년수
Spending_Score	고객의 소비지수
Family_Size	고객의 가족수
Segmentation	고객분류(1,2,3,4)

Insurance_test_10.csv

변수	정의
Gender	고객의 성별
Ever_Married	고객의 결혼상태
Age	고객의 나이
Graduated	고객의 졸업 유무
Profession	고객의 직업 유무
Work_Experiecnce	고객의 근무년수
Spending_Score	고객의 소비지수
Family_Size	고객의 가족수

- 채점은 제출된 CSV 파일의 macro-F1 평가지표에 따라 구간별로 배정 과적합 등의 사유로 평가용 데이터의 평가지표와 채점용 데이터의 평가지표는 다를 수 있음

■ 유의사항

- 제출된 CSV 파일명의 수험번호와 불일치하거나, 칼럼명 누락 및 불일치, 컬럼개수 불일치, 데이터 갯수 불일치 사유로 평가지표가 산출되지 않으면 'O'점 처리되며 코드를 이용한 부분점수가 없음
- 최종 제출 양식은 변수명.to_csv('수험번호.csv', index=False)
- 예측 모형의 제출 파일 양식은 아래와 같다.

	Segmentaton_pred
1	2
2	3
3	1
4	4
…	…

1) 데이터 불러오기

In [1]:
```
from sklearn.ensemble import RandomForestClassifier
from sklearn.preprocessing import LabelEncoder, StandardScaler
from sklearn.metrics import accuracy_score, f1_score, make_scorer
from sklearn.model_selection import cross_val_score, KFold
train10=pd.read_csv("c:/data/Insurance_train_10.csv")
test10=pd.read_csv("c:/data/Insurance_test_10.csv")
```

스크립트 설명

- 필요한 라이브러리 가져오기 및 데이터 불러오기

In [2]: `print(train10.head(3))`

```
  Gender Ever_Married  Age Graduated  Profession  Work_Experience  \
0   Male           No   22        No  Healthcare                1
1 Female          Yes   67       Yes    Engineer                1
2   Male          Yes   67       Yes      Lawyer                0

  Spending_Score  Family_Size  Segmentation
0            Low            4             4
1            Low            1             2
2           High            2             2
```

In [3]: `print(train10.shape)`

(6969, 9)

In [4]: `print(test10.head(3))`

```
  Gender Ever_Married  Age Graduated  Profession  Work_Experience  \
0 Female          Yes   36       Yes    Engineer                0
1   Male          Yes   37       Yes  Healthcare                8
2 Female          Yes   69        No         NaN                0

  Spending_Score  Family_Size
0            Low            1
1        Average            4
2            Low            1
```

In [5]: `print(test10.shape)`

(2267, 8)

스크립트 설명

- 학습 데이터(train)와 평가(test) 데이터의 컬럼(변수)와 데이터의 행과 열의 수를 확인한다.

```
In [6]:  print(train10.info())

         <class 'pandas.core.frame.DataFrame'>
         RangeIndex: 6969 entries, 0 to 6968
         Data columns (total 9 columns):
          #   Column           Non-Null Count  Dtype
         ---  ------           --------------  -----
          0   Gender           6969 non-null   object
          1   Ever_Married     6862 non-null   object
          2   Age              6969 non-null   int64
          3   Graduated        6909 non-null   object
          4   Profession       6877 non-null   object
          5   Work_Experience  6969 non-null   int64
          6   Spending_Score   6969 non-null   object
          7   Family_Size      6969 non-null   int64
          8   Segmentation     6969 non-null   int64
         dtypes: int64(4), object(5)
         memory usage: 490.1+ KB
         None
```

스크립트 설명

- 변수들의 데이터 유형을 확인하고, 결측치가 존재함을 확인할 수 있다.

2) 결측치 처리

```
In [7]:  print(train10.isna().sum())

         Gender              0
         Ever_Married      107
         Age                 0
         Graduated          60
         Profession         92
         Work_Experience     0
         Spending_Score      0
         Family_Size         0
```

```
                Segmentation        0
                dtype: int64
```

In [8]: `train10=train10.dropna()`

In [9]: `print(test10.isna().sum())`
```
        Gender              0
        Ever_Married        42
        Age                 0
        Graduated           19
        Profession          30
        Work_Experience     0
        Spending_Score      0
        Family_Size         0
        dtype: int64
```

In [10]: `test10=test10.dropna()`

> **스크립트 설명**
> - 각 변수의 결측치 개수를 확인하고 삭제한다.

3) 인코딩 변환(Encoding transformation)
- 대부분의 머신러닝 알고리즘은 수치형 데이터를 선호하기 때문에, 범주형 변수를 그대로 입력할 경우 모델이 제대로 학습되지 않을 수 있다.
- 따라서 범주형 변수를 수치형 변수로 인코딩하는 것이 중요하다. 주로 사용되는 인코딩 방법은 원 핫 인코딩(One-Hot Encoding)과 레이블 인코딩(Label Encoding)이 있다.
- Label Encoding은 순서가 있는 범주형 변수에만 적합하며, 순서가 없는 범주형 변수에 Label Encoding을 적용할 경우, 모델이 잘못된 패턴을 학습할 수 있으며 이는 예측 성능을 저하시킬 수 있다.

```
In [69]:  categorical_cols = ['Gender', 'Ever_Married', 'Graduated', 'Profession', 'Spending_Score']
```

스크립트 설명

- Label Encoding을 적용할 범주형 변수(카테고리 변수) 목록을 정의한다.

```
In [73]:  for col in categorical_cols:
              encoder = LabelEncoder()
              x_train10[col] = encoder.fit_transform(x_train10[col])
              test10[col] = encoder.transform(test10[col])
```

스크립트 설명

- categorical_cols 리스트에 있는 범주형 변수를 하나씩 순회하면서 Label Encoding을 적용한다.
- LabelEncoder()는 범주형 데이터를 0, 1, 2, … 같은 정수형 숫자로 변환하는 도구 역할을 한다.
- fit_transform()을 사용하여 훈련 데이터(x_train10[col])에 Label Encoding을 적용한다.
- fit()은 고유한 범주 값들을 찾아 숫자로 매핑하고, transform()은 데이터를 숫자로 변환한다.
- 훈련 데이터에서 학습한 변환 규칙을 테스트 데이터에도 동일하게 적용하기 위해 test10[col]에는 fit_transform() 대신 transform()만 사용한다.
- 분류 모델에서 타겟 변수가 문자형(str)이면 반드시 인코딩 변환을 해야 한다.

4) 표준화(Standardization)

```
In [79]:  scaler = StandardScaler()
          x_train10_scaled = pd.DataFrame(scaler.fit_transform(x_train10), columns=x_train10.columns)
          test10_scaled = pd.DataFrame(scaler.transform(test10), columns=x_train10.columns)
```

스크립트 설명

- StandardScaler() 객체를 생성한다.

- 훈련 데이터(x_train10)를 학습(fit())하면서 동시에 변환(transform())을 수행한다.
- 훈련 데이터에서 학습한 변환 규칙을 테스트 데이터(test10)에도 적용한다.
- RandomForestClassifier 같은 트리 기반 모델은 Scaling이 필요하지 않지만, SVM, KNN, PCA, 딥러닝 모델에서는 필수적으로 사용된다.

5) 모델 학습 및 예측

```
In [85]: model = RandomForestClassifier(random_state=42)
         model.fit(x_train10_scaled, y_train10)
         y_train_predicted = model.predict(x_train10_scaled)
```

스크립트 설명

- fit() 메서드는 모델을 학습(training)하는 과정을 수행한다.
- 입력값 (x_train10_scaled) → 독립 변수 (특성, Feature)
- 타겟값 (y_train10) → 종속 변수 (정답, Target)
- 훈련된 모델을 사용하여 훈련 데이터(x_train10_scaled)의 예측값을 생성한다.
- predict() 메서드는 입력값을 받아 예측값을 반환한다.

6) 모델 평가

```
In [91]: print(f1_score(y_train10, y_train_predicted, average='macro'))
         0.9277715317205174
```

```
In [93]: print(f1_score(y_train10, y_train_predicted, average='micro'))
         0.9285501637392081
```

스크립트 설명

- scikit-learn의 f1_score 함수는 분류 모델의 성능을 평가하는 중요한 지표이다.

- average 매개변수를 사용하여 다범주 분류 문제에서 F1-score를 계산하는 방법을 지정할 수 있다.
- macro 평균을 사용하면 모든 클래스의 F1-score를 균등하게 반영할 수 있다.
- 클래스 빈도(샘플 수)를 고려하지 않으므로, 소수 클래스 성능이 낮으면 전체 점수가 낮아질 수 있다.

```
In [97]: from sklearn.metrics import confusion_matrix
         confusion_matrix(y_train10,y_train_predicted)

Out[97]: array([[1497,   55,   52,   24],
                [  47, 1414,   97,   25],
                [  24,   63, 1617,   31],
                [  26,   16,   20, 1710]], dtype=int64)
```

스크립트 설명

- 실제 타겟 변수(y_train10)와 모델이 예측한 결과(y_train_predicted)에 기반하여 혼동행렬(Confusion Matrix)을 생성한다.
- 혼동행렬의 값은 학습 데이터와 모델의 성능에 따라 달라질 수 있다.

7) 답안 제출

```
In [103]: y_test=model.predict(test10)
          df=pd.DataFrame(y_test)
          final_df=df.rename(columns={0:'Segmentation_pred'})
          final_df.to_csv("000002.csv",index=False)
```

스크립트 설명

- 학습된 모델을 사용하여 테스트 데이터(test10)를 예측한다.
- 예측 결과를 데이터프레임으로 변환하고, 열 이름을 'Segmentation_pred'로 변경한다.
- 저장된 CSV 파일은 '000002.csv'라는 이름으로 저장되며, 인덱스는 저장하지 않는다.

```
In [107]: print(final_df.head(3))
          Segmentation_pred
       0                  4
       1                  3
       2                  1
```

스크립트 설명

- 출력결과를 통해 최종 답안 제출양식 형태를 판단한다.

도움말   Micro vs Macro 비교 요약

평균방식	가중치 부여 방식	소수클래스 영향	클래스 불균형 해결
Micro	모든 샘플을 동일한 가중치 평가	소수 클래스 영향 적음	해결하지 못함
Macro	각 클래스를 동일한 가중치 평가	소수 클래스 반영	해결 가능

예상문제

03
- 워싱턴 D.C 의 Capital Bikeshare 프로그램에서 자전거 대여 수요를 예측하기 위한 프로젝트이다.
- 데이터 소개

변수	설명
Datetime	시간 (YYYY-MM-DD 00:00:00)
Season	봄(1) 여름(2) 가을(3) 겨울(4)
Holiday	공휴일(1) 그 외(0)
Workingday	근무일(1) 그외(0)
Weather	아주깨끗한날씨(1) 약간의 안개와 구름(2) 약간의 눈,비(3) 아주많은비와 우박(4)
Temp	온도(섭씨로 주어짐)
Atemp	체감온도(섭씨로 주어짐)
Humidity	습도
Windspeed	풍속
Casual	비회원의 자전거 대여량
Registered	회원의 자전거 대여량
Count	총 자전거 대여량 (비회원+회원)

1) 데이터 불러오기

```
In [1]: import pandas as pd
        bike_df=pd.read_csv("c:/data/bike_train.csv")
        print(bike_df.head(3))

              datetime  season  holiday  workingday  weather  temp   atemp  \
        0  2011-01-01 00:00       1        0           0         1     9.84  14.395
        1  2011-01-01 01:00       1        0           0         1     9.02  13.635
        2  2011-01-01 02:00       1        0           0         1     9.02  13.635

           humidity  windspeed  casual  registered  count
        0        81        0.0       3          13     16
        1        80        0.0       8          32     40
        2        80        0.0       5          27     32
```

In [2]: ```
print(bike_df.shape)
```
**(10886, 12)**

In [3]: ```
print(bike_df.info())
```
```
<class 'pandas.core.frame.DataFrame'>
RangeIndex: 10886 entries, 0 to 10885
Data columns (total 12 columns):
 #   Column      Non-Null Count  Dtype
---  ------      --------------  -----
 0   datetime    10886 non-null  object
 1   season      10886 non-null  int64
 2   holiday     10886 non-null  int64
 3   workingday  10886 non-null  int64
 4   weather     10886 non-null  int64
 5   temp        10886 non-null  float64
 6   atemp       10886 non-null  float64
 7   humidity    10886 non-null  int64
 8   windspeed   10886 non-null  float64
 9   casual      10886 non-null  int64
 10  registered  10886 non-null  int64
 11  count       10886 non-null  int64
dtypes: float64(3), int64(8), object(1)
memory usage: 1020.7+ KB
None
```

스크립트 설명

- 데이터 불러오고 데이터 구조 및 유형을 확인한다.

In [4]: ```
import datetime as dt
bike_df['datetime']=pd.to_datetime(bike_df['datetime'])
```
```

스크립트 설명

- pd.to_datetime() 함수는 문자열로 표현된 날짜와 시간 정보를 Pandas의 datetime 형식으로 변환한다.
- 이를 통해 날짜와 시간을 다루기 쉬운 형태로 데이터를 변환할 수 있다.
- 시간 정보를 datetime 형식으로 변환하면 시계열 모델링이나 시간에 따른 예측 모델링을 수행할 수 있다.

```
In [5]: bike_df['year']=bike_df['datetime'].dt.year
        bike_df['month']=bike_df['datetime'].dt.month
        bike_df['day']=bike_df['datetime'].dt.day
        bike_df['hour']=bike_df['datetime'].dt.hour
        bike_df.head(3)
```

Out[5]:

	datetime	season	holiday	workingday	weather	temp	atemp
0	2011-01-01 00:00:00	1	0	0	1	9.84	14.395
1	2011-01-01 01:00:00	1	0	0	1	9.02	13.635
2	2011-01-01 02:00:00	1	0	0	1	9.02	13.635

humidity	windspeed	casual	registered	count	year	month	day	hour
81	0.0	3	13	16	2011	1	1	0
80	0.0	8	32	40	2011	1	1	1
80	0.0	5	27	32	2011	1	1	2

스크립트 설명

- 'datetime' 열에서 연도, 월, 일, 시간 정보를 추출하여 각각 'year', 'month', 'day', 'hour' 열에 저장하는 작업을 수행한다.
- 이를 통해 날짜 및 시간 정보를 별도의 열로 분리하여 데이터를 더 쉽게 분석하고 시각화할 수 있다.

2) 불필요한 컬럼 제거

In [6]:
```
drop_columns=['datetime','casual','registered']
bike_df_drop=bike_df.drop(drop_columns,axis=1)
print(bike_df_drop.head(3))
```

```
   season  holiday  workingday  weather  temp   atemp   humidity  windspeed  ₩
0       1        0           0        1  9.84  14.395         81        0.0
1       1        0           0        1  9.02  13.635         80        0.0
2       1        0           0        1  9.02  13.635         80        0.0

   count  year  month  day  hour
0     16  2011      1    1     0
1     40  2011      1    1     1
2     32  2011      1    1     2
```

> **스크립트 설명**

- 지정된 열('datetime', 'casual', 'registered')이 삭제된 새로운 데이터프레임 bike_df_drop을 생성한다.
- 'casual'과 'registered' 합이 'count' 변수이므로 'casual', 'registered', 'datetime' 변수를 삭제한다.

3) 결측치 확인

In [7]: `bike_df_drop.isna().sum()`

Out[7]:
```
season        0
holiday       0
workingday    0
weather       0
temp          0
atemp         0
humidity      0
windspeed     0
count         0
year          0
month         0
```

```
day         0
hour        0
dtype: int64
```

4) 데이터 분할

In [8]:
```
Y=bike_df_drop['count']
Y.shape
```
Out[8]: (10886,)

In [9]:
```
X=bike_df_drop.drop(['count'],axis=1)
X.shape
```
Out[9]: (10886, 12)

> **스크립트 설명**
- 타켓변수 'count' 열을 변수 Y에 저장하고 행과 열의 개수를 확인한다.
- 입력변수 'count' 열을 제외한 나머지 열들을 변수 X에 저장하고 행과 열의 개수를 확인한다.

5) 모델 학습

In [10]:
```
from sklearn.model_selection import train_test_split
from sklearn.linear_model import LinearRegression
```

> **스크립트 설명**
- scikit-learn 라이브러리에서 train_test_split 함수와 LinearRegression 클래스를 가져온다.

In [11]: `x_train,x_test,y_train,y_test=train_test_split(X,Y,test_size=0.3,random_state=0)`

스크립트 설명

- train_test_split 함수를 호출하여 데이터 X와 Y를 학습 데이터와 테스트 데이터로 7:3으로 분할한다.

In [12]: `x_train.shape`
Out[12]: (7620, 12)

In [13]: `x_test.shape`
Out[13]: (3266, 12)

In [14]: `y_train.shape`
Out[14]: (7620,)

In [15]: `y_test.shape`
Out[15]: (3266,)

스크립트 설명

- x_train: 학습 데이터의 행과 열의 수를 확인한다.
- x_test: 테스트 데이터의 행과 열의 수를 확인한다.
- y_train: 학습 데이터의 타켓 변수의 수를 확인한다.
- y_test: 테스트 데이터의 타켓 변수의 수를 확인한다.

```
In [16]: reg=LinearRegression()
         reg.fit(x_train,y_train)
         y_pred=reg.predict(x_test)
```

스크립트 설명

- 선형 회귀 모델을 생성하고, 학습 데이터를 사용하여 모델을 훈련시킨 후, 테스트 데이터를 사용하여 예측을 수행하는 작업을 수행한다.

```
In [17]: print(y_pred)
         [320.78637463 251.1873687  241.70971289 ... 315.23151252 181.
         92737435
         166.29021343]
```

스크립트 설명

- 예측값을 확인한다.

6) 모델 평가

```
In [18]: from sklearn.metrics import mean_absolute_error
         print(mean_absolute_error(y_test,y_pred))
         105.9244483510065
```

스크립트 설명

- scikit-learn의 metrics 모듈에서 mean_absolute_error 함수를 가져온다.
- mean_absolute_error 함수를 사용하여 테스트 데이터에 대한 예측값(y_pred)과 실제값(y_test) 사이의 평균 절대 오차를 계산한다.
- 평균 절대 오차는 예측 모델의 성능을 평가하는 지표 중 하나로, 오차가 작을수록 모델의 예측 성능이 높다고 볼 수 있다.

In [19]:
```
from sklearn.metrics import mean_squared_error
print(mean_squared_error(y_test, y_pred, squared=False))
```
140.8995886716559

스크립트 설명

- scikit-learn의 metrics 모듈에서 mean_squared_error 함수를 가져온다.
- RMSE 평가지표는 데이터에 대한 예측값(y_pred)과 실제값(y_test) 사이의 평균 제곱 오차의 제곱근을 계산한다.

In [20]:
```
from sklearn.metrics import mean_squared_error
print(mean_squared_error(y_test, y_pred))
```
19852.694087841825

스크립트 설명

- squared 매개 변수를 True로 설정하면 평균 제곱 오차(MSE)를 반환한다.

In [21]:
```
result_df=pd.DataFrame(y_test.values,columns=['real_count'])
```

스크립트 설명

- 실제값을 테스트 세트에서 가져와 'real_count'라는 열 이름을 가진 데이터프레임으로 변환한다.

In [22]:
```
import numpy as np
result_df['predict_count']=np.round(y_pred)
```

스크립트 설명

- 예측값을 반올림하여 정수로 변환한 후, 이를 'predict_count'라는 열로 추가한다.

```
In [23]: result_df['diff']=np.abs(result_df['real_count']-result_df['predict_count'])
```

스크립트 설명

- 예측값과 실제값 간의 차이를 절댓값으로 계산하여 'diff'라는 새로운 열로 추가하는 작업을 수행한다.

```
In [24]: print(result_df.sort_values('diff',ascending=False).head(10))
```

	real_count	predict_count	diff
1618	890	322.0	568.0
3151	798	241.0	557.0
966	884	327.0	557.0
412	745	194.0	551.0
2817	856	310.0	546.0
2277	813	267.0	546.0
2314	766	222.0	544.0
454	721	177.0	544.0
1003	713	171.0	542.0
2394	684	142.0	542.0

스크립트 설명

- 'diff' 열을 기준으로 result_df를 내림차순으로 정렬한 후, 상위 10개의 행을 출력한다.
- 예측 오차가 큰 상위 10개의 샘플을 확인할 수 있다. 만약 'diff' 열이 큰 값들로 이루어져 있다면, 모델의 예측이 실제값과 많이 다른 경우가 있을 수 있다. 이는 count 열의 분포가 정규 분포가 아닌 경우에 나타날 수 있는 현상일 수 있다.

7) 인코딩 변환(Encoding transformation) 후에 모형평가

- 인코딩 변환을 하고 모델을 평가하는 것과 인코딩을 하지 않고 모델을 평가하는 것 사이에는 몇 가지 중요한 차이가 있다.
- 인코딩 변환을 하지 않고 범주형 데이터를 그대로 모델에 입력하면 모델은 범주형 데이터를 이해하지 못할 수 있다. 이에 따라 모델의 성능이 저하될 수 있다.

In [25]: `bike_df_drop_one=pd.get_dummies(bike_df_drop,columns=['year','month','day','hour','holiday','workingday','season','weather'])`

> **스크립트 설명**

- 데이터의 유형이 int이지만 범주형 자료로 간주되는 경우에도 원 핫 인코딩을 적용할 수 있다.
- 날씨 데이터가 정수로 표현되어 있지만 각 정수는 서로 다른 날씨 상태를 나타내는 범주형 변수로 해석될 수 있다.
- get_dummies( ) 함수는 주어진 데이터프레임의 범주형 열들을 원 핫 인코딩하여 새로운 더미 변수들을 생성한다.

In [26]:
```
Y=bike_df_drop_one['count']
X=bike_df_drop_one.drop(['count'],axis=1)
```

> **스크립트 설명**

- 'bike_df_drop_one' 데이터프레임에서 타겟 변수로 사용할 'count' 열을 Y로 지정하고, 나머지 열들을 독립 변수로 사용할 X로 지정한다.

In [27]:
```
from sklearn.model_selection import train_test_split
from sklearn.linear_model import LinearRegression
x_train,x_test,y_train,y_test=train_test_split(X,Y,test_size=0.3,random_state=0)
```

> **스크립트 설명**

- train_test_split 함수를 사용하여 독립 변수(X)와 타겟 변수(Y)를 주어진 비율 (test_size=0.3)에 따라 훈련 세트와 테스트 세트로 분할한다.

In [28]:
```
from sklearn.linear_model import LinearRegression
reg=LinearRegression()
reg.fit(x_train,y_train)
y_pred=reg.predict(x_test)
```

스크립트 설명

- 훈련된 선형 회귀 모델을 사용하여 테스트 세트에 대한 예측값이 계산되고, 이를 y_pred 변수에 저장한다.

In [29]:
```
from sklearn.metrics import mean_squared_error,mean_absolute_error
print(mean_absolute_error(y_test,y_pred))
```
74.889024705297

스크립트 설명

- scikit-learn의 metrics 모듈에서 mean_squared_error와 mean_absolute_error 함수를 가져온다.
- mean_absolute_error 함수를 사용하여 테스트 세트의 실제 타겟 변수(y_test)와 모델의 예측값(y_pred) 간의 평균 절대 오차를 계산한다.

In [30]:
```
print(mean_squared_error(y_test,y_pred,squared=False))
```
101.62046341985787

스크립트 설명

- mean_squared_error 함수를 사용하여 테스트 세트의 실제 타겟 변수(y_test)와 모델의 예측값(y_pred) 간의 평균 제곱 오차를 계산한다.

In [31]:
```
from sklearn.ensemble import RandomForestRegressor
rf_reg=RandomForestRegressor(n_estimators=500)
rf_reg.fit(x_train,y_train)
y_pred=rf_reg.predict(x_test)
print(mean_absolute_error(y_test,y_pred))
```
34.930840171463565

스크립트 설명

- 랜덤 포레스트 회귀 모델의 평균 절대 오차가 출력된다.

In [32]:
```
print(mean_squared_error(y_test,y_pred,squared=False))
```
34.930840171463565

스크립트 설명

- 랜덤 포레스트 모델의 평균 제곱 오차의 제곱근 값이 출력한다.
- 범주형 변수를 원-핫 인코딩(One-Hot Encoding) 또는 라벨 인코딩(Label Encoding)으로 변환한 후 모델의 평가 지표가 상승한다면, 이는 변수의 정보가 더 잘 전달되고 모델이 데이터의 패턴을 더 정밀하게 학습할 수 있게 되었음을 의미할 수 있다.
- 랜덤 포레스트 회귀(Random Forest Regressor)는 비선형 관계를 잘 학습할 수 있기 때문에, 대체로 선형 회귀(Linear Regression)보다 더 높은 예측 성능을 보인다. 특히 다중 변수 간 상호작용이 복잡한 데이터에서는 랜덤 포레스트가 우수한 평가 지표를 나타낼 가능성이 높다.
- 데이터의 특성과 문제 유형에 따라 최적의 모델은 달라질 수 있다. 선형 관계가 강한 데이터에서는 선형 회귀(Linear Regression)가 효과적일 수 있지만, 복잡한 비선형 패턴을 포함한 데이터에서는 랜덤 포레스트(Random Forest), XGBoost, 또는 신경망 모델이 더 우수할 수 있다. 따라서 여러 모델을 실험하고 성능 비교를 통해 최적의 모델을 선택하는 것이 중요하다.

기출문제

04 중고차 가격(price)에 대한 학습용 데이터(x_train, y_train)를 이용하여 중고차 가격 예측 모형 구축을 하고 이를 평가용 데이터(x_test)에 적용하여 예측값을 csv 파일로 제출하시오. (제출한 모델의 성능은 RMSE 평가지표에 따라 채점)

변수	설명
carID	중고차 ID
brand	차량 회사명
model	차량 모델명
year	차량 등록 연도
transmission	변속기 종류
mileage	주행 거리
fuelType	엔진 연료 종류
tax	도로세
mpg	갤런당 마일
engineSize	엔진 크기
price	가격(파운드)

1) 데이터 불러오기

```
In [1]: import pandas as pd
        x_train=pd.read_csv("c:/data/6_x_train.csv")
        x_test=pd.read_csv("c:/data/6_x_test.csv")
        y_train=pd.read_csv("c:/data/6_y_train.csv")
```

2) 데이터 탐색

In [2]: `x_train.head(3)`

Out[2]:

	carID	brand	model	year	transmission	mileage	fuelType	tax	mpg	engineSize
0	13207	hyundi	Santa Fe	2019	Semi-Auto	4223	Diesel	145	39.8	2.2
1	17314	vauxhall	GTC	2015	Manual	47870	Diesel	125	60.1	2.0
2	12342	audi	RS4	2019	Automatic	5151	Petrol	145	29.1	2.9

In [3]: `x_test.head(3)`

Out[3]:

	carID	brand	model	year	transmission	mileage	fuelType	tax	mpg	engineSize
0	12000	merc	GLS Class	2017	Automatic	12046	Diesel	150	37.2	3.0
1	12001	vw	Amarok	2017	Automatic	37683	Diesel	260	36.2	3.0
2	12004	merc	GLS Class	2019	Automatic	10000	Diesel	145	34.0	3.0

In [4]: `y_train.head(3)`

Out[4]:

	carID	price
0	13207	31995
1	17314	7700
2	12342	58990

In [5]: `x_train.info()`

```
<class 'pandas.core.frame.DataFrame'>
RangeIndex: 4960 entries, 0 to 4959
Data columns (total 10 columns):
 #   Column         Non-Null Count  Dtype
---  ------         --------------  -----
 0   carID          4960 non-null   int64
 1   brand          4960 non-null   object
 2   model          4960 non-null   object
 3   year           4960 non-null   int64
```

```
 4   transmission  4960 non-null   object
 5   mileage       4960 non-null   int64
 6   fuelType      4960 non-null   object
 7   tax           4960 non-null   int64
 8   mpg           4960 non-null   float64
 9   engineSize    4960 non-null   float64
dtypes: float64(2), int64(4), object(4)
memory usage: 387.6+ KB
```

In [6]: `x_test.info()`

```
<class 'pandas.core.frame.DataFrame'>
RangeIndex: 2672 entries, 0 to 2671
Data columns (total 10 columns):
 #   Column        Non-Null Count  Dtype
---  ------        --------------  -----
 0   carID         2672 non-null   int64
 1   brand         2672 non-null   object
 2   model         2672 non-null   object
 3   year          2672 non-null   int64
 4   transmission  2672 non-null   object
 5   mileage       2672 non-null   int64
 6   fuelType      2672 non-null   object
 7   tax           2672 non-null   int64
 8   mpg           2672 non-null   float64
 9   engineSize    2672 non-null   float64
dtypes: float64(2), int64(4), object(4)
memory usage: 208.9+ KB
```

스크립트 설명

- 학습(train) 데이터와 평가(test) 데이터를 확인한다.
- 데이터 유형을 확인한다.

3) 결측치 확인

```
In [4]: x_train.isna().sum()
Out[4]: carID          0
        brand          0
        model          0
        year           0
        transmission   0
        mileage        0
        fuelType       0
        tax            0
        mpg            0
        engineSize     0
        dtype: int64
```

```
In [5]: x_test.isna().sum()
Out[5]: carID          0
        brand          0
        model          0
        year           0
        transmission   0
        mileage        0
        fuelType       0
        tax            0
        mpg            0
        engineSize     0
        dtype: int64
```

```
In [6]: y_train.isna().sum()
Out[6]: carID   0
        price   0
        dtype: int64
```

> **스크립트 설명**
> - 결측치가 존재하지 않음을 확인할 수 있다.

4) 인코딩 변환 및 불필요한 변수 제거

In [7]:
```
x_train=pd.get_dummies(x_train, columns=['brand', 'transmission', 'fuelType'])
x_train=x_train.drop(columns=['model'])
print(x_train.head())
```

```
   carID  year  mileage  tax   mpg  engineSize  brand_audi  brand_bmw  \
0  13207  2019     4223  145  39.8         2.2       False      False
1  17314  2015    47870  125  60.1         2.0       False      False
2  12342  2019     5151  145  29.1         2.9        True      False
3  13426  2016    20423   30  57.6         2.0       False      False
4  16004  2020     3569  145  47.1         1.0       False      False

   brand_ford  brand_hyundi  ...  brand_vw  transmission_Automatic  \
0       False          True  ...     False                   False
1       False         False  ...     False                   False
2       False         False  ...     False                    True
3       False         False  ...      True                    True
4       False         False  ...     False                   False

   transmission_Manual  transmission_Other  transmission_Semi-Auto  \
0                False               False                    True
1                 True               False                   False
2                False               False                   False
3                False               False                   False
4                False               False                    True

   fuelType_Diesel  fuelType_Electric  fuelType_Hybrid  fuelType_Other  \
0             True              False            False           False
1             True              False            False           False
2            False              False            False           False
3             True              False            False           False
4            False              False            False           False

   fuelType_Petrol
0            False
1            False
2             True
3            False
4             True

[5 rows x 24 columns]
```

In [8]:
```
x_test=pd.get_dummies(x_test, columns=['brand', 'transmission', 'fuelType'])
x_test=x_test.drop(columns=['model'])
print(x_test.head())
```

```
   carID  year  mileage  tax   mpg  engineSize  brand_audi  brand_bmw  ＼
0  12000  2017    12046  150  37.2         3.0       False      False
1  12001  2017    37683  260  36.2         3.0       False      False
2  12004  2019    10000  145  34.0         3.0       False      False
3  12013  2019     3257  145  49.6         1.0       False      False
4  12017  2015    20982  325  29.4         4.0        True      False

   brand_ford  brand_hyundi  ...  brand_vw  transmission_Automatic  ＼
0       False         False  ...     False                    True
1       False         False  ...      True                    True
2       False         False  ...     False                    True
3       False         False  ...     False                   False
4       False         False  ...     False                   False

   transmission_Manual  transmission_Other  transmission_Semi-Auto  ＼
0                False               False                   False
1                False               False                   False
2                False               False                   False
3                 True               False                   False
4                False               False                    True

   fuelType_Diesel  fuelType_Electric  fuelType_Hybrid  fuelType_Other  ＼
0             True              False            False           False
1             True              False            False           False
2             True              False            False           False
3            False              False            False           False
4            False              False            False           False

   fuelType_Petrol
0            False
1            False
2            False
3             True
4             True

[5 rows x 24 columns]
```

스크립트 설명

- 'brand', 'transmission', 'fuelType' 열을 원 핫 인코딩을 수행한다.
- 불필요한 컬럼인 'model' 열을 제외한다.

5) Min-Max 변환

```
In [9]: from sklearn.preprocessing import MinMaxScaler
        scaler = MinMaxScaler()
        carID_column = x_train['carID']
        x_train_without_carID = x_train.drop(columns=['carID'])
        x_train_normal = pd.DataFrame(scaler.fit_transform(x_train_without_carID),
                                      columns=x_train_without_carID.columns)
        x_train_normal['carID'] = carID_column
        carID_column_test = x_test['carID']
        x_test_without_carID = x_test.drop(columns=['carID'])
        x_test_normal = pd.DataFrame(scaler.transform(x_test_without_carID),
                                     columns=x_test_without_carID.columns)
        x_test_normal['carID'] = carID_column_test
```

스크립트 설명

- Min-Max 스케일링을 사용하여 훈련 데이터와 테스트 데이터를 정규화한다.
- 주의할 점은 테스트 데이터를 스케일링할 때는 fit_transform 대신에 transform 메서드를 사용하여 이미 학습된 스케일러를 사용한다는 것이다.
- 이렇게 함으로써 훈련 데이터와 테스트 데이터를 모두 동일한 스케일링 기준으로 정규화 할 수 있다.
- 'carID' 변수 분리 후에 Min-Max 스케일링 변환 후에 추가한다.

```
In [10]: x_train_normal.head(3)
```

Out[10]:

	year	mileage	tax	mpg	engineSize	brand_audi	brand_bmw	brand_ford	brand_hyundi	brand_merc	...	transmission_Automatic
0	0.956522	0.016301	0.250000	0.079060	0.333333	0.0	0.0	0.0	1.0	0.0	...	0.0
1	0.782609	0.184823	0.215517	0.122436	0.303030	0.0	0.0	0.0	0.0	0.0	...	0.0
2	0.956522	0.019884	0.250000	0.056197	0.439394	1.0	0.0	0.0	0.0	0.0	...	1.0

transmission_Manual	transmission_Other	transmission_Semi-Auto	fuelType_Diesel	fuelType_Electric	fuelType_Hybrid	fuelType_Other	fuelType_Petrol	carID
0.0	0.0	1.0	1.0	0.0	0.0	0.0	0.0	13207
1.0	0.0	0.0	1.0	0.0	0.0	0.0	0.0	17314
0.0	0.0	0.0	0.0	0.0	0.0	0.0	1.0	12342

3 rows × 24 columns

```
In [11]: x_test_normal.head(3)
```

Out[11]:

	year	mileage	tax	mpg	engineSize	brand_audi	brand_bmw	brand_ford	brand_hyundi	brand_merc	...	transmission_Automatic
0	0.869565	0.046506	0.258621	0.073504	0.454545	0.0	0.0	0.0	1.0	0.0	...	1.0
1	0.869565	0.145491	0.448276	0.071368	0.454545	0.0	0.0	0.0	0.0	0.0	...	1.0
2	0.956522	0.038606	0.250000	0.066667	0.454545	0.0	0.0	0.0	1.0	0.0	...	1.0

transmission_Manual	transmission_Other	transmission_Semi-Auto	fuelType_Diesel	fuelType_Electric	fuelType_Hybrid	fuelType_Other	fuelType_Petrol	carID
0.0	0.0	0.0	1.0	0.0	0.0	0.0	0.0	12000
0.0	0.0	0.0	1.0	0.0	0.0	0.0	0.0	12001
0.0	0.0	0.0	1.0	0.0	0.0	0.0	0.0	12004

3 rows × 24 columns

스크립트 설명

- Min-Max 스케일링 결과를 확인한다.

6) 데이터프레임 병합

```
In [12]: train=pd.merge(x_train_normal, y_train, on="carID", how="left")
```

스크립트 설명

- 두 개의 데이터프레임을 병합하는데 사용되는 pd.merge() 함수를 사용한다.
- 첫 번째 데이터프레임은 정규화된 훈련 데이터인 x_train_normal이고, 두 번째 데이터프레임은 타겟 변수인 y_train이다.

- 각 데이터프레임은 'carID' 열을 기준으로 병합한다.
- how="left": 왼쪽 데이터프레임(x_train_normal)을 기준으로 병합한다. 따라서 왼쪽 데이터프레임에 있는 모든 행이 결과에 포함된다.
- 만약 왼쪽 데이터프레임에 있는 행이 오른쪽 데이터프레임에 없는 경우에는 해당 열에 대해 NaN(결측치)이 채워진다.

7) 모델 학습

```
In [12]: from sklearn.model_selection import train_test_split
         from sklearn.ensemble import RandomForestRegressor
         from sklearn.metrics import mean_squared_error
```

```
In [13]: train_data, valid_data=train_test_split(train, test_size=0.3, random_state=42)
```

스크립트 설명

- train_test_split 함수를 사용하여 train 데이터를 훈련용 데이터와 검증용 데이터로 나누는데, 이 때 테스트 크기(test_size)를 0.3으로 설정하고, 랜덤 시드(random_state)를 42로 지정한다.

```
In [14]: model_rf1=RandomForestRegressor()
         model_rf1.fit(train_data.drop(columns=['price', 'carID']),
         train_data['price'])
Out[14]: RandomForestRegressor
```

스크립트 설명

- RandomForestRegressor() 함수를 사용하여 랜덤 포레스트 회귀 모델을 생성한다.
- train_data.drop(columns=['price', 'carID'])는 훈련 데이터에서 'price'와 'carID' 열을 제외한 열들을 나타내며, 이들이 독립 변수로 사용되고, train_data['price']는 종속 변수로 사용한다.

In [15]: `pred_rf1=model_rf1.predict(valid_data.drop(columns=['price', 'carID']))`

> **스크립트 설명**

- predict() 메서드를 사용하여 모델을 통해 검증 데이터의 예측값을 계산한다.

In [16]:
```
rmse=mean_squared_error(valid_data['price'], pred_rf1, squared=False)
print(rmse)
```
3846.886307792424

> **스크립트 설명**

- squared=False 매개변수를 통해 반환되는 값이 MSE가 아닌 RMSE임을 명시한다. 따라서 반환되는 값은 평균 제곱근 오차(RMSE)가 된다.

8) 모델 예측

In [17]:
```
from sklearn.ensemble import RandomForestRegressor
model_rf2=RandomForestRegressor()
model_rf2.fit(train.drop(columns=['price', 'carID']), train['price'])
pred = model_rf2.predict(x_test_normal.drop(columns=['carID']))
```

> **스크립트 설명**

- 랜덤 포레스트 회귀 모델을 생성하고 x_test에 대해 예측을 수행한다.

9) 답안 제출

```
In [18]: import pandas as pd
         result = pd.DataFrame({'carID': x_test_normal['carID'], 'price': pred})
         result.to_csv('000001.csv', index=False)
         result_read = pd.read_csv('000001.csv')
         result_read.head(3)
```

Out[18]:

	carID	price
0	12000	38838.52
1	12001	23950.90
2	12004	57709.44

스크립트 설명

- 'carID'와 'price' 열을 가지는 데이터프레임을 생성한다.
- index=False 매개변수를 사용하여 인덱스를 저장하지 않도록 설정한다.
- head( ) 메서드로 답안 제출 결과를 확인한다.

기출문제

05 train data를 활용하여 선호하는 메타버스 유형(preferred metaverse type)을 분류하는 모델을 구축하고 test data를 대상으로 분류한 예측 결과를 result.csv 파일로 제출하시오(제출한 모델의 성능은 Macro-F1 평가지표에 따라 채점)

- 데이터 소개

변수	설명
Gender	성별 (Male, Female, 또는 Other)
Age	나이 (만 나이)
Education	교육 수준 (High School, Bachelor, Master, PhD)
Occupation	업 (Student, Engineer, Teacher, Business, 등)
Type Residence	거주 유형 (Urban, Suburban, Rural)
Experience Using Metaverse	메타버스 사용 경험
Annual Salary	연간 소득 (USD 단위)
Using Metaverse	메타버스 사용 여부 (Yes, No)
preferred metaverse type	0(vrrtual world), 1(mirror world), 2(lifelogging), 3(augmented reality)

```
In [670]: import pandas as pd
          from sklearn.model_selection import train_test_split
          from sklearn.preprocessing import LabelEncoder
          from sklearn.metrics import accuracy_score
          from sklearn.ensemble import RandomForestClassifier
          from sklearn.preprocessing import MinMaxScaler
          import xgboost as xgb
          import lightgbm as lgb
```

스크립트 설명

- 필요한 라이브러리 가져오기

1) 데이터 불러오기

```
In [674]: train=pd.read_csv('c:/data/train_meta.csv')
          test=pd.read_csv('c:/data/test_meta.csv')
```

2) 데이터 탐색

```
In [678]: train.info()
          <class 'pandas.core.frame.DataFrame'>
          RangeIndex: 1400 entries, 0 to 1399
          Data columns (total 9 columns):
           #   Column                       Non-Null Count  Dtype
          ---  ------                       --------------  -----
           0   Gender                       1400 non-null   object
           1   Age                          1400 non-null   int64
           2   Education                    1400 non-null   object
           3   Occupation                   1400 non-null   object
           4   Type Residence               1400 non-null   object
           5   Experience Using Metaverse   1400 non-null   int64
           6   Annual Salary                1400 non-null   int64
           7   Using Metaverse              1400 non-null   object
           8   Preferred Metaverse Type     1400 non-null   int64
          dtypes: int64(4), object(5)
          memory usage: 98.6+ KB
```

```
In [680]: test.info()
          <class 'pandas.core.frame.DataFrame'>
          RangeIndex: 600 entries, 0 to 599
          Data columns (total 8 columns):
           #   Column                     Non-Null Count  Dtype
          ---  ------                     --------------  -----
           0   Gender                     600 non-null    object
           1   Age                        600 non-null    int64
           2   Education                  600 non-null    object
           3   Occupation                 600 non-null    object
           4   Type Residence             600 non-null    object
           5   Experience Using Metaverse 600 non-null    int64
           6   Annual Salary              600 non-null    int64
           7   Using Metaverse            600 non-null    object
          dtypes: int64(3), object(5)
          memory usage: 37.6+ KB
```

> **스크립트 설명**

- 학습(train) 데이터와 평가(test) 데이터의 구조와 형태를 확인한다.

3) 타겟 컬럼 분리

```
In [686]: Y = train['Preferred Metaverse Type']
          X = train.drop(columns=['Preferred Metaverse Type'])
```

> **스크립트 설명**

- 타겟 변수(Preferred Metaverse Type)가 이미 정수형(int)일 때 별도의 인코딩 변환이 필요가 없다.

- train 데이터프레임에서 'Preferred Metaverse Type' 컬럼만 선택하여 타겟 변수(Y)로 저장한다.
- train 데이터프레임에서 'Preferred Metaverse Type' 컬럼을 제거(drop) 하고 나머지 데이터만 선택하여 입력 변수(X)로 저장한다.

4) 인코딩 변환

In [692]:
```python
for column in X.select_dtypes(include=['object']).columns:
    le=LabelEncoder()
    X[column]=le.fit_transform(X[column])
    if column in test.columns:
        test[column] = le.transform(test[column].astype(str))
```

스크립트 설명

- select_dtypes(include=['object'])를 사용하면 X의 문자형 데이터만 추출할 수 있다.
- X에 있는 모든 문자형(object) 컬럼에 대해 반복문을 실행한다.
- LabelEncoder() 객체를 생성한다.
- fit_transform()을 사용하여 해당 컬럼의 문자형 값을 숫자로 변환한다.
- 변환된 값은 기존 X[column]에 다시 저장한다.
- test 데이터셋에도 동일한 컬럼이 존재하면, 같은 LabelEncoder를 사용하여 test[column] 도 변환한다.
- object 컬럼이 실제로 숫자(int, float)를 포함할 수도 있기 때문에 이를 str로 변환하면 모든 값을 일관된 문자열로 처리가 가능하다.

5) Min-Max 정규화

In [698]:
```python
numeric_cols=X.select_dtypes(include=['int64', 'float64']).columns
scaler=MinMaxScaler()
X[numeric_cols] = scaler.fit_transform(X[numeric_cols])
test[numeric_cols] = scaler.transform(test[numeric_cols])
```

> **스크립트 설명**

- Age, Experience Using Metaverse, Annual Salary는 데이터 범위가 클 가능성이 높음
  → 정규화(MinMaxScaler) 변환을 선택한다.
- Min-Max Scaling(최소-최대 정규화) 을 수행하기 위한 MinMaxScaler 객체를 생성한다.
- fit_transform()을 사용하여 훈련 데이터(X[numeric_cols])를 Min-Max Scaling 적용 후 변환한다.
- 테스트 데이터(test[numeric_cols])에도 동일한 변환을 적용한다.

6) 모델 학습 및 평가

```
In [704]:  rf_model=RandomForestClassifier(random_state=42)
           rf_model.fit(X, Y)

Out[704]:  RandomForestClassifier(random_state=42)
```

> **스크립트 설명**

- 랜덤 포레스트(RandomForestClassifier) 모델 객체 생성
- fit(X, y)를 통해 랜덤 포레스트 모델을 학습(training)한다.

```
In [708]:  from sklearn.metrics import f1_score
           rf_f1=f1_score(Y, rf_model.predict(X), average='macro')
           rf_f1

Out[708]:  1.0
```

> **스크립트 설명**

- 학습된 랜덤 포레스트 모델(rf_model)을 사용하여 X의 예측값을 생성한다.
- average='macro'는 각 클래스별 F1-score를 계산한 후 평균값을 구하는 방식을 의미한다.

```
In [712]: xgb_model=xgb.XGBClassifier(
              eval_metric='mlogloss',
              random_state=42
          )
```

스크립트 설명

- XGBoost (Extreme Gradient Boosting) 분류 모델을 생성한다.
- eval_metric='mlogloss' : 다중 클래스 분류 문제에서 예측 확률과 실제 값 간의 차이를 측정하는 손실 함수이다.
- Softmax를 사용하여 각 클래스의 확률을 예측한 후, 로그 손실 값을 계산한다.

```
In [716]: xgb_model.fit(X, Y)
          xgb_f1=f1_score(Y, xgb_model.predict(X), average='macro')
          xgb_f1

Out[716]: 0.9985700849976462
```

스크립트 설명

- XGBoost 모델을 훈련 데이터(X, Y)를 사용하여 학습(fit)한다.
- predict(X)는 각 샘플에 대한 예측된 클래스(label)을 반환한다.
- F1-score(macro 평균 방식)를 계산하여 모델 성능을 평가한다.

```
In [720]: lgb_model=lgb.LGBMClassifier(
              random_state=42,
              verbose=-1,
              n_jobs=-1
          )
```

스크립트 설명

- LightGBM (Light Gradient Boosting Machine) 분류 모델을 생성한다.
- verbose=-1 → 훈련 과정에서 출력 메시지를 표시하지 않는다.
- n_jobs=-1이면 가능한 모든 CPU 코어를 사용하여 연산 속도를 극대화한다.

In [724]:
```
lgb_model.fit(X, Y)
lgb_f1=f1_score(Y, lgb_model.predict(X), average='macro')
lgb_f1
```
Out[724]: 0.9878898081454197

스크립트 설명

- LightGBM 모델을 훈련 데이터(X, Y)를 사용하여 학습한다.
- F1-score(macro 평균 방식)를 계산하여 모델 성능을 평가한다.

In [728]:
```
rf_test_preds=rf_model.predict(test)
```

스크립트 설명

- 테스트 데이터의 각 샘플에 대해 예측된 클래스 반환한다.

8) 답안 작성

In [730]:
```
rf_predictions_df=pd.DataFrame({
    'pred': rf_test_preds
})
```

스크립트 설명

- 랜덤포레스트 모델(rf_model)이 test 데이터셋을 예측한 결과(rf_test_preds)를 'pred' 라는 컬럼으로 저장한 데이터프레임을 생성한다.

In [731]:
```
rf_predictions_df.to_csv('result.csv', index=False)
```

스크립트 설명

- 파일 이름을 'result.csv'로 저장한다.
- index=False를 설정하면 CSV 파일에 데이터프레임의 인덱스를 포함하지 않는다.

기출문제

06 학생 성적 데이터셋(Student Performance Dataset)은 학생들의 학업 성취도에 영향을 미치는 요인을 분석하기 위해 설계된 데이터셋이다.

- 총10,000건의 학생 기록이 포함되어 있으며, 다양한 예측 변수와 성적 지표(Performance Index)가 포함되어 있다.
- 학습용 데이터(train_performance)를 이용하여 Performance Index (Target Variable) 예측하는 모델을 만든 후 이를 평가용 데이터(test_performance)에 적용해 얻은 예측값을 다음과 같은 csv 파일로 생성하시오.
- 제출 파일은 1개의 컬럼을 포함해야 한다.
- pred : 예측된 Performance Index (Target Variable)
- 제출 파일명 : 'result.csv'
- 제출된 모델의 성능은 RMSE(Root Mean Square Error) 평가지표에 따라 채점한다.
- 데이터 소개

변수	설명
Hours Studied	학생이 공부한 총 시간
Previous Scores	이전 시험에서 받은 점수
Extracurricular Activities	학생의 방과후 활동 참여 여부 (Yes / No)
Sleep Hours	하루 평균 수면 시간
Sample Question Papers Practiced	연습 문제 풀이 개수
Performance Index (Target Variable)	학업 성취도를 나타내는 지표 (10~100 사이 정수)

1) 데이터 불러오기

```
In [86]: import pandas as pd
train=pd.read_csv("c:/data/train_performance.csv")
test=pd.read_csv("c:/data/test_performance.csv")
```

2) 필요한 라이브러리 가져오기

In [88]:
```
from sklearn.preprocessing import OneHotEncoder
import numpy as np
```

> **스크립트 설명**
>
> - RandomForestRegressor: 여러 개의 결정 트리를 결합하여 회귀 문제를 해결하는 모델이다.
> - OneHotEncoder: 범주형 데이터를 숫자형으로 변환하는 방법인 원-핫 인코딩을 수행한다.

3) 데이터 탐색

In [961]:
```
train.shape
```
Out[961]: (7000, 6)

In [963]:
```
test.shape
```
Out[963]: (3000, 6)

In [965]:
```
train.info()
```
```
<class 'pandas.core.frame.DataFrame'>
RangeIndex: 7000 entries, 0 to 6999
Data columns (total 6 columns):
 #   Column                             Non-Null Count  Dtype
---  ------                             --------------  -----
 0   Hours Studied                      7000 non-null   int64
 1   Previous Scores                    7000 non-null   int64
 2   Extracurricular Activities         7000 non-null   object
 3   Sleep Hours                        7000 non-null   int64
 4   Sample Question Papers Practiced   7000 non-null   int64
 5   Performance Index                  7000 non-null   int64
dtypes: int64(5), object(1)
memory usage: 328.3+ KB
```

```
In [971]:  train.isna().sum()
Out[971]:  Hours Studied                        0
           Previous Scores                      0
           Extracurricular Activities           0
           Sleep Hours                          0
           Sample Question Papers Practiced     0
           Performance Index                    0
           dtype: int64
```

```
In [973]:  test.info()
           <class 'pandas.core.frame.DataFrame'>
           RangeIndex: 3000 entries, 0 to 2999
           Data columns (total 6 columns):
            #   Column                            Non-Null Count  Dtype
           ---  ------                            --------------  -----
            0   Hours Studied                     3000 non-null   int64
            1   Previous Scores                   3000 non-null   int64
            2   Extracurricular Activities        3000 non-null   object
            3   Sleep Hours                       3000 non-null   int64
            4   Sample Question Papers Practiced  3000 non-null   int64
           dtypes: int64(5), object(1)
           memory usage: 140.8+ KB
```

스크립트 설명

- train 및 test 데이터프레임의 데이터 타입, 결측치 여부, 컬럼 개수 등의 정보를 확인한다.

4) 인코딩 변환

In [90]:
```
X = train.drop(columns=['Performance Index'])
Y = train['Performance Index']
le = LabelEncoder()
train['Extracurricular Activities'] = le.fit_transform(train['Extracurricular Activities'])
test['Extracurricular Activities'] = le.transform(test['Extracurricular Activities'])
```

스크립트 설명

- 랜덤포레스트(RandomForestRegressor 또는 RandomForestClassifier)는 결정 트리(Decision Tree)의 앙상블 모델이기 때문에, 범주형 변수를 숫자로 변환할 때 크기 비교를 수행하지 않는다. 숫자의 크기 자체가 의미를 갖지 않으므로 Label Encoding을 사용해도 모델이 왜곡되지 않는다.
- LabelEncoder()는 범주형 데이터를 숫자로 변환하는 클래스이다.
- 훈련 데이터(train['Extracurricular Activities'])를 Label Encoding으로 변환한다.
- 테스트 데이터(test['Extracurricular Activities'])를 동일한 Label Encoding으로 변환한다.
- 랜덤포레스트(Random Forest), XGBoost, LightGBM, Decision Tree 같은 트리 기반 모델에서는 일반적으로 표준화(Standardization)나 정규화(Normalization)를 적용할 필요가 없다.

5) 모델 학습

In [94]:
```
from sklearn.ensemble import RandomForestRegressor
from sklearn.metrics import mean_squared_error
```

```
In [106]:  model = RandomForestRegressor(random_state=42)
           model.fit(X,Y)

Out[106]:  RandomForestRegressor(random_state=42)
```

> **스크립트 설명**
- 랜덤 포레스트 회귀 모델(RandomForestRegressor)을 생성하고, 훈련 데이터(X, Y)를 사용하여 모델을 학습한다.
- random_state=42: 랜덤 시드 고정 → 결과 재현성(일관된 결과) 보장
- random_state=42와 같은 설정을 하면 모델이 항상 같은 학습 과정(부트스트랩 샘플링 및 트리 생성 방식)을 따르지만, 성능 지표(예: R^2, MAE, MSE 등)가 실행할 때마다 다를 수 있다.

6) 모델 예측

```
In [108]:  y_pred=model.predict(test)
```

7) 모델 평가

```
In [327]:  y_test=test_encoded["Performance Index"]   # 실제 정답값
           y_pred = model.predict(X_test)   # 모델 예측값
```

```
In [329]:  # RMSE 계산
           rmse=np.sqrt(mean_squared_error(y_test, y_pred))
           print(rmse)

           ☑ 테스트 데이터 RMSE: 2.3028
```

스크립트 설명

- 훈련된 RandomForestRegressor 모델을 사용하여 테스트 데이터(X_test)의 예측값을 생성하고, 실제 값(y_test)과 비교하여 모델 성능을 평가
- 실제 값(y_test)과 예측값(y_pred)의 평균 제곱 오차(MSE) 계산하여 RMSE를 구한다.

8) 답안 제출

```
In [357]: y_pred
Out[357]: array([54.85717821, 24.41554597, 46.48089994, ..., 33.10625472,
                68.55752266, 31.20279765])
```

```
In [359]: # 예측 결과를 데이터프레임으로 저장
          result_df=pd.DataFrame({"pred": y_pred})
          result_df.head()
```

Out[359]:

	pred
0	54.857178
1	24.415546
2	46.480900
3	31.247311
4	42.367504

```
In [371]: # CSV 파일로 저장
          result_df.to_csv('result.csv', index=False)
```

> **기출문제**

07 학습용 데이터를 이용하여 총 청구액을 예측하는 모델을 만든 후 이를 평가용 데이터에 적용해 얻는 예측값을 아래와 같은 형식의 csv 파일로 생성하시오.

- 제출 파일은 다음 1개의 컬럼을 포함해야 한다.
- pred : 예측된 총 청구액
- 제출 파일명 : 'result.csv'
- 제출된 모델의 성능은 MAE('Mean Absolute Error) 평가지표에 따라 채점한다.
- 데이터 소개
- 통신 서비스 회사(Telco Company)의 고객 정보와 이탈 여부(Churn)에 대한 데이터를 포함하고 있다.

변수	설명
customerID	고객 고유 식별자(ID)
gender	성별(Male, Female)
SeniorCitizen	고령자 여부(1: 고령자, 0: 비고령자)
Partner	배우자 여부(Yes, No)
Dependents	부양 가족 여부(Yes, No)
tenure	서비스 가입 개월 수
PhoneService	전화 서비스 가입 여부(Yes, No)
MultipleLines	다중 회선 여부(Yes, No, No phone service)
InternetService	인터넷 서비스 유형(DSL, Fiber optic, No)
OnlineSecurity	온라인 보안 서비스(Yes, No, No internet service)
OnlineBackup	온라인 백업 서비스(Yes, No, No internet service)
DeviceProtection	기기 보호 서비스(Yes, No, No internet service)
TechSupport	기술 지원 서비스(Yes, No, No internet service)
StreamingTV	TV 스트리밍 서비스(Yes, No, No internet service)
StreamingMovies	영화 스트리밍 서비스(Yes, No, No internet service)
Contract	계약 유형(Month-to-month, One year, Two year)
PaperlessBilling	전자 청구서 여부(Yes, No)
PaymentMethod	결제 방법(Electronic check, Mailed check, Bank transfer, Credit card)
TotalCharges	총 청구 금액
Churn	고객 이탈 여부(Yes, No)

1) 필요한 라이브러리 가져오기

In [401]:
```
from sklearn.model_selection import train_test_split
from sklearn.metrics import mean_absolute_error
from sklearn.ensemble import RandomForestRegressor
! pip install lightgbm
! pit install xgboost
from xgboost import XGBRegressor
from lightgbm import LGBMRegressor
```

스크립트 설명

- !pip install lightgbm : LightGBM 라이브러리를 설치하는 명령어이다.
- 빅데이터 분석기사 실기 환경에서는 필요한 라이브러리가 이미 설치되어 있기 때문에 별도의 명령어를 실행할 필요가 없다.
- !pip install xgboost : XGBoost 라이브러리를 설치하는 명령어이다.
- XGBRegressor : XGBoost는 gradient boosting 기법을 사용하는 모델로, 여러 개의 약한 모델(주로 결정 트리)을 결합하여 강력한 모델을 만드는 앙상블 학습 방법이다.
- LGBMRegressor : LightGBM은 Gradient Boosting 알고리즘을 기반으로 한 모델로, 대규모 데이터셋을 다룰 때 효율적인 성능을 발휘한다.

2) 데이터 탐색

In [403]:
```
import pandas as pd
train=pd.read_csv("c:/data/train_churn.csv")
test=pd.read_csv("c:/data/test_churn.csv")
```

In [405]:
```
print(train.shape)
print(test.shape)
```
(210, 20)
(90, 20)

```
In [407]: train.info()

<class 'pandas.core.frame.DataFrame'>
RangeIndex: 210 entries, 0 to 209
Data columns (total 20 columns):
 #   Column            Non-Null Count  Dtype
---  ------            --------------  -----
 0   customerID        210 non-null    object
 1   gender            210 non-null    object
 2   SeniorCitizen     210 non-null    int64
 3   Partner           210 non-null    object
 4   Dependents        210 non-null    object
 5   tenure            210 non-null    int64
 6   PhoneService      210 non-null    object
 7   MultipleLines     210 non-null    object
 8   InternetService   210 non-null    object
 9   OnlineSecurity    210 non-null    object
 10  OnlineBackup      210 non-null    object
 11  DeviceProtection  210 non-null    object
 12  TechSupport       210 non-null    object
 13  StreamingTV       210 non-null    object
 14  StreamingMovies   210 non-null    object
 15  Contract          210 non-null    object
 16  PaperlessBilling  210 non-null    object
 17  PaymentMethod     210 non-null    object
 18  TotalCharges      210 non-null    float64
 19  Churn             210 non-null    object
dtypes: float64(1), int64(2), object(17)
memory usage: 32.9+ KB
```

```
In [409]: train.isna().sum()
Out[409]: customerID         0
          gender             0
          SeniorCitizen      0
          Partner            0
          Dependents         0
          tenure             0
          PhoneService       0
          MultipleLines      0
          InternetService    0
          OnlineSecurity     0
          OnlineBackup       0
          DeviceProtection   0
          TechSupport        0
          StreamingTV        0
          StreamingMovies    0
          Contract           0
          PaperlessBilling   0
          PaymentMethod      0
          TotalCharges       0
          Churn              0
          dtype: int64
```

```
In [411]: test.info()
          <class 'pandas.core.frame.DataFrame'>
          RangeIndex: 90 entries, 0 to 89
          Data columns (total 20 columns):
           #   Column            Non-Null Count  Dtype
          ---  ------            --------------  -----
           0   customerID        90 non-null     object
           1   gender            90 non-null     object
           2   SeniorCitizen     90 non-null     int64
           3   Partner           90 non-null     object
           4   Dependents        90 non-null     object
           5   tenure            90 non-null     int64
           6   PhoneService      90 non-null     object
           7   MultipleLines     90 non-null     object
           8   InternetService   90 non-null     object
           9   OnlineSecurity    90 non-null     object
           10  OnlineBackup      90 non-null     object
           11  DeviceProtection  90 non-null     object
           12  TechSupport       90 non-null     object
           13  StreamingTV       90 non-null     object
           14  StreamingMovies   90 non-null     object
           15  Contract          90 non-null     object
           16  PaperlessBilling  90 non-null     object
           17  PaymentMethod     90 non-null     object
           18  TotalCharges      90 non-null     float64
           19  Churn             90 non-null     object
          dtypes: float64(1), int64(2), object(17)
          memory usage: 14.2+ KB
```

```
In [413]: test.isna().sum()
Out[413]: customerID          0
          gender              0
          SeniorCitizen       0
          Partner             0
          Dependents          0
          tenure              0
          PhoneService        0
          MultipleLines       0
          InternetService     0
          OnlineSecurity      0
          OnlineBackup        0
          DeviceProtection    0
          TechSupport         0
          StreamingTV         0
          StreamingMovies     0
          Contract            0
          PaperlessBilling    0
          PaymentMethod       0
          TotalCharges        0
          Churn               0
          dtype: int64
```

스크립트 설명

- 데이터프레임의 구조와 기본적인 정보(컬럼, 데이터 타입, 결측값 개수 등)를 확인하나.
- 각 컬럼의 결측값(NaN)의 개수를 세고, 결측값의 분포를 파악한다.

3) 타겟 변수 분할

```
In [417]: Y=df['TotalCharges']
          X=df.drop(columns=['TotalCharges', 'customerID'])
          test_customer_ids = test['customerID']
          X_test = test.drop(columns=['customerID'], errors='ignore')
```

스크립트 설명

- TotalCharges(총 청구액)를 예측해야 하므로 df['TotalCharges']를 타겟 변수로 설정한다.

4) 인코딩 변환

```
In [421]: categorical_cols=X.select_dtypes(include=['object']).columns
          le = LabelEncoder()
          for col in categorical_cols:
              X[col] = le.fit_transform(X[col])   # 학습 데이터 변환
              test[col] = le.transform(test[col])  # 테스트 데이터 변환
```

스크립트 설명

- select_dtypes(include=['object']) → object 타입(문자열) 데이터를 포함한 컬럼만 선택한다.
- LabelEncoder() 객체를 생성한다.
- 훈련 데이터에서 학습한 LabelEncoder를 사용하여 테스트 데이터 변환한다.

5) 학습 & 검증 데이터 분할 (80% 학습, 20% 검증)

```
In [423]: X_train, X_val, y_train, y_val = train_test_split(X, Y, test_size=0.2, random_state=42)
```

스크립트 설명

- 데이터를 학습용(train)과 검증용(validation)으로 분할한다.

6) 랜덤 포레스트 모델 학습

```
In [ ]: model=RandomForestRegressor(random_state=42)
        model.fit(X_train, y_train)
        label_cols = ['gender', 'Partner', 'Dependents', 'MultipleLines', 'PaperlessBilling', 'Churn']
```

> **스크립트 설명**

- 랜덤 포레스트 회귀 모델(Random Forest Regressor)을 생성하고, 훈련 데이터(X_train, y_train)를 사용하여 모델을 학습한다.

7) 검증 데이터 예측 및 성능 평가(MAE)

In [433]:
```python
y_pred=model.predict(X_val)
mae = mean_absolute_error(y_val, y_pred)
print(mae)
train_encoded = combined[combined['dataset'] == 'train'].drop(columns=['dataset'])
test_encoded = combined[combined['dataset'] == 'test'].drop(columns=['dataset'])
```

In [435]:
```python
y_pred_test=model.predict(test)
from sklearn.preprocessing import MinMaxScaler
# 수치형 컬럼만 선택
numeric_cols = ['tenure', 'TotalCharges']
```

In [475]:
```python
# 예측 결과를 'pred' 컬럼으로 CSV 저장
result=pd.DataFrame({'pred': rf_})
```

8) 답안 제출

In [481]:
```python
result.to_csv("result.csv", index=False)
```

작업형 제3유형

1장 작업형 제3유형 출제유형 및 주요 출제 포인트
2장 통계적 가설검정(Test of hypothesis)
3장 평균차이 검정
4장 분산분석(ANOVA, Analysis of Variance)
5장 범주형 자료분석(Categorical data analysis)
6장 다중회귀분석(Multiple Linear Regression)
7장 로지스틱 회귀분석(Logistic Regression)
8장 기출문제

1장 작업형 제3유형 출제유형 및 주요 출제 포인트

출제 유형

- 작업형 제3유형 문제는 데이터를 활용하여 복합적인 분석 및 모델링을 수행하는 유형
- 통계적 검정, 회귀 분석, 로지스틱 회귀, 상관관계 분석 등 다양한 기법을 종합적으로 적용해야 한다. 또한, 단순한 계산 결과뿐만 아니라 정확한 해석과 논리적인 설명이 요구됨

주요 출제 포인트

1. 통계적 검정(카이제곱 검정)
   - 필수 라이브러리 : scipy.stats
   - 중요 함수 : chi2_contingency, chisquare
   - 관찰 빈도와 기대 빈도 계산
   - 검정 통계량과 p-value 해석

2. 회귀 분석(다중 선형 회귀)
   - 필수 라이브러리 : statsmodels, sklearn.linear_model
   - 중요 함수 : OLS, LinearRegression
   - 다중 회귀계수 해석(음/양의 관계)
   - p-value 해석 및 유의성 검토
   - 예측값 계산(predict)
   - 다중공선성 확인(VIF)

3. 로지스틱 회귀 분석
   - 필수 라이브러리 : statsmodels, sklearn.linear_model
   - 중요 함수 : Logit, LogisticRegression
   - 오즈비(Odds Ratio) 계산(np.exp(coef))
   - 유의확률(p-value) 기반 변수 선택
   - 잔차 이탈도 해석(모델 적합성 평가)

4. 상관관계 및 선형 회귀 분석
   - 필수 라이브러리 : pandas, scipy.stats, sklearn.linear_model
   - 중요 함수 : corr, pearsonr, LinearRegression
   - 상관계수 해석(양의 상관/음의 상관)
   - 선형 회귀 모델 적합 및 해석
   - 결정계수(R^2) 해석

2장 통계적 가설검정(Test of hypothesis)

01 통계적 가설검정(Test of hypothesis)

- 가설검정은 모집단의 모수에 대한 귀무가설과 대립가설을 설정한 다음, 표본의 자료를 기초로 한 검정 통계량의 값을 근거로 하여 귀무가설을 채택할 것인지 기각할 것인지를 판정하고 결론을 내리는 과정이다.
- 가설검정은 일반적으로 다음 단계로 구성한다.

1) 가설 설정

- 귀무가설(Null Hypothesis, H_0) : 일반적으로 차이가 없거나 효과가 없음을 나타내는 가설
- 대립가설(Alternative Hypothesis, H_1) : 연구를 통해 밝히고자 하는 가설(대안가설), 일반적으로 차이가 있음을 나타내는 가설

> **도움말 — 가설의 설정 원칙**
> ① 연구자가 지지하려는 주장은 대립가설로 설정해야 한다.
> ② 어떤 주장의 타당성을 검토하는 경우에는 그 주장이 일단 옳다는 가정하에 귀무가설을 설정한다.
> ③ 귀무가설을 채택할 것인지 또는 기각해야 할 것인지 나타내는 영역은 대립가설의 형태에 따라 결정된다.
> ④ 양측검정의 경우에는 기각역이 표본분포의 양쪽 꼬리 부분에 있게 되고 좌측 검정의 경우에는 좌측 꼬리 부분에, 우측검정의 경우에는 우측 꼬리 부분에 있게 된다. 단측 검정의 경우 기각영역의 위치는 대립가설의 부등호 방향과 일치해야 한다.
> ⑤ 귀무가설은 등호를 포함해야 하지만 대립가설은 절대로 등호를 포함할 수 없다.

검정의 종류	귀무가설과 대립가설	기각역(색칠한 부분의 가로축 좌표)
양측검정	$H_0 : \mu = \mu_0$ 대 $H_1 : \mu \neq \mu_0$	$-z_{a/2}$, $z_{a/2}$ $|z| \geq z_{a/2}$
단측검정	$H_0 : \mu = \mu_0$ 대 $H_1 : \mu > \mu_0$	z_a $z \geq z_a$
단측검정	$H_0 : \mu = \mu_0$ 대 $H_1 : \mu < \mu_0$	$-z_a$ $z \leq -z_a$

예) 특정 자동차 모델의 연비가 갤런당 30km의 평균 연비를 나타내고 있다. 자동차 회사가 주행거리를 높이는 새로운 시스템 개발하고 이를 증명하고자 할 경우 귀무가설과 대립가설의 설정한다.

$H_0 : \mu \leq 30$

$H_1 : \mu > 30$

예) 이온 음료를 생산하는 회사는 함량이 100ml라고 주장한다. 이를 넘치거나 부족하면 기계를 조정한다고 한다. 회사의 주장이 맞는지 조사하려고 한다.

$H_0 : \mu = 100$

$H_1 : \mu \neq 100$

예) 평균 내구력이 적어도 200파운드는 되어야 하는 철사를 구매하는 회사에서는 이 규격이 지키고 있는지 조사하기 위하여 정기적으로 표본을 추출한다.

$H_0 : \mu \geq 200$

$H_1 : \mu < 200$

2) 검정 통계량 계산
- 적절한 검정 통계량을 선택하여 표본 데이터로부터 계산한다. 일반적으로 t-검정, Z-검정, F-검정 등으로 계산한다.
- 검정 통계량은 귀무가설을 기각할지 채택할지 결정하기 위해, 모수의 점추정량을 기반으로 표본 데이터에서 계산된 통계량을 의미한다.
- 예를 들면 모평균에 대한 가설검정일 경우에는 표본평균이, 모분산일 경우에는 표본 분산이 검정 통계량이 된다.

3) 유의수준 설정
- 유의수준을 결정한다. 유의수준은 귀무가설을 기각할 기준이 되는 임계값으로, 일반적으로 0.05 또는 0.01이 사용된다.

4) 검정 통계량과 유의수준을 비교하거나 유의확률(p-value)과 유의수준을 비교한다.
- 계산된 검정 통계량과 유의수준을 비교하여 귀무가설을 기각할 여부를 결정한다.
- p-value가 유의수준(α)보다 작거나 같으면, 귀무가설을 기각하고 대립가설을 지지한다.
- p-value가 유의수준(α)보다 크면, 귀무가설을 유지한다.
- p-value는 귀무가설이 참이라는 가정하에서, 현재 데이터보다 극단적인 검정 통계량이 나올 확률을 의미한다.
- p-value가 작으면 작을수록 귀무가설을 기각할 충분한 근거를 갖게 되고 반대로 p-value가 크면 클수록 귀무가설을 채택할 가능성은 높게 된다.
- p-value<유의수준(α)이면 귀무가설을 기각한다.
- p-value≥유의수준(α)이면 귀무가설을 유지한다.

3장 평균차이 검정

01 평균차이 검정

- 평균차이 검정은 하나 또는 그 이상의 그룹 간 평균이 통계적으로 유의한 차이가 있는지를 확인하는 방법이다.
- 이러한 검정은 연속형 변수의 그룹 간 차이를 분석하고 비교하는 데 사용된다.
- 평균차이 검정에는 여러 가지 방법이 있으며, 가장 일반적인 것은 다음과 같다.

1) 단일 표본의 모평균 검정

- 단일 표본 평균 검정은 주어진 표본 평균이 특정한 기준값과 통계적으로 유의하게 차이가 있는지를 평가하는 과정이다.
- 평균 μ, 분산 σ^2인 정규분포를 따르는 모집단으로부터 크기 n인 표본을 추출하여 미지의 모평균에 대한 가설을 검정하는 경우에 모분산을 알고 있는 경우에는 Z통계량을 사용하지만 모르는 경우에는 t통계량을 사용한다.
- 단일 표본의 모평균 검정을 수행하기 위해서는 몇 가지 가정이 필요하다.

(1) 정규성
- 모집단의 분포가 정규성을 따른다는 가정이 필요하다.
- 정규성 검정(normality test) : Shapiro-Wilk test(샤피로 윌크 검정)
- 귀무가설 : 표본 데이터는 정규성 가정을 충족한다.
- 대립가설 : 표본 데이터는 정규성을 따르지 않는다.

예제 1

In [1]:
```
import pandas as pd
mtcars=pd.read_csv("c:/data/mtcars.csv")
print(mtcars.info())
```

```
<class 'pandas.core.frame.DataFrame'>
RangeIndex: 32 entries, 0 to 31
Data columns (total 11 columns):
 #    Column  Non-Null Count   Dtype
---   ------  --------------   -----
 0    mpg     32 non-null      float64
 1    cyl     32 non-null      int64
 2    disp    32 non-null      float64
 3    hp      32 non-null      int64
 4    drat    32 non-null      float64
 5    wt      32 non-null      float64
 6    qsec    32 non-null      float64
 7    vs      32 non-null      int64
 8    am      32 non-null      int64
 9    gear    32 non-null      int64
 10   carb    32 non-null      int64
dtypes: float64(5), int64(6)
memory usage: 2.9 KB
None
```

In [2]:
```
df=mtcars.mpg[mtcars.am==1]
df.shape
```

Out[2]: (13,)

스크립트 설명

- "mtcars.csv" 파일을 불러와 데이터프레임으로 저장한 후, info() 메서드를 사용하여 데이터프레임에 대한 요약 정보를 출력한다.

- 'mtcars' 데이터프레임에서 'am' 값이 1인 행들의 'mpg' 컬럼을 선택하여 Series 객체로 df에 저장한다.
- df.shape를 사용하여 df의 데이터 개수를 확인한다.

```
In [3]: from scipy import stats
        shapiro_test=stats.shapiro(df)
        print(shapiro_test)

ShapiroResult(statistic=0.9458037614822388, pvalue=0.5362744927406311)
```

스크립트 설명

- SciPy 라이브러리의 Shapiro-Wilk 정규성 검정을 실행한다.
- stats.shapiro() 함수는 Shapiro-Wilk 정규성 검정을 수행한다.
- 입력 데이터에 대한 검정 통계량과 해당 통계량의 p-value를 반환한다.
- 유의수준을 0.05로 할 때 p-value가 0.5363으로 표본의 분포가 정규분포를 따른다는 귀무가설을 채택할 수 있으며, 정규 모집단에서 추출한 표본으로 판단한다.
- 만약에 정규 분포가 아닐 경우 비모수 검정 방법을 통한 검정을 실시한다.
- 정규성 검정 결과가 유의수준 이상(p-value > 0.05)으로 귀무가설을 채택할 경우, 이후 평균 비교 검정을 수행할 수 있다. 모집단의 분산을 알면 Z-test를, 모르면 t-test를 사용한다.

$$검정통계량 = \frac{\bar{x} - \mu}{\sigma/\sqrt{n}}$$

- 표본의 크기가 충분히 크면(n ≥ 30), 중심극한정리에 의해 표본평균의 분포는 정규분포에 근사한다. 따라서 모집단의 분산을 모르는 경우에도 t-test를 사용할 수 있으며, 경우에 따라 Z-test로 근사하여 사용할 수도 있다.
- 표본 크기가 작은 경우(n < 30)이며 모집단의 분산을 모를 때, t-test를 사용하며 검정 통계량은 t-분포를 따른다.

$$검정통계량 = \frac{\bar{x} - \mu}{s/\sqrt{n}}$$

예제 2

- mtcars data에서 수동 미션 차량들의 평균 연비가 20(mpg)보다 크다고 할 수 있는지 유의수준 0.05에서 검정 하시오. (단, 모집단의 분산을 알지 못함)
① 가설 수립
  귀무가설 : μ = 20mpg
  대립가설 : μ > 20mpg

```
In [4]:  from scipy import stats
         df=mtcars[mtcars['am']==1]
         stats.ttest_1samp(df['mpg'],20,alternative= 'greater')

Out[4]:  TtestResult(statistic=2.5681798133667297, pvalue=0.012313979231529106, df=12)
```

스크립트 설명

- SciPy의 ttest_1samp 함수를 사용하여 단일 표본 t-검정을 수행한다.
- alternative='greater'는 대립 가설을 설정하는 매개변수이며, "표본 평균이 20보다 크다"는 가설을 검정한다.
- 표본 크기(n=13)에서 자유도(df=12)를 가진 t-분포의 검정 통계량은 2.5682이다.
- p-value(0.01231)가 유의수준(0.05)보다 작으므로, 귀무가설을 기각하고 '수동 미션 차량들의 평균 연비가 20mpg보다 크다'는 대립가설을 지지한다."

2) 두 모평균 차이에 대한 검정

(1) 대응 비교 t검정

- 표본은 독립표본과 종속표본으로 구분할 수 있다.
- 독립표본이란 예컨대 남자와 여자의 평균키를 비교한다고 할 때 크기 N_1인 남자 표본과 크기가 N_2인 여자 표본을 각 모집단에서 독립적으로 추출하기 때문에 특정 남자와 특정 여자의 키를 대응해야 할 이유가 없는 경우의 표본 추출을 말한다.
- 종속표본이란, 예를 들어 부부 간의 몸무게를 비교할 때, 크기 n인 부부를 선정하여 남편과 부인의 몸무게를 대응시키는 경우를 의미한다.
- 이러한 표본은 동일한 개체에서 두 번 측정한 데이터이므로, 대응표본(paired sample)이라고 한다.

- 예를 들어, 다이어트약의 효과를 알아보기 위하여 20명의 성인 남녀를 임의로 추출하여 약을 복용하기 전 체중을 기록하고, 약의 복용규정에 따라 20명이 일정기간 복용한 후 체중을 기록하였다고 하자.
- 이 경우, 다이어트약 복용 전 측정한 20명의 체중이 하나의 표본의 자료가 되고, 일정기간 복용 후 측정한 20명의 체중이 또 다른 하나의 표본자료가 된다.
- 이와 같이, 구한 두 개의 표본자료들은 사실상 같은 20명을 대상으로 한 다이어트약 복용 전과 복용 후에 측정된 값들이다.

예제 3

다이어트약의 효과를 알아보기 위하여 성인 남녀 7명의 체중을 다이어트약 복용전에 측정하고, 다이어트 약의 복용방법에 따라 1개월간 복용한 다음, 다시 체중을 측정한 결과는 다음과 같다.

- 이 자료로부터 다이어트약에 효과가 있는지를 유의수준 0.05에서 검정하시오.

① 가설 수립

　귀무가설 : 다이어트약이 체중 감소에 유의한 영향을 미치지 않는다.

　대립가설 : 다이어트약이 체중 감소에 유의한 영향을 미친다.

② 기본가정

　before-after 값이 정규분포를 따라야 한다.

　귀무가설 : 복용 전후 체중 차이 데이터는 정규성을 따른다.

　대립가설 : 복용 전후 체중 차이 데이터는 정규성을 따르지 않는다.

```
In [5]:  before=[59,72,85,69,78,82,55]
         after=[54,65,84,63,72,83,51]
         stats.shapiro(before)

Out[5]:  ShapiroResult(statistic=0.9423975944519043, pvalue=0.6604015827178955)
```

```
In [6]:  stats.shapiro(after)

Out[6]:  ShapiroResult(statistic=0.9249165666555755, pvalue=0.5085425180382726)
```

스크립트 설명

- SciPy의 stats.shapiro() 함수를 사용하여 Shapiro-Wilk 정규성 검정을 수행한다.
- p-value가 유의수준 0.05보다 크므로, 귀무가설(H_0)을 기각할 충분한 근거가 없다.
- before와 after 데이터가 정규성을 따르지 않는다고 볼 수 없다.

```
In [7]: stats.ttest_rel(before, after,alternative= 'greater')
Out[7]: TtestResult(statistic=3.594868137091668, pvalue=0.00571838952266157, df=6)
```

스크립트 설명

- 검정 통계량 3.5949는 자유도가 6인 t분포에서 p-value = 0.005718가 유의수준 0.05 보다 작으므로 귀무가설을 기각한다.
- 따라서 다이어트약은 통계적으로 유의한 효과가 있다.

```
In [8]: import pandas as pd
        df=pd.DataFrame (
         {'before':[59,72,85,69,78,82,55],
          'after':[54,65,84,63,72,83,51]})
        df1=df['before']-df['after']
        df1.mean()
Out[8]: 4.0
```

스크립트 설명

- df['before'] - df['after']는 각 쌍별 차이를 계산하여 새로운 Series(df1)를 생성한다.
- df1.mean()은 각 쌍별 차이(before - after) 값들의 평균을 계산한다.
- 평균 값은 "다이어트약 복용 전후 체중 차이의 평균"을 의미한다.

```
In [9]:  df2=df1.var()
         import math
         math.sqrt(df2/7)
Out[9]:  1.1126972805283735
```

스크립트 설명

- math.sqrt(df2/7)는 표본 분산(df2)을 표본 크기(n)로 나눈 후, 그 결과의 제곱근을 구하는 것으로, 표본 평균의 표준오차(Standard Error, SE)를 계산한다.

(2) 독립 표본 t-검정
- 독립표본 t 검정은 두 개의 독립적인 그룹 간 평균 차이를 검정하는 통계적 방법이다.
① 독립표본 t-검정은 각 모집단에서 추출된 표본이 정규성을 만족해야 한다.
- 표본 크기가 충분히 크다면($n \geq 30$), 중심극한정리에 의해 표본평균의 분포가 정규분포에 근사할 수 있다. 하지만 한쪽 표본의 크기가 작거나 정규성 위반이 의심될 경우 정규성 검정을 수행하는 것이 바람직하다.
② 두 표본은 서로 독립적으로 추출되어야 한다.
③ 두 모집단은 등분산성을 만족해야 한다.

예제 4

- 새로운 항우울제의 치료효과를 증명하기 위하여 40명의 환자에게 군당 20명씩 실험군(treatment)과 대조군(control)배정
- 실험군에게는 항우울제를 대조군에게는 위약을 투여하고, 1개월 치료 뒤 측정한 우울증 점수는 다음과 같다.

```
In [10]:  tre=[10,16,27,15,21,14,16,21,22,23,25,28,27,13,
              15,16,21,22,25,28]
          con=[23,26,27,23,16,18,31,33,28,36,18,21,26,28,29,
               33,32,16,18,23]
```

① 정규성 검정
- Shapiro-Wilk 검정(Shapiro-Wilk test)은 데이터가 정규 분포를 따르는지를 검정하는 통계적 방법 중 하나이다. 이 검정은 귀무 가설과 대립 가설을 가지며, 귀무 가설은 "데이터가 정규 분포를 따른다"는 것을 의미하고, 대립 가설은 "데이터가 정규 분포를 따르지 않는다"는 것을 의미한다.

```
In [11]: from scipy import stats
         stats.shapiro(tre)

Out[11]: ShapiroResult(statistic=0.93474942445755, pvalue=0.1904945969581604)
```

```
In [12]: from scipy import stats
         stats.shapiro(con)

Out[12]: ShapiroResult(statistic=0.9511457085609436, pvalue=0.38481685519218445)
```

스크립트 설명

- Shapiro-Wilk 검정을 사용하여 실험군(treatment)과 대조군(control)의 정규성을 검정한다.
- 실험군(tre)의 p-value = 0.1905, 대조군(con)의 p-value = 0.3848로 모두 유의수준(0.05)보다 크다.
- 따라서, 귀무가설(H_0)을 기각할 충분한 근거가 없으며, 두 집단의 데이터가 정규성을 따른다고 볼 수 있다.

② 등분산성 검정
- 등분산성 검정(Levene's test)은 두 개 이상의 그룹에서 모집단의 분산이 동일한지를 검정하는 통계적 방법이다.
- 등분산성 검정은 일반적으로 독립표본 t-검정 또는 분산 분석(ANOVA)을 수행하기 전에 등분산 가정을 확인하기 위해 사용한다. 하지만, 등분산 가정이 성립하지 않을 경우 Welch's t-test나 Welch's ANOVA를 사용할 수 있다.
- 등분산성 검정의 귀무가설(H_0)은 '모든 그룹의 모집단 분산이 동일하다'는 것이며, 대립가설(H_1)은 '적어도 하나의 그룹의 모집단 분산이 다르다'는 것이다.

- stats.levene() 함수는 등분산성 검정(Levene's test)을 수행하는 함수이다. 이 함수는 scipy 패키지에 포함되어 있다.

```
In [13]: from scipy import stats
         stats.levene(tre,con)
Out[13]: LeveneResult(statistic=0.24617776626068932, pvalue=0.6226372407136405)
```

스크립트 설명

- Levene's test의 귀무가설(H_0): "두 그룹의 모집단 분산이 동일하다."
- Levene's test의 대립가설(H_1): "적어도 하나의 그룹의 모집단 분산이 다르다."
- p-value = 0.6226 이므로 유의수준(α=0.05)보다 크므로, 귀무가설을 기각할 충분한 증거가 없다.
- 즉, 두 그룹의 분산이 다르다고 볼 수 없으며, 등분산성을 가정할 수 있다.

③ 독립표본 t검정
- 귀무가설 : 실험군과 대조군의 평균은 차이가 없다. 혹은 우울증 치료제의 효과가 없다.
- 대립가설 : 실험군의 평균이 대조군의 평균보다 작다. 혹은 우울증 치료제가 효과가 있어 실험군의 우울증 점수가 대조군보다 유의미하게 낮다.

```
In [14]: stats.ttest_ind(tre,con,equal_var=True,alternative="less")
Out[14]: TtestResult(statistic=-2.716365361415697, pvalue=0.004939798032514886, df=38.0)
```

스크립트 설명

- stats.ttest_ind()는 두 독립된 그룹의 평균 차이를 검정하는 독립표본 t-검정을 수행한다.
- equal_var=True는 두 모집단의 분산이 같다고 가정하는 경우를 의미한다.
- alternative='less'는 대립가설(H_1)을 '실험군의 평균이 대조군의 평균보다 작다'로 설정하는 단측 검정(one-tailed test)이다.
- p-value(0.00494)가 유의수준(0.05)보다 작으므로, 귀무가설(H_0)을 기각한다. 즉, 실험군(치료군)의 평균이 대조군(위약군)의 평균보다 유의미하게 낮아, 우울증 치료제가 효과가 있음을 통계적으로 지지할 수 있다.

4장 분산분석(ANOVA, Analysis of Variance)

01 분산분석(ANOVA, Analysis of Variance)

- 두 개 이상의 집단 간 비교를 수행하고자 할 때 집단 내의 분산, 총 평균과 각 집단의 평균 차이에 의해 생긴 집단 간 분산 비교로 얻은 분포를 이용하여 가설검정을 수행하는 방법이다.
- F검정 통계량은 '집단 간 분산'을 '집단 내 분산'으로 나눈 값으로, 집단 간 변동이 집단 내 변동보다 얼마나 큰지를 나타낸다.
- 분산분석은 여러 집단 간의 평균 차이가 통계적으로 유의한지를 검정하는 방법으로, 집단 간 변동과 집단 내 변동을 비교하여 분석한다.

1) 일원 분산분석의 조건

   ① 독립성은 각 표본이 서로 독립적으로 추출되었음을 의미한다.
   ② 정규성 가정은 종속변수가 각 집단에서 정규성을 따르는지를 의미한다.
   ③ 등분산성 가정은 모든 집단의 모집단 분산이 동일해야 함을 의미한다.

2) 일원 분산분석의 가설

   귀무가설 : 모든 집단의 모집단 평균이 동일하다.
   대립가설 : 적어도 한 집단의 모집단 평균이 다른 집단과 다르다.

요인	제곱합	자유도(df)	평균제곱	F-value
집단간	SSA	r - 1 (집단 개수 - 1)	SSA / (r - 1)	집단 간 제곱합/ 집단 내 제곱합
집단내	SSW	N - r (전체 표본 개수 - 집단 개수)	SSW / (N - r)	
합계	SST	N - 1 (전체 표본 개수 - 1)		

In [1]:
```
import pandas as pd
df=pd.read_csv("c:/data/PlantGrowth.csv")
df.head(3)
```

Out[1]:

	weight	group
0	4.17	ctrl
1	5.58	ctrl
2	5.18	ctrl

In [2]:
```
df.info()
```

```
<class 'pandas.core.frame.DataFrame'>
RangeIndex: 30 entries, 0 to 29
Data columns (total 2 columns):
 #   Column  Non-Null Count  Dtype
---  ------  --------------  -----
 0   weight  30 non-null     float64
 1   group   30 non-null     object
dtypes: float64(1), object(1)
memory usage: 612.0+ bytes
```

In [3]:
```
df['group'].value_counts()
```

Out[3]:
```
group
ctrl    10
trt1    10
trt2    10
Name: count, dtype: int64
```

스크립트 설명

- PlantGrowth 데이터는 group : 범주형 (ctrl,trt1,trt2),weight : 연속형 변수로 구성
- weight (무게) : 식물의 무게를 나타내는 연속형 변수로, 식물의 생장을 측정하는 지표
- group (그룹) : 3개의 다른 처리 그룹에 대한 범주형 변수이다.

- 각 그룹은 식물에 적용된 다른 처리(예: 비료, 물, 토양 등)를 나타낸다.
- 그룹은 'ctrl', 'trt1', 'trt2'의 세 가지 범주로 구성되어 있다.

```
In [4]: from statsmodels.stats.anova import anova_lm
        from statsmodels.formula.api import ols
```

스크립트 설명

- "from statsmodels.stats.anova import anova_lm은 statsmodels" 패키지에서 분산분석에 관련된 anova_lm 함수를 사용할 수 있도록 가져오는 것을 의미한다.
- anova_lm 함수는 선형 회귀 모델을 기반으로 분산분석(ANOVA)을 수행하는 함수로, ols 모델에서 추정된 결과를 입력으로 받아 ANOVA 테이블을 생성한다.
- "from statsmodels.formula.api import ols는 statsmodels" 패키지에서 선형 회귀분석을 수행하는 데 사용되는 ols 함수를 가져오는 것을 의미한다.
- ols()로 생성된 회귀 모델은 anova_lm()을 이용하여 ANOVA 분석을 수행할 수 있다.

```
In [4]: model=ols('weight ~ C(group)', df).fit()
        anova_lm(model)
```

Out[4]:

	df	sum_sq	mean_sq	F	PR(>F)
C(group)	2.0	3.76634	1.883170	4.846088	0.01591
Residual	27.0	10.49209	0.388596	NaN	NaN

스크립트 설명

- ols('weight ~ C(group)', df).fit()는 종속변수(weight)를 범주형 독립변수(group)에 대해 선형 회귀 모델을 적합하는 과정이다. 이후, anova_lm(model)을 사용하여 ANOVA 분석을 수행한다.
- anova_lm(model)의 결과에서 Pr(>F)가 유의수준 0.05보다 작으면, 귀무가설(H_0)을 기각할 수 있다. 즉, 집단 간 평균 차이가 통계적으로 유의미하다.
- 집단 간 평균 차이가 유의하다면, 어떤 그룹 간 차이가 발생하는지 확인하기 위해 사후분석(post hoc test)을 수행할 수 있다. 대표적인 방법으로 Tukey의 HSD(Honestly Significant Difference) 검정이 있다.

In [5]:
```
from statsmodels.stats.multicomp import pairwise_tukeyhsd
hsd=pairwise_tukeyhsd(df['weight'], df['group'], alpha=0.05)
hsd.summary()
```

Out[5]:

Multiple Comparison of Means - Tukey HSD, FWER=0.05

group1	group2	meandiff	p-adj	lower	upper	reject
ctrl	trt1	-0.371	0.3909	-1.0622	0.3202	False
ctrl	trt2	0.494	0.198	-0.1972	1.1852	False
trt1	trt2	0.865	0.012	0.1738	1.5562	True

> **스크립트 설명**

- Tukey의 다중 비교법(Tukey's Honestly Significant Difference, Tukey HSD)을 사용하여 그룹 간의 평균 차이를 비교한다. 이를 통해 각 그룹 간의 평균 차이가 통계적으로 유의한지를 판별한다.
- trt1 그룹과 trt2 그룹 간의 평균 차이는 0.865이며, p-value는 0.012입니다. 따라서 이 두 그룹 간의 평균 차이는 통계적으로 유의하다.

02 이원 분산분석(Two-Way ANOVA)

- 이원 분산분석(Two-Way ANOVA)은 두 개의 독립 변수가 종속 변수에 미치는 영향을 분석하는 통계 기법이다.
- 이는 단일 요인 분산분석(One-Way ANOVA)이 하나의 독립 변수를 고려하는 것과 달리, 두 개의 독립 변수(요인)가 종속 변수에 미치는 영향을 동시에 평가하는 데 사용된다.
- 두 개의 독립 변수 간 상호작용 효과(Interaction Effect)를 검정할 수도 있다.

1) 이원 분산분석의 가정
   ① 정규성(Normality) : 종속 변수의 값이 정규 분포를 따라야 한다.
   ② 등분산성(Homoscedasticity) : 각 집단의 분산이 동일해야 한다.
   ③ 독립성(Independence) : 각 관측치는 서로 독립적이어야 한다.

2) 이원 분산분석의 주요 효과
   - 이원 분산분석에서는 다음 세 가지 효과를 분석한다.
   ① **주 효과(Main Effect) : 각 독립 변수가 종속 변수에 미치는 개별적인 영향**
   - 예 : "운동 유형(Aerobic, Strength)이 체중 감소에 미치는 효과"
   - 예 : "식단 유형(Vegan, High Protein)이 체중 감소에 미치는 효과"
   ② **상호작용 효과(Interaction Effect) : 두 개의 독립 변수가 결합하여 종속 변수에 미치는 효과**
   - 예 : "운동 유형과 식단 유형이 체중 감소에 미치는 복합적인 영향"

예제 5

- 운동 유형(운동 없음, 유산소, 근력)과 식단 유형(일반식, 채식, 고단백식)이 체중 감소에 미치는 영향을 분석하고, 두 요인이 상호작용하는지 검정한다.

① **운동 유형의 주 효과(Main Effect of Exercise Type)**
- 귀무가설 : 운동 유형(운동 없음, 유산소, 근력)에 따른 체중 감소의 평균 차이는 없다.
- 대립가설 : 운동 유형에 따라 체중 감소의 평균 차이가 있다.

② **식단 유형의 주 효과(Main Effect of Diet Type)**
- 귀무가설 : 식단 유형(일반식, 채식, 고단백식)에 따른 체중 감소의 평균 차이는 없다.
- 대립가설 : 식단 유형에 따라 체중 감소의 평균 차이가 있다.

③ **운동 유형과 식단 유형 간 상호작용 효과(Interaction Effect of Exercise & Diet Type)**
- 귀무가설 : 운동 유형과 식단 유형 간의 상호작용이 없다. 즉, 운동 유형이 식단 유형에 따라 체중 감소에 미치는 영향은 동일하다.
- 대립가설 : 운동 유형과 식단 유형 간의 상호작용이 있다. 즉, 운동 유형이 식단 유형에 따라 체중 감소에 미치는 영향이 달라진다.

In [ ]:
```python
import pandas as pd
import numpy as np
import statsmodels.api as sm
import statsmodels.formula.api as smf
```

스크립트 설명

- sm은 statsmodels의 축약형(alias)로, 통계적 모델링을 위한 다양한 기능을 제공한다.
- smf는 formula.api의 축약형으로, 이 모듈을 사용하면 y ~ X와 같은 형태로 회귀 분석 공식을 정의할 수 있다.

```
In [ ]:  df=pd.read_csv("c:/data/two_anova.csv")
         model=smf.ols("체중감소 ~ C(운동) + C(식단) + C(운동):C(식단)", data=df).fit()
         anova_table=sm.stats.anova_lm(model, typ=2)
```

스크립트 설명

- OLS 모델 생성 : smf.ols()를 사용하여 운동과 식단이 체중 감소에 미치는 영향을 분석하는 모델을 생성한다.
- ANOVA 수행 : sm.stats.anova_lm()를 통해 분산분석을 수행하여 독립 변수들의 유의성을 평가한다.

```
In [ ]:  print(anova_table)
Out[ ]:                  sum_sq    df    F          PR(>F)
         C(운동)          158.050915  2.0   87.252408  6.222718e-21
         C(식단)          28.297318   2.0   15.621606  1.828773e-06
         C(운동):C(식단)   3.446546    4.0   0.951337   4.388687e-01
         Residual         73.362584   81.0  NaN        NaN
```

스크립트 설명

- 운동 유형(운동 없음, 유산소, 근력)은 체중 감소에 유의미한 영향을 미친다. ($p < 0.05$)
- 식단 유형(일반식, 채식, 고단백식)도 체중 감소에 유의미한 영향을 미친다. ($p < 0.05$)
- 운동과 식단의 상호작용 효과는 통계적으로 유의하지 않다. ($p > 0.05$)
- 즉, 특정 운동과 특정 식단의 조합이 체중 감소에 추가적인 영향을 준다고 보기 어렵다.

03 다변량 분산분석(MANOVA)

- 다변량 분산분석(MANOVA, Multivariate Analysis of Variance)은 여러 개의 종속 변수(연속형 변수)에 대해 한 개 이상의 독립 변수(범주형 변수)가 미치는 영향을 동시에 분석하는 통계 기법이다.
- 일반적인 일원 분산분석(One-Way ANOVA) 또는 이원 분산분석(Two-Way ANOVA)는 하나의 종속 변수만 고려하지만, MANOVA는 여러 개의 종속 변수를 동시에 고려하는 것이 특징이다.
- 독립 변수의 그룹 간에 여러 종속 변수 값들의 평균 차이가 유의미한지를 검정하는 데 사용된다.

1) 다변량 분산분석(MANOVA)의 가정
   ① 각 그룹의 종속 변수들은 정규 분포를 따라야 한다.
   ② 각 그룹의 공분산 행렬(Covariance Matrix)이 동일해야 한다.
   ③ 각 관측치는 서로 독립적이어야 한다.

2) 다변량 분산분석(MANOVA)의 주요 효과
   ① **독립 변수(운동, 식단) 각각의 주 효과 분석**
   - 귀무가설 : 운동 및 식단 유형에 따른 모든 종속 변수(체중 감소, 근육량 증가, 체지방 감소)의 평균 차이는 없다.
   - 대립가설 : 운동 또는 식단 유형에 따라 적어도 하나의 종속 변수의 평균이 다르다.
   ② **독립 변수 간 상호작용 효과 분석**
   - 귀무가설 : 운동과 식단 간의 상호작용이 모든 종속 변수에 영향을 미치지 않는다.
   - 대립가설 : 운동과 식단의 조합에 따라 적어도 하나의 종속 변수가 달라진다.

In [1]:
```
import pandas as pd
import numpy as np
import statsmodels.api as sm
import statsmodels.formula.api as smf
from statsmodels.multivariate.manova import MANOVA
```

스크립트 설명

- import statsmodels.api as sm: 통계 모델링과 회귀 분석을 지원하는 라이브러리이다. sm은 주로 회귀 모델이나 일반적인 통계 모델을 사용할 때 사용한다.
- statsmodels.formula.api는 회귀 모델을 간단하게 정의할 수 있는 R 스타일의 식을 지원한다.
- from statsmodels.multivariate.manova import MANOVA: MANOVA는 다변량 분산분석(Multivariate Analysis of Variance)을 수행할 수 있는 클래스이다.

```
In [2]: df=pd.read_csv("c:/data/manova.csv")
        manova=MANOVA.from_formula("체중감소 + 근육량증가 + 체지방감소 ~
        C(운동) + C(식단) + C(운동):C(식단)", data=df)
        manova_results=manova.mv_test()
        print(manova_results)
```

```
                   Multivariate linear model
==================================================================
------------------------------------------------------------------
   Intercept            Value     Num DF    Den DF    F Value   Pr > F
------------------------------------------------------------------
   Wilks' lambda        0.0378    3.0000    79.0000   670.4452  0.0000
   Pillai's trace       0.9622    3.0000    79.0000   670.4452  0.0000
   Hotelling-Lawley trace 25.4599 3.0000    79.0000   670.4452  0.0000
   Roy's greatest root  25.4599   3.0000    79.0000   670.4452  0.0000
------------------------------------------------------------------

------------------------------------------------------------------
   C(운동)               Value     Num DF    Den DF    F Value   Pr > F
------------------------------------------------------------------
   Wilks' lambda        0.3496    6.0000    158.0000  18.2063   0.0000
   Pillai's trace       0.6710    6.0000    160.0000  13.4633   0.0000
   Hotelling-Lawley trace 1.8020  6.0000    103.5745  23.5809   0.0000
   Roy's greatest root  1.7688    3.0000    80.0000   47.1671   0.0000
------------------------------------------------------------------

------------------------------------------------------------------
   C(식단)               Value     Num DF    Den DF    F Value   Pr > F
------------------------------------------------------------------
   Wilks' lambda        0.7767    6.0000    158.0000  3.5458    0.0025
   Pillai's trace       0.2301    6.0000    160.0000  3.4662    0.0030
   Hotelling-Lawley trace 0.2787  6.0000    103.5745  3.6468    0.0025
   Roy's greatest root  0.2426    3.0000    80.0000   6.4695    0.0006
------------------------------------------------------------------
```

```
----------------------------------------------------------------
C(운동):C(식단)         Value   Num DF   Den DF   F Value  Pr > F
----------------------------------------------------------------
Wilks' lambda         0.8351  12.0000  209.3059  1.2295  0.2644
Pillai's trace        0.1718  12.0000  243.0000  1.2304  0.2625
Hotelling-Lawley trace 0.1892 12.0000  134.0000  1.2324  0.2674
Roy's greatest root   0.1216   4.0000   81.0000  2.4631  0.0516
```

스크립트 설명

- **Wilks' Lambda (윌크스 람다)** 는 다변량 분산분석(MANOVA)에서 독립 변수가 종속 변수들의 전체적인 변동을 얼마나 설명하는지를 평가하는 통계량이다.
- Wilks' Lambda = 0.3496 → 독립 변수(운동)가 종속 변수(체중 감소, 근육량 증가, 체지방 감소)의 65% 변동을 설명한다. (1 - 0.3496 = 0.6504)
- $p<0.05$ → Wilks' Lambda 값이 작고, 유의미한 차이가 존재이다.
- $p>0.05$ → Wilks' Lambda 값이 크고, 독립 변수가 종속 변수에 미치는 영향이 크지 않다.
- **운동 유형(C(운동))의 주 효과**
- Wilks' lambda = 0.3496, p-value = 0.0000 ($p < 0.05$)
- 운동 유형(운동 없음, 유산소, 근력)에 따라 체중 감소, 근육량 증가, 체지방 감소가 유의미하게 달라진다.
- **식단 유형(C(식단))의 주 효과**
- Wilks' lambda = 0.7767, p-value = 0.0025 ($p < 0.05$)
- 식단 유형(일반식, 채식, 고단백식)에 따라 체중 감소, 근육량 증가, 체지방 감소가 유의미하게 차이 난다.
- **운동과 식단의 상호작용 효과**
- Wilks' lambda = 0.8351, p-value = 0.2644 ($p > 0.05$)
- 운동 유형과 식단 유형이 결합해서 체성분 변화에 미치는 추가적인 영향은 유의미하지 않다.
- 운동과 식단 모두 체성분 변화에 중요한 요소이지만, 두 요인이 함께 작용하여 추가적인 효과를 낸다고 볼 수는 없다.

04 공분산분석(ANCOVA)

- 공분산분석(ANCOVA, Analysis of Covariance)은 독립 변수가 종속 변수에 미치는 영향을 분석할 때, 공변량(covariate, 연속형 변수)의 영향을 제거하고 순수한 그룹 간 차이를 평가하는 통계 기법이다.

1) 공분산분석(ANCOVA) 가정
   - 종속 변수와 공변량이 정규 분포를 따라야 한다.
   - 집단 간 분산이 동일해야 해야 한다.
   - 각 그룹의 데이터가 서로 독립적이어야 한다.
   - 종속 변수와 공변량 간 관계가 선형이어야 한다.

2) 공분산분석(ANCOVA)의 주요 효과
   ① **독립 변수(운동, 식단) 각각의 주 효과 분석**
   - 귀무가설 : 운동 및 식단 유형에 따른 모든 종속 변수(체중 감소, 근육량 증가, 체지방 감소)의 평균 차이는 없다.
   - 대립가설 : 운동 또는 식단 유형에 따라 적어도 하나의 종속 변수(체중 감소, 근육량 증가, 체지방 감소)의 평균이 다르다.

   ② **독립 변수 간 상호작용 효과 분석**
   - 귀무가설 : 운동과 식단 간의 상호작용이 모든 종속 변수(체중 감소, 근육량 증가, 체지방 감소)에 영향을 미치지 않는다.
   - 대립가설 : 운동과 식단의 조합에 따라 적어도 하나의 종속 변수(체중 감소, 근육량 증가, 체지방 감소)가 달라진다.

In [3]:
```
import pandas as pd
import statsmodels.api as sm
import statsmodels.formula.api as smf
```

▶ 스크립트 설명

- sm은 statsmodels의 축약형(alias)로, 통계적 모델링을 위한 다양한 기능을 제공한다.

- smf는 formula.api의 축약형으로, 이 모듈을 사용하면 y ~ X와 같은 형태로 회귀 분석 공식을 정의할 수 있다.

```
In [4]:  df=pd.read_csv('c:/data/ancova.csv')
         model=smf.ols("체중감소 ~ C(운동) + C(식단) + 초기체중", data=df).fit()
         anova_table = sm.stats.anova_lm(model, typ=2)
         print(anova_table)
                     sum_sq           df    F              PR(>F)
         C(운동)       2.592567e-27     2.0   3.747241e-03   0.996260
         C(식단)       6.000000e+01     2.0   8.672269e+25   0.000000
         초기체중        4.436570e-26     1.0   1.282504e-01   0.721151
         Residual    2.905814e-23    84.0   NaN            NaN
```

스크립트 설명

- smf.ols() → 일반 선형 회귀(OLS: Ordinary Least Squares) 모델을 생성한다.
- 초기체중 → 공변량 (연속형 변수, Covariate)
- 체중 감소량에 영향을 줄 수 있는 초기 체중을 보정하여, 운동 및 식단의 순수한 효과만 분석한다.
- anova_lm() 함수는 분산분석(ANOVA, Analysis of Variance) 결과를 생성하는 함수이며, typ=2는 분산분석의 유형을 지정하는 옵션이다.
- typ=2는 Type II Sum of Squares를 사용하여 각 독립 변수가 다른 독립 변수들의 영향을 보정한 후에도 유의미한지를 평가.
- p-value = 0.9963 ($p > 0.05$) → 운동 유형은 체중 감소에 유의미한 영향을 미치지 않는다.
- 운동 유형(운동 없음, 유산소, 근력)에 따른 체중 감소 차이는 통계적으로 유의하지 않다.
- p-value = 0.0000 ($p < 0.05$) → 식단 유형은 체중 감소에 유의미한 영향을 미친다.
- 식단 유형(일반식, 채식, 고단백식)에 따라 체중 감소 차이가 통계적으로 유의하다.
- p-value = 0.7212 ($p > 0.05$) → 초기 체중은 체중 감소에 유의미한 영향을 미치지 않는다.
- 체중 감소를 결정하는 주요 요인은 '운동'이 아니라 '식단'임을 확인할 수 있다.
- 초기 체중이 체중 감소량에 영향을 미친다면, 초기 체중이 높은 그룹과 낮은 그룹을 구분하여 분석할 수도 있다.

5장 범주형 자료분석(Categorical data analysis)

- 관측된 자료들이 어떤 특성을 갖는지에 따라 몇 개의 범주로 분류되고, 각 분류된 범주에 속하는 도수를 이용한 통계적 추론 방법을 범주형 자료 분석이라 한다.
- 두 연속형 변수 간 선형 연관성을 검정하는 방법을 상관분석이라 하며, 두 범주형 변수 간의 관계를 검정하는 경우 카이제곱(Chi-Square)검정 통계량을 이용한다.
- 카이제곱 검정은 범주형 변수 간의 독립성을 평가하는 검정 방법이며, 일반적으로 교차표(Contingency Table)를 사용하여 분석하기 때문에 교차분석(Cross Analysis)에서 활용된다.

1) 적합성 검정 (Goodness of fit test)

- 적합성 검정(Goodness of Fit Test)은 주어진 데이터가 특정 확률분포(예: 이항분포, 포아송분포, 정규분포)를 따르는지 평가하는 통계적 방법이다. 관측된 데이터와 기대되는 이론적 분포 간의 차이를 분석하여 검정한다.

예제 1

- 205대의 차에 대하여 실제 선호도가 기대 선호와 일치하는지 적합성 검정을 수행한다.
- 자동차의 회사는 A,B,C,D,E로 표기한다.
- 귀무가설 : A(0.3):B(0.15):C(0.1):D(0.25):E(0.2) 따른다.
- 대립가설 : 적어도 하나의 비율이 주어진 값과 다르다.

```
In [1]: from scipy.stats import chisquare
        import numpy as np
        x=np.array([90,30,35,55,40])   # 관찰도수
        e_x=np.array([0.3,0.15,0.1,0.25,0.2])*250 # 기대도수
```

스크립트 설명

- scipy.stats 모듈의 chisquare 함수는 주어진 데이터의 적합성을 검정하는 데 사용된다.
- 이 함수는 관측된 빈도와 기대 빈도 사이의 카이제곱 검정을 수행한다.

```
In [2]:  print(chisquare(x,e_x))
Out[2]:  Power_divergenceResult(statistic=11.4, pvalue=0.02241796856505753)
```

스크립트 설명

- p-value(0.0224)가 유의수준(0.05)보다 작으므로, 귀무가설(H_0)을 기각한다. 즉, 실제 선호도와 기대 선호도 간에 유의미한 차이가 존재한다고 볼 수 있다.
- 귀무가설이 기각되면, 실제 선호 비율과 기대 선호 비율 사이에 유의한 차이가 있음을 의미한다. 즉, 자동차 브랜드에 대한 실제 선호도가 기대 선호 비율과 일치하지 않는다.

2) 독립성 검정 (test of independence)

- 독립성 검정(Test of Independence)은 두 개의 범주형 변수가 서로 독립적인지 여부를 평가하는 통계적 방법이다. 이 검정은 두 변수 간의 독립 여부를 확인하며, 변수 간의 연관성을 평가하는 데 사용된다.
- 주어진 두 변수가 독립적이라면, 하나의 변수의 값이 다른 변수의 값과 아무런 관련이 없다는 것을 의미한다. 반면에, 두 변수가 독립이 아니라면, 적어도 하나의 변수 값이 다른 변수의 값과 연관되어 있으며, 변수 간의 결합 확률이 개별 확률의 곱으로 표현될 수 없다.

예제 2

- 상품 'A', 상품 'B', 상품 'C'가 여성과 남성별로 판매량에 차이가 있는지 독립성 검정을 수행한다.
- 귀무가설(H_0) : 상품 종류와 성별은 서로 독립적이며, 성별에 따라 상품 판매량에 차이가 없다.
- 대립가설(H_1) : 상품 종류와 성별은 독립적이지 않으며, 성별에 따라 상품 판매량에 차이가 있다.

```
In [1]:  import pandas as pd
         xf, xm=[269, 83, 215], [155, 57, 181]
         x=pd.DataFrame([xf, xm], columns=['상품A', '상품B', '상품C'],
                        index=['Female', 'Male'])
```

```
In [2]:  x

Out[2]:          상품A   상품B   상품C
         Female   269     83    215
         Male     155     57    181
```

```
In [3]:  from scipy.stats import chi2_contingency
         chi,p,df,expected=chi2_contingency(x,correction=False)
         print(chi,p)

Out[3]:  7.094264414804222 0.028807134195296135
```

> **스크립트 설명**

- chi2_contingency(x, correction=False): 교차표(x)를 입력으로 받아 카이제곱 검정을 수행한다. correction 매개변수를 False로 설정한다.
- p-value(0.0288)가 일반적인 유의수준(0.05)보다 작으므로, 귀무가설(H_0)을 기각할 수 있다. 즉, 성별과 상품 판매량 간에 통계적으로 유의한 연관성이 있다고 볼 수 있다.
- 성별과 상품 판매량 간의 관계는 독립적이지 않으며, 두 변수 간에 통계적으로 유의한 연관성이 있다. 하지만, 카이제곱 검정은 인과관계를 설명하지 않으므로 추가적인 분석이 필요할 수 있다.

3) 동질성 검정(test of homogeneity)

- 동질성 검정(Test of Homogeneity)은 두 개 이상의 모집단이 동일한 분포를 가지고 있는지를 평가하는 카이제곱 검정 방법 중 하나이다. 즉, 서로 다른 모집단에서 추출한 표본들이 동일한 특성을 보이는지를 검정한다.
- 즉, 두 개 이상의 모집단에서 추출한 표본들이 동일한 범주형 데이터의 분포를 가지고 있는지를 검정한다.
- 이는 주로 여러 모집단(예 : 지역별, 연령대별 등)에서 특정 범주형 변수가 동일한 분포를 가지는지를 판단하는 데 사용된다.

예제 3

- 근무시간대에 따른 제품의 품질이 동일한지를 동질성 검정을 수행한다.
- 귀무가설 : 근무시간대별로 품질이 동일하다.
- 대립가설 : 적어도 하나의 근무시간대에서 품질이 다르다.

```
In [1]: import numpy as np
        import pandas as pd
        time=np.tile(["day","evening","night"],2)
        count=np.array([905,890,870,45,55,70])
        goods=np.repeat(["불량","양호"],3)
        data={"time":time,"goods":goods,"count":count}
        d_table=pd.crosstab(index=data["goods"],columns=data["time"],
        values=data["count"],aggfunc='sum',margins=True,margins_name="전체")
```

```
In [2]: d_table
```

Out[2]:

col_0 row_0	day	evening	night	전체
불량	905	890	870	2665
양호	45	55	70	170
전체	950	945	940	2835

```
In [3]: from scipy.stats import chi2_contingency
        chi2_contingency(d_table)
```

Out[3]: Chi2ContingencyResult(statistic=6.233920047684764, pvalue=0.3975030174967241)

스크립트 설명

- chi2_contingency(d_table)는 근무시간대와 제품 품질 간의 동질성을 검정하는 카이제곱 검정을 수행한다.
- p-value(0.3975)가 유의수준(0.05)보다 크므로, 귀무가설(H_0)을 기각할 충분한 증거가 없다. 즉, 근무시간대별 제품 품질은 통계적으로 유의한 차이가 있다고 보기 어렵다.

6장 다중회귀분석(Multiple Linear Regression)

- 다중 회귀분석(Multiple Linear Regression)은 두 개 이상의 독립 변수가 종속 변수에 영향을 미치는지를 분석하는 통계 기법이다.
- 다중 회귀분석은 여러 개의 설명 변수(독립 변수)와 하나의 반응 변수(종속 변수) 간의 관계를 모델링하는 데 사용된다.
- 다중 회귀분석은 통계적 가설 검정, 회귀 계수의 추정, 변수 선택, 모델 평가 등 다양한 분석 기법을 활용하여 실제 데이터의 특성을 이해하고 예측하는 데 사용된다.
- 이를 통해 변수 간의 관계를 분석하고, 예측 모델을 구축하여 향후 결과를 예측할 수 있다.
- 데이터 소개
- trees 데이터셋은 미국에서 측정된 31그루의 나무의 크기와 관련된 정보를 포함하는 데이터셋이다. 이 데이터는 나무의 둘레(Girth), 높이(Height), 그리고 체적(Volume) 변수를 포함하며, 주로 나무의 체적을 예측하는 회귀 분석에서 활용된다.
- Girth : 나무의 둘레(인치)
- Height : 나무의 높이(피트)
- Volume : 나무의 체적(입방피트)

예제 1

목재상이 관심을 두는 변수는 목재의 부피이다. 지름과 키를 가지고 부피를 예측하는 다중 선형 회귀분석을 수행한다.

In [1]:
```
import pandas as pd
import statsmodels.api as sm
trees=sm.datasets.get_rdataset("trees").data
```

스크립트 설명

- statsmodels.api는 파이썬에서 통계 모델링을 위한 패키지 중 하나이다. 주로 선형 회귀분석, 시계열 분석, 비모수적 방법 등 다양한 데이터 분석과 가설 검정을 수행할 수 있다.
- 주요 모듈인 sm은 Statsmodels의 API로, 다양한 통계 모델을 정의하고 추정하는 데 사용된다.
- sm.datasets.get_rdataset("trees")는 R의 내장 데이터셋인 trees 데이터를 로드하는 기능을 제공하며, 이 데이터셋에는 나무의 둘레(Girth), 높이(Height), 부피(Volume) 정보가 포함되어 있다.

In [2]:
```
print(trees.info())
<class 'pandas.core.frame.DataFrame'>
RangeIndex: 31 entries, 0 to 30
Data columns (total 3 columns):
 #   Column  Non-Null Count  Dtype
---  ------  --------------  -----
 0   Girth   31 non-null     float64
 1   Height  31 non-null     int64
 2   Volume  31 non-null     float64
dtypes: float64(2), int64(1)
memory usage: 876.0 bytes
None
```

```
In [3]: model=sm.formula.ols(formula='Volume ~ Girth + Height',
        data=trees).fit()
```

스크립트 설명

- sm.formula.ols: ols 함수는 최소 제곱 회귀(Ordinary Least Squares Regression) 모델을 생성하는 함수이다.
- formula='Volume ~ Girth + Height': 이 부분은 모델의 formula를 정의하는 부분이다.
- 종속 변수인 Volume을 설명하기 위해 설명 변수로 Girth와 Height를 사용하고 있다.
- data=trees: 이 부분은 데이터를 지정하는 부분이다.
- fit() 메서드는 지정된 데이터(trees)를 사용하여 모델을 적합시키는 역할을 한다. 모델을 피팅한 후에는 회귀 계수, 결정 계수(R^2), p-value 등 회귀 분석 결과를 포함한 모델 객체가 반환된다.

```
In [4]: print(model.summary())
```

```
                            OLS Regression Results
==============================================================================
Dep. Variable:                 Volume   R-squared:                       0.948
Model:                            OLS   Adj. R-squared:                  0.944
Method:                 Least Squares   F-statistic:                     255.0
Date:                Fri, 29 Mar 2024   Prob (F-statistic):           1.07e-18
Time:                        20:37:18   Log-Likelihood:                -84.455
No. Observations:                  31   AIC:                             174.9
Df Residuals:                      28   BIC:                             179.2
Df Model:                           2
Covariance Type:            nonrobust
==============================================================================
                 coef    std err          t      P>|t|      [0.025      0.975]
------------------------------------------------------------------------------
Intercept     -57.9877      8.638     -6.713      0.000     -75.682     -40.293
Girth           4.7082      0.264     17.816      0.000       4.167       5.249
Height          0.3393      0.130      2.607      0.014       0.073       0.606
==============================================================================
Omnibus:                        0.923   Durbin-Watson:                   1.266
Prob(Omnibus):                  0.630   Jarque-Bera (JB):                0.950
Skew:                           0.310   Prob(JB):                        0.622
Kurtosis:                       2.408   Cond. No.                         959.
==============================================================================

Notes:
[1] Standard Errors assume that the covariance matrix of the errors is correctly specified.
```

스크립트 설명

- 다중회귀분석의 최적 모델은 Volume=4.7082*Girth+0.3393 *Height-57.9877이다.

- 각 회귀 계수의 P>|t|(유의확률) 값이 유의수준 0.05보다 작으므로, 둘레(Girth)와 높이(Height) 변수는 모두 종속 변수(Volume)에 대한 유의한 설명력을 가진다. 즉, 두 독립 변수는 회귀 모델에서 중요한 역할을 한다.
- R-squared(결정계수)는 0.948로, 이 모델이 종속 변수(Volume)의 변동을 94.8% 설명할 수 있음을 의미한다. 즉, 둘레(Girth)와 높이(Height)가 나무 체적(Volume)의 변화를 매우 잘 설명하는 예측 변수임을 나타낸다.

예제 2

목재상은 벚나무의 지름과 키만 측정하면 목재의 부피를 예측할 수 있게 되었다. 목재상이 새로 자르기로 마음먹은 벚나무 세 그루의 지름과 키를 측정하여 Girth는 8.5, 13.0, 19.0, Height는 72, 86, 85를 얻었다고 가정하면 이때 목재의 부피를 예측하시오.

```
In [5]: new_data=pd.DataFrame({'Girth': [8.5, 13.0, 19.0],
                               'Height': [72, 86, 85]})
```

```
In [6]: predictions=model.predict(new_data)
        print(predictions)
        0     6.457794
        1    32.394034
        2    60.303746
        dtype: float64
```

스크립트 설명

- model은 이전에 적합된 다중 선형 회귀 모델 객체이며, 아래의 회귀식을 기반으로 한다.
  Volume=4.7082×Girth+0.3393×Height−57.9877
- 이 모델을 사용하여 새로운 데이터에 대한 예측을 수행한다.
- predict() 메서드는 new_data에 포함된 Girth와 Height 값을 이용하여 종속 변수 Volume의 예측값을 계산한다. 이때, new_data는 model이 학습된 독립 변수와 동일한 형식으로 제공되어야 한다.
- new_data는 예측을 위해 사용될 새로운 데이터이며, 두 개의 독립 변수(Girth, Height)를 포함한다. 각각 나무의 둘레와 높이를 나타내며, 이를 이용해 목재의 부피(Volume)를 예측한다.
- predictions에는 각 나무의 Volume(입방 피트, ft^3)의 예측값이 저장되며, 이는 주어진 'Girth'와 'Height' 값에 대한 모델의 예측 결과를 의미한다.

7장 로지스틱 회귀분석(Logistic Regression)

- 로지스틱 회귀분석(Logistic Regression)은 종속 변수가 두 개의 범주(이항형, 예: 성공/실패, Yes/No, 0/1)인 경우에 사용되는 통계 기법이다. 이항 로지스틱 회귀(Binary Logistic Regression)는 특정 사건이 발생할 확률을 추정하는 데 활용되며, 예측 변수가 연속형 또는 범주형일 수 있다.
- 로지스틱 회귀에서는 선형 회귀와 달리 시그모이드(Sigmoid) 함수를 적용하여 특정 사건이 발생할 확률을 0과 1 사이의 값으로 변환한다. 또한, 회귀 계수는 오즈비(Odds Ratio)의 로그 값(Log Odds)으로 해석된다.
- Python의 statsmodels 라이브러리에서는 Logit() 함수를 사용하여 로지스틱 회귀분석을 수행할 수 있다. 이 함수는 최대우도추정법(Maximum Likelihood Estimation, MLE)을 이용하여 회귀 계수를 추정한다.

예제 1

- 'vs'를 종속변수로 'mpg(연비)', 'am(변속기)' 변수를 예측변수로 하여 로지스틱 회귀분석을 수행한다.
- 'mpg(연비)'의 회귀계수를 반올림하여 소수 셋째 자리까지 계산한다.

```
In [1]: import statsmodels.api as sm
        import pandas as pd
```

```
In [2]: mtcars=sm.datasets.get_rdataset('mtcars').data
```

```
In [3]: glm_vs=sm.GLM(mtcars['vs'], sm.add_constant(mtcars[['mpg', 'am']]), family=sm.families.Binomial()).fit()
```

스크립트 설명

- get_rdataset('mtcars') 함수를 사용하여 R의 mtcars 데이터셋을 불러온다. 이 데이터셋에는 자동차의 성능과 특성을 나타내는 11개 변수가 포함되어 있으며, 여기서 vs(엔진 형식: 0 = V-형 엔진, 1 = 직렬 엔진)를 종속 변수로 사용한다.
- sm.GLM() 함수는 일반화 선형 모델(Generalized Linear Model, GLM)을 생성하는 함수로, 로지스틱 회귀(Logistic Regression)와 같은 다양한 확률 분포를 적용한 회귀 분석을 수행할 수 있다.
- 종속 변수 'vs'는 0 또는 1의 값을 가지는 이진 변수이므로, 로지스틱 회귀 분석을 수행할 때 family=sm.families.Binomial()을 지정하여 이항 분포를 따르는 모델을 설정한다.
- sm.add_constant(mtcars[['mpg', 'am']])는 mpg(연비)와 am(변속기 유형)을 독립 변수로 사용하며, add_constant()를 통해 절편(intercept)을 포함하도록 설정한다. 절편을 추가하지 않으면 모델이 원점을 지나도록 강제될 수 있어, 데이터의 관계를 제대로 설명하지 못할 가능성이 있다.
- family=sm.families.Binomial()은 GLM에서 종속 변수가 이항 분포를 따름을 지정하는 매개변수로, 시그모이드(Sigmoid) 함수를 적용하여 확률 값을 0과 1 사이로 변환하는 역할을 한다.
- fit() 메서드는 데이터를 기반으로 모델을 적합시키는 역할을 한다. 모델이 적합된 후에는 summary()를 사용하여 결과를 확인하거나, predict()를 통해 새로운 데이터에 대한 예측을 수행할 수 있다.

```
In [4]:  print(glm_vs.summary())
```

```
              Generalized Linear Model Regression Results
==============================================================================
Dep. Variable:                     vs   No. Observations:                   32
Model:                            GLM   Df Residuals:                       29
Model Family:                Binomial   Df Model:                            2
Link Function:                  Logit   Scale:                          1.0000
Method:                          IRLS   Log-Likelihood:                -10.323
Date:                Sat, 30 Mar 2024   Deviance:                       20.646
Time:                        16:55:23   Pearson chi2:                     20.2
No. Iterations:                     6   Pseudo R-squ. (CS):             0.5159
Covariance Type:            nonrobust
==============================================================================
                 coef    std err          z      P>|z|      [0.025      0.975]
------------------------------------------------------------------------------
const        -12.7051      4.625     -2.747      0.006     -21.770      -3.640
mpg            0.6809      0.252      2.698      0.007       0.186       1.176
am            -3.0073      1.599     -1.880      0.060      -6.142       0.128
==============================================================================
```

> **스크립트 설명**

- 'mpg(연비)'의 회귀 계수(0.6809)는 mpg가 한 단위 증가할 때, 'vs'=1(직렬 엔진)의 오즈가 e^{0.6809} ≈ 1.98배 증가함을 의미한다. 즉, 연비가 1 증가할 때 직렬 엔진(vs=1)을 가질 오즈가 약 98% 증가한다.
- 'am(변속기)'의 회귀 계수(-3.0073)는 'am(자동=0,수동=1)'이 1 증가할 때, 즉 자동 변속기에서 수동 변속기로 변경될 때, vs=1(직렬 엔진)을 가질 오즈가 e^{-3.0073} ≈ 0.05배로 감소함을 의미한다. 이는 수동 변속기를 사용할 경우, 자동 변속기보다 직렬 엔진(vs=1)을 가질 오즈가 약 95% 감소하는 것을 의미한다.

```
In [5]:  import math
         math.exp(0.6809)
Out[5]:  1.9756550218498166
```

```
In [6]:  import math
         math.exp(-3.0073)
Out[6]:  0.04942494612309506
```

```
In [7]:  round(glm_vs.params['mpg'], 3)
Out[7]:  0.681
```

> **스크립트 설명**

- .params 속성은 모델의 회귀 계수를 저장하는 Series 객체로, 각 독립 변수(mpg, am) 및 절편(const)에 대한 계수를 포함한다.
- round(glm_vs.params['mpg'], 3)는 mpg의 회귀 계수를 소수점 셋째 자리까지 반올림하여 0.681로 반환한다.

8장 기출문제

기출문제

01 감기약 복용 시 발생하는 부작용에 대한 분류와 비율 데이터를 분석하였다. 위약 효과가 있는지를 검증하기 위해 253건의 데이터를 추출하였다. 감기약 복용으로 인한 부작용 비율이 위약 복용 시 나타나는 부작용 비율과 동일한지 여부를 확인하기 위해 카이제곱 검정을 수행하시오.

부작용 없음	코드	비율
두통	1	0.05
졸림	2	0.1
속쓰림	3	0.05
부작용 없음	4	0.18
합계		1

(1) 위약 샘플 데이터가 '부작용 없음'인 데이터를 0~1 사이의 확률로 출력하시오. (반올림하여 소수점 셋째 자리로 출력)

```
In [1]: import pandas as pd
        df=pd.read_csv('c:/data/cold.csv', encoding='euc-kr')
```

```
In [2]: df['코드'].value_counts().reset_index()
Out[2]:    코드  count
        0   4   199
        1   2    24
        2   1    15
        3   3    15
```

> **스크립트 설명**

- 데이터프레임의 '코드' 열에서 각 고유한 값의 빈도수를 계산하고 결과를 데이터프레임으로 반환한다.

```
In [3]:  len(df)
Out[3]:  253
```

```
In [4]:  result=round(199 / 253, 3)
         print(result)
Out[4]:  0.787
```

> **스크립트 설명**

- len(df)는 데이터프레임 df의 전체 행(row) 개수를 반환한다.
- '코드' = 4 (부작용 없음)이 199임을 확인하다.
- 전체 행에서 '부작용 없음'의 비율을 소수점 셋째 자리에서 반올림하여 출력한다.

> **정답**

0.787

(2) 카이제곱 검정을 수행하여 검정 통계량(Chi-square statistic)을 계산하고, 소수점 셋째 자리에서 반올림하여 출력하시오.

```
In [1]:  import numpy as np
         from scipy.stats import chisquare
```

```
In [2]:  observed_counts = np.array([15, 24, 15, 199])
         expected_proportions = np.array([0.05, 0.1, 0.05, 0.8])
```

```
In [3]: total_observed = np.sum(observed_counts)
        expected_proportions = expected_proportions * total_observed
```

스크립트 설명

- numpy는 배열 연산을 위해 사용한다.
- chisquare( )는 카이제곱 검정을 수행하는 함수이다.
- 기대 비율을 전체 개수(253)에 맞춰 기대 빈도를 계산한다.

```
In [4]: chisquare(observed_counts, f_exp=expected_proportions)
Out[4]: Power_divergenceResult(statistic=0.9970355731225298, pvalue=0.801969260894451)
```

스크립트 설명

- chisquare() 함수는 관찰된 빈도와 기대되는 빈도 사이의 카이제곱 통계량과 p-value를 반환한다.
- p-value = 0.802 > 0.05이므로 귀무가설을 기각할 수 없다.

```
In [5]: chi2_stat, p_val=chisquare(observed_counts, f_exp=expected_proportions)
        print(round(chi2_stat, 3))
        0.997
```

스크립트 설명

- 카이제곱 검정(Chi-Square Test)을 수행하고, 검정 통계량(Chi-square statistic)을 소수점 셋째 자리에서 반올림하여 출력한다.

정답

0.997

(3) 카이제곱 검정을 수행한 후, 유의확률(p-value)을 소수점 셋째 자리에서 반올림하여 출력하시오.

In [6]: `print(round(p_val, 3))`

0.802

정답
0.802

02 airquality 데이터에서 결측치를 제거한 후, 오존(Ozone), 일사량(Solar.R), 풍속(Wind) 변수를 사용하여 온도(Temp)를 예측하는 다중 선형 회귀 모델을 생성하시오.

(1) 오존 농도(Ozone) 변수의 회귀 계수 추정값을 소수점 셋째 자리에서 반올림하여 출력하시오.

In [1]:
```
from sklearn.linear_model import LinearRegression
import statsmodels.api as sm
import pandas as pd
df=pd.read_csv("c:/data/airquality.csv")
df.isna().sum()
```

Out[1]:
```
Ozone      37
Solar.R     7
Wind        0
Temp        0
Month       0
Day         0
dtype: int64
```

스크립트 설명

- 결측치를 확인한다.

In [2]:
```
df=df.dropna()
print(df.info())
```
```
<class 'pandas.core.frame.DataFrame'>
Index: 111 entries, 0 to 152
Data columns (total 6 columns):
 #   Column   Non-Null Count  Dtype
---  ------   --------------  -----
 0   Ozone    111 non-null    float64
 1   Solar.R  111 non-null    float64
 2   Wind     111 non-null    float64
 3   Temp     111 non-null    int64
 4   Month    111 non-null    int64
 5   Day      111 non-null    int64
dtypes: float64(3), int64(3)
memory usage: 6.1 KB
None
```

> **스크립트 설명**

- 결측치를 제거하고 데이터 유형을 확인한다.

```
In [3]: X=df[['Ozone', 'Solar.R', 'Wind']]
        y=df['Temp']
        model=LinearRegression().fit(X, y)
```

> **스크립트 설명**

- LinearRegression()은 scikit-learn 라이브러리에서 제공하는 선형 회귀 모델 클래스이다.
- fit(X, y) 메서드는 주어진 독립 변수(X)와 종속 변수(y)를 사용하여 선형 회귀 모델을 학습(fit)한다.

```
In [4]:  model.coef_
Out[4]:  array([ 0.17196604,  0.00727564, -0.32294455])
```

> **스크립트 설명**

- 다중 선형 회귀 모델의 회귀 계수(기울기, Coefficients)를 나타낸다.
- 오존이 1 단위 증가할 때, 온도(Temp)는 약 0.172도 증가한다.
- 일사량(Solar.R)이 1 증가할 때, 온도는 0.007도 증가한다.
- 풍속(Wind)이 1 증가할 때, 온도는 약 0.323도 감소한다.

```
In [5]: ozone_cocf=round(model.coef_[0], 3)
        print(ozone_coef)

        0.172
```

> **스크립트 설명**

- model.coef_ 배열의 각 원소는 해당 독립 변수의 회귀 계수를 나타낸다. 예를 들어, model.coef_[0]는 독립 변수 Ozone에 대한 회귀 계수를 의미한다.

> **정답**

0.172

(2) Solar.R과 Ozone을 고정한 상태에서 Wind가 증가할 때 Temp가 감소하는지 검증하기 위해 다중 회귀 분석을 수행하고, Wind의 회귀 계수에 대한 p-value를 소수점 셋째 자리까지 반올림하여 구하시오(유의수준 0.05)

In [1]:
```
X=df[['Ozone', 'Solar.R', 'Wind']]
y=df['Temp']
X=sm.add_constant(X)
model=sm.OLS(y, X).fit()
print(model.summary())
wind_p_value=model.pvalues['Wind']
```

Out[1]:
```
                            OLS Regression Results
==============================================================================
Dep. Variable:                   Temp   R-squared:                       0.500
Model:                            OLS   Adj. R-squared:                  0.486
Method:                 Least Squares   F-statistic:                     35.65
Date:                Sun, 07 Apr 2024   Prob (F-statistic):           4.73e-16
Time:                        12:56:07   Log-Likelihood:                -368.79
No. Observations:                 111   AIC:                             745.6
Df Residuals:                     107   BIC:                             756.4
Df Model:                           3
Covariance Type:            nonrobust
==============================================================================
                 coef    std err          t      P>|t|      [0.025      0.975]
------------------------------------------------------------------------------
const         72.4186      3.216     22.522      0.000      66.044      78.793
Ozone          0.1720      0.026      6.516      0.000       0.120       0.224
Solar.R        0.0073      0.008      0.948      0.345      -0.008       0.022
Wind          -0.3229      0.233     -1.384      0.169      -0.785       0.139
==============================================================================
Omnibus:                        6.409   Durbin-Watson:                   1.170
Prob(Omnibus):                  0.041   Jarque-Bera (JB):                6.615
Skew:                          -0.591   Prob(JB):                       0.0366
Kurtosis:                       2.817   Cond. No.                     1.05e+03
==============================================================================

Notes:
[1] Standard Errors assume that the covariance matrix of the errors is correctly specified.
[2] The condition number is large, 1.05e+03. This might indicate that there are
strong multicollinearity or other numerical problems.
```

스크립트 설명

- sm.add_constant(X)를 사용하여 X의 첫 번째 열에 상수(1)를 추가, 절편을 포함한 회귀 모델을 생성할 수 있다.
- sm.OLS(y, X): 최소제곱법(OLS)을 사용하여 회귀 분석 모델을 설정한다.
- .fit(): 주어진 X와 y를 이용하여 최적의 회귀 계수를 학습한다.
- .summary()는 회귀 분석 결과(통계 요약)를 표 형식으로 출력한다.

In [2]: ```
print(round(model.pvalues['Wind'], 3))
```
0.169

**정답**

0.169

(3) Ozone이 10, Solar.R이 90, Wind가 20일 때 온도(Temp)의 예측값을 소수점 셋째 자리까지 반올림하여 출력하시오.

In [1]:
```
import pandas as pd
from sklearn.linear_model import LinearRegression
df1 = LinearRegression().fit(df[['Ozone', 'Solar.R', 'Wind']], df['Temp'])
dd=pd.DataFrame({'Ozone': [10], 'Solar.R': [90], 'Wind': [20]})
predictions = df1.predict(dd)
print(round(predictions[0], 3))
```
68.334

**스크립트 설명**

- LinearRegression() : scikit-learn에서 제공하는 선형 회귀 모델 클래스이다.
- .fit(df[['Ozone', 'Solar.R', 'Wind']], df['Temp']) : fit() 메서드를 사용하여 주어진 독립 변수(X)와 종속 변수(y)를 기반으로 모델을 학습한다.
- df[['Ozone', 'Solar.R', 'Wind']] : 독립 변수(fcature)로 구성된 데이디프레임이며, Temp를 예측하기 위해 사용된다.
- df['Temp']: 종속 변수(target)로 구성된 시리즈(Series)이며, 모델이 예측해야 하는 값이다.
- predict(dd): 학습된 모델을 사용하여 새로운 데이터(dd)에 대한 온도(Temp)를 예측한다.
- print(round(predictions[0], 3)):예측된 Temp 값을 소수점 셋째 자리까지 반올림하여 출력한다.

**정답**

68.334
```

03 이 데이터는 슈퍼마켓 몰(Mall)의 고객 정보를 포함하고 있으며, 마케팅 전략 수립에 활용될 예정이다.

- 데이터 소개

변수	설명
Customer ID	고객 식별 번호
Age	고객 나이
Gender	고객 성별(0=Female, 1=Male)
Education	교육 수준
Marital Status	결혼 여부
Annual Income	연간 소득(천 달러 단위)
Spending Score	소비 점수(고객 행동 및 구매 패턴 기반)

(1) 다중 로지스틱 회귀 분석을 수행하여 성별(Gender)을 예측하되, 패널티를 부과하지 않는다. 독립 변수는 Annual Income, 종속 변수는 Gender(0=Female, 1=Male)로 설정하여 로지스틱 회귀 모델을 생성한다. 이때, Annual Income이 한 단위 증가할 때 1(Male)에 대한 오즈비(odds ratio) 값을 구하시오. (반올림하여 소수 넷째 자리까지 계산)

```
In [110]: import pandas as pd
          train=pd.read_csv("c:/data/train_logi.csv")
```

```
In [114]: train['Gender'].value_counts()
Out[114]: Gender
          F    76
          M    64
          Name: count, dtype: int64
```

```
In [1033]: train.info()
Out [1033]: <class 'pandas.core.frame.DataFrame'>
           RangeIndex: 140 entries, 0 to 139
           Data columns (total 6 columns):
            #   Column                Non-Null Count  Dtype
           ---  ------                --------------  -----
            0   Gender                140 non-null    object
            1   Age                   140 non-null    int64
            2   Education             140 non-null    object
            3   Marital Status        140 non-null    object
            4   Annual Income (k$)    140 non-null    int64
            5   Spending Score (1-100) 140 non-null   int64
           dtypes: int64(3), object(3)
           memory usage: 6.7+ KB
```

스크립트 설명

- train['Gender'].value_counts() → Gender 열의 값 갯수 출력 (0=Female, 1=Male)
- train.info() → 데이터프레임의 구조, 데이터 타입, 결측치 개수 출력한다.

```
In [1035]: import statsmodels.api as sm
           import numpy as np
```

스크립트 설명

- 필요한 라이브러리를 가져온다.

```
In [1039]: train.isna().sum()
Out [1039]: Gender                   0
            Age                      0
            Education                0
            Marital Status           0
            Annual Income (k$)       0
            Spending Score (1-100)   0
            dtype: int64
```

스크립트 설명

- 결측치를 확인한다.

```
In [1041]: train['Gender']=train['Gender'].map({'F': 0, 'M': 1})
```

스크립트 설명

- 로지스틱 회귀 분석은 수학적 계산을 수행하는 선형 모델이므로, 범주형 데이터(문자형)를 그대로 사용할 수 없다.
- "Gender" 열에 있는 범주형 값('F', 'M')을 숫자형 값(0, 1)으로 변환한다.

```
In [1049]: X=train[['Annual Income (k$)']]
           y=train['Gender']
```

스크립트 설명

- Logistic Regression, Decision Tree, Random Forest 등 대부분의 scikit-learn 알고리즘은 1D 배열(Series/Numpy Array)을 타겟 변수로 요구한다.
- 머신러닝 모델을 학습할 때 y(타겟 변수)는 반드시 Series 또는 1차원 배열 형식으로 변환해야 오류를 방지할 수 있다.
- 독립 변수(X)는 'Annual Income (k$)'을 사용한다.
- 종속 변수(y)는 'Gender'를 사용한다.

```
In [1051]: X=sm.add_constant(X)
```

스크립트 설명

- statsmodels.api의 로지스틱 회귀(Logit)에서는 기본적으로 상수항(intercept)이 포함되지 않으므로, 이를 직접 추가해야 한다.
- 따라서, sm.add_constant(X)를 사용하여 독립 변수(X)에 상수항(1)을 추가하여 모델이 절편을 학습할 수 있도록 한다.

```
In [1053]: # 로지스틱 회귀 모델 적합
           logit_model=sm.Logit(y, X)
           result=logit_model.fit()
           Optimization terminated successfully.
                    Current function value: 0.689250
                    Iterations 4
```

스크립트 설명

- 독립변수(X)와 종속변수(y)를 이용해 Logit() 함수를 정의한다.
- sm.Logit()은 로지스틱 회귀 모델(Logistic Regression Model)을 생성하는 함수이다.
- fit() 메서드는 내부적으로 최적화 알고리즘을 실행하여 최적의 회귀 계수를 찾는다.

```
In [1057]: coef=result.params['Annual Income (k$)']
```

스크립트 설명

- 'Annual Income'의 회귀 계수 추출한다.
- result.params는 로지스틱 회귀(Logistic Regression) 모델에서 학습된 회귀 계수(β, coefficients)를 저장하는 객체이다.

```
In [1059]: print(coef)
Out [1059]: 0.0015480942626176727
```

스크립트 설명

- 'Annual Income'이 1 증가할 때, 로그 오즈(Log-Odds)가 0.0015 증가함을 의미한다.

```
In [1055]: result.summary()
```
Out [1055]: Logit Regression Results

Dep. Variable:	Gender	No. Observations:	140
Model:	Logit	Df Residuals:	138
Method:	MLE	Df Model:	1
Date:	Wed, 12 Feb 2025	Pseudo R-squ.:	0.0003185
Time:	15:51:28	Log-Likelihood:	-96.495
converged:	True	LL-Null:	-96.526
Covariance Type:	nonrobust	LLR p-value:	0.8042

	coef	std err	z	P>|z|	[0.025	0.975]
const	-0.2653	0.413	-0.642	0.521	-1.076	0.545
Annual Income (k$)	0.0015	0.006	0.248	0.804	-0.011	0.014

스크립트 설명

- 각 독립 변수의 회귀 계수(coef), 표준 오차(std err), z-통계량(z), p-value(P>|z|), 신뢰 구간([0.025, 0.975]) 등의 정보를 제공한다.

```
In [1061]: odds_ratio_exp=round(float(np.exp(coef)), 4)
```

```
In [1063]: print(odds_ratio_exp)
Out [1063]: 1.0015
```

스크립트 설명

- 회귀 계수(β)를 지수 함수(exp)로 변환하여 오즈비(Odds Ratio) 계산한다.
- 로그 오즈(log-odds)는 직관적으로 해석하기 어렵기 때문에, 오즈비(Odds Ratio)로 변환하여 해석한다.
- 오즈비(1.0015)는 연간 소득(Annual Income)이 1 증가할 때 남성(1=Male)이 될 오즈(odds)가 1.0015배 증가함을 의미한다.

정답
1.0015

(2) Gender를 종속 변수로 하고, Age, Education, Marital Status, Annual Income (k$), Spending Score (1-100)을 독립 변수로 설정하여 로지스틱 회귀 모델을 적합하시오. 모델 적합 후, 잔차 이탈도(residual deviance)를 계산하고, 소수점 둘째 자리까지 반올림하여 구하시오.

```
In [146]: import pandas as pd
          from sklearn.linear_model import LogisticRegression
          import statsmodels.api as sm
          import numpy as np
          from sklearn.preprocessing import LabelEncoder
```

스크립트 설명

- 필요한 라이브러리를 가져온다.

```
In [126]: train=pd.read_csv("c:/data/train_logi.csv")
```

In [138]: ```python
train['Gender'] = train['Gender'].map({'F': 0, 'M': 1})
```

**스크립트 설명**

- 'Gender' 열의 범주형 값 'F'(Female)와 'M'(Male)을 숫자형 값 0과 1로 변환한다.

In [140]: ```python
X = train[['Age', 'Education', 'Marital Status', 'Annual Income (k$)', 'Spending Score (1-100)']]
y=train['Gender']
```

스크립트 설명

- train 데이터프레임에서 5개의 독립 변수(설명 변수)를 선택하여 X에 저장한다.
- train에서 Gender 열을 선택하여 y에 저장한다.

In [142]: ```python
X=pd.get_dummies(X, drop_first=True)
```

**스크립트 설명**

- 범주형(문자형) 변수들을 더미(dummy) 변수(0,1) 형태로 변환한다.
- drop_first=True를 설정하면 다중공선성(multicollinearity)을 방지하기 위해 첫 번째 카테고리를 제거한다.

In [152]: ```python
X=X.astype(int)
```

스크립트 설명

- 데이터프레임 X의 모든 열(column)을 int(정수형)으로 변환한다.
- float(소수형)이 포함되어 있는 경우 소수점을 버리고 정수형으로 변경한다.
- 머신러닝 모델 학습 시 데이터 타입 일관성을 유지할 수 있다.

```
In [ ]:  X=sm.add_constant(X)
```

```
In [154]:  logit_model=sm.Logit(y, X)
           result=logit_model.fit(maxiter=100)   # 최대 반복 횟수 증가
           Optimization terminated successfully.
                    Current function value: 0.604820
                    Iterations 62
```

스크립트 설명

- statsmodels의 로지스틱 회귀(Logit) 모델은 기본적으로 상수항을 자동으로 포함하지 않기 때문에, 명시적으로 추가해야 한다.
- sm.Logit(y, X) → 로지스틱 회귀 모델 생성한다.
- fit(maxiter=1000) → 모델 학습 및 최적화 수행 (최대 반복 횟수 100으로 설정)한다.
- 모델이 최적의 계수를 찾기 위해 62번의 반복을 수행했고, maxiter=100을 설정하여 충분한 반복이 가능하도록 했기 때문에 최적화가 성공적으로 완료되었다.

```
In [787]:  residual_deviance=round(-2 * result.llf, 2)
```

스크립트 설명

- result.llf → 로그 우도 함수 값 (Log-Likelihood Function Valuc)
- -2 * result.llf → 잔차 이탈도(Residual Deviance)를 계산한다.

```
In [789]:  print(residual_deviance)
           잔차 이탈도(Residual Deviance): 169.36
```

스크립트 설명

- 잔차 이탈도(Residual Deviance)는 로지스틱 회귀 모델의 적합도를 평가하는 지표로, 모델이 실제 데이터를 얼마나 잘 설명하는지를 나타낸다.
- 잔차 이탈도 값이 작을수록 모델이 데이터를 잘 설명함을 의미한다.
- Residual Deviance=−2×Log-Likelihood에 −2를 곱하는 이유는 카이제곱 분포(χ^2)와 유사한 형태로 만들기 위함이다.

정답

169.36

(3) Annual Income을 독립변수로, Gender를 종속변수로 설정하여 로지스틱 회귀 모델을 생성하고, test 데이터의 Gender를 예측하여 Error Rate(오류율)를 구하시오(반올림하여 소수 세째 자리까지 계산).

```
In [156]:  import pandas as pd
           import numpy as np
           import statsmodels.api as sm
           from sklearn.metrics import accuracy_score
```

스크립트 설명

- 필요한 라이브러리를 가져온다.

```
In [160]:  train=pd.read_csv("c:/data/train_logi.csv")
           test=pd.read_csv("c:/data/test_logi.csv")
```

```
In [164]: train['Gender']=train['Gender'].map({'F': 0, 'M': 1})
          test['Gender']=test['Gender'].map({'F': 0, 'M': 1})
```

스크립트 설명

- train과 test 데이터에서 Gender를 'F' → 0, 'M' → 1로 변환하여 머신러닝 모델이 학습할 수 있도록 처리한다.

```
In [166]: X_train=train[['Annual Income (k$)']]
          y_train=train['Gender']
```

스크립트 설명

- X_train은 독립 변수인 연간 소득(Annual Income (k$))을 포함하는 데이터프레임이다.
- y_train은 종속 변수인 성별(Gender)을 포함하는 시리즈이다.

```
In [168]: X_test=test[['Annual Income (k$)']]
          y_test=test['Gender']
```

스크립트 설명

- X_test는 독립 변수인 연간 소득(Annual Income (k$))을 포함하는 데이터프레임이다.
- y_test는 종속 변수인 성별(Gender)을 포함하는 시리즈이다.

```
In [170]: X_train=sm.add_constant(X_train)
          X_test=sm.add_constant(X_test)
```

스크립트 설명

- statsmodels의 로지스틱 회귀(Logit) 모델은 기본적으로 상수항을 포함하지 않으므로, 훈련 데이터와 테스트 데이터에 추가해야 한다.

```
In [172]:  logit_model=sm.Logit(y_train, X_train)
           result=logit_model.fit()

           Optimization terminated successfully.
                    Current function value: 0.689250
                    Iterations 4
```

스크립트 설명

- sm.Logit()은 y_train과 X_train을 사용하여 로지스틱 회귀 모델을 생성한다.
- fit() 함수는 최적화 알고리즘을 통해 회귀 계수를 학습하는 함수이다.
- 최적화가 총 4번의 반복 후에 종료되었음을 의미한다.

```
In [174]:  y_pred_prob=result.predict(X_test)
```

스크립트 설명

- predict() 메서드를 사용하여 X_test에 대해 예측 결과를 생성하여 저장한다.

```
In [176]:  y_pred=(y_pred_prob >= 0.5).astype(int)
```

스크립트 설명

- astype(int)를 사용하여 True와 False를 각각 1과 0으로 변환하여, 최종적인 예측 클래스(y_pred)를 이진 값으로 반환한다.

```
In [178]:  error_rate=round(1 - accuracy_score(y_test, y_pred), 3)
```

스크립트 설명

- accuracy_score를 사용하여 모델의 정확도를 계산하고, 이를 기반으로 오류율을 구한다.

```
In [180]: error_rate
Out[180]: 0.4
```

> [정답]

0.4

04 Advertising 데이터셋은 TV, 라디오, 신문 광고비를 바탕으로 매출(Sales)을 예측하는 데 사용되는 데이터이다.

(1) Sales와 가장 상관관계가 높은 값을 구하시오(반올림하여 소수 셋째 자리까지 계산)

In [1127]:
```
import pandas as pd
df=pd.read_csv("c:/data/7_type3_2.csv")
```

In [1129]:
```
df.info()
```
```
<class 'pandas.core.frame.DataFrame'>
RangeIndex: 200 entries, 0 to 199
Data columns (total 4 columns):
 #   Column                  Non-Null Count  Dtype
---  ------                  --------------  -----
 0   TV Ad Budget ($)        200 non-null    float64
 1   Radio Ad Budget ($)     200 non-null    float64
 2   Newspaper Ad Budget ($) 200 non-null    float64
 3   Sales                   200 non-null    float64
dtypes: float64(4)
memory usage: 6.4 KB
```

스크립트 설명

- 데이터프레임의 구조, 컬럼 정보, 결측치 여부 등을 확인한다.

In [1131]:
```
corr_matrix=df.corr()
```

스크립트 설명

- df.corr(): 데이터프레임 df의 모든 수치형 변수들 간의 상관계수를 계산하여, 상관계수 행렬을 반환한다.
- 상관계수(correlation coefficient)는 두 변수 간의 선형 관계의 정도를 나타내며, -1에서 1 사이의 값을 가진다.

In [1131]: `highest_corr_value=corr_matrix["Sales"].drop("Sales").abs().max()`

스크립트 설명

- highest_corr_value는 'Sales'와 다른 변수들 간의 상관관계에서 절댓값이 가장 큰 상관계수가 저장한다.
- drop("Sales")는 Sales와의 상관관계를 제외하고 나머지 변수들 간의 상관관계만 고려한다.
- abs( )는 절댓값을 구하는 함수이다.

In [1135]: `highest_corr_value_rounded=round(highest_corr_value, 3)`

스크립트 설명

- 가장 높은 상관계수를 계산하고, 이를 소수점 셋째 자리까지 반올림하여 구한다.

In [1137]: `print(highest_corr_value_rounded)`
Out [1137]: 0.782

정답

0.782

(2) Radio Ad Budget ($) 컬럼 값이 23 미만인 데이터를 찾아, Sales를 종속 변수로, 나머지 변수들을 독립 변수로 설정하여 선형 회귀 모델을 생성하고, 결정 계수를 구하시오. (반올림하여 소수 셋째 자리까지 계산)

```
In [1139]: import pandas as pd
           import statsmodels.api as sm
```

```
In [1141]: filtered_df=df[df["Radio Ad Budget ($)"] < 23]
```

스크립트 설명

- import statsmodels.api as sm는 statsmodels 라이브러리를 sm이라는 이름으로 임포트하여 통계 분석을 위해 사용한다.
- Radio Ad Budget ($) 컬럼이 23 미만인 행을 필터링하여 filtered_df라는 새로운 데이터 프레임을 생성한다.

```
In [1143]: y=filtered_df["Sales"]
           X=filtered_df.drop(columns=["Sales"])
```

스크립트 설명

- y = filtered_df["Sales"]: Sales 컬럼을 종속 변수로 설정하고, 이를 y 변수에 할당한다.
- X = filtered_df.drop(columns=["Sales"]): Sales 컬럼을 제외한 모든 컬럼을 독립 변수로 설정한다.

```
In [1147]: X=sm.add_constant(X)
           model=sm.OLS(y, X).fit()
```

스크립트 설명

- sm.add_constant(X): statsmodels에서 상수항(Intercept)을 추가하는 함수이다.

- sm.OLS(y, X): sm.OLS()는 선형 회귀(Ordinary Least Squares, OLS) 모델을 생성하는 함수이다.

```
In [1153]: r_squared=round(model.rsquared, 3)
           print(r_squared)
Out[1153]: 0.884
```

정답

0.884

(3) 문제 (2)에서 만든 모델에서 독립변수 중 p-value가 가장 높은 값을 구하시오(반올림하여 소수 셋째 자리까지 계산).

```
In [855]: highest_p_value=round(model.pvalues.drop("const").max(), 3)
```

스크립트 설명

- const는 회귀 모델의 절편(intercept)을 의미하므로, 변수 선택 과정에서는 고려하지 않는다.
- 독립 변수들 중에서 가장 높은 p-value를 찾고, 소수점 3자리까지 반올림하여 구한다.

```
In [857]: print(highest_p_value)
Out[857]: 0.397
```

정답

0.397

05 이 데이터는 고객 이탈 여부를 예측하기 위해 로지스틱 회귀분석에 활용된다.

- 데이터 소개

변수명	설명
Target(목표 변수):Churn	고객 이탈 여부 (0 : 이탈하지 않음(Non-Churn), 1 : 이탈함(Churn))
AccountWeeks	고객이 서비스를 사용한 주 수(가입 기간)
ContractRenewal	최근에 계약을 갱신했는지 여부(0 : 갱신 안함, 1 : 갱신함)
DataPlan	데이터 요금제 가입 여부(0 : 없음, 1 : 있음)
DataUsage	월간 데이터 사용량(GB)
CustServCalls	고객 서비스 센터에 전화를 건 횟수
DayMins	낮 시간 동안 사용한 통화 시간(분)
DayCalls	낮 시간 동안 걸거나 받은 통화 횟수
MonthlyCharge	월별 청구 금액(달러)
OverageFee	데이터 초과 사용 요금(달러)
RoamMins	로밍 시 사용한 통화 시간(분)

(1) 로지스틱 회귀분석을 수행하여 유의확률(p-value)이 0.05 이상인 유의하지 않은 독립변수의 개수를 구하시오.

In [397]:
```
import pandas as pd
df=pd.read_csv("c:/data/churn.csv")
```

In [381]:
```
import statsmodels.api as sm
```

스크립트 설명

- statsmodels.api를 sm으로 약어를 사용하여 불러온다.
- statsmodels는 scikit-learn과 같은 머신러닝 라이브러리와는 달리, 통계적 모델과 그에 따른 검정 및 결과 해석을 제공하는 데 초점을 맞추고 있다.

```
In [385]: X=df.drop(columns=['Churn'])
          y=df['Churn']
```

스크립트 설명

- X = df.drop(columns=['Churn']): 'Churn' 열을 제외한 나머지 열을 입력 변수(X)로 설정한다.
- y = df['Churn']: 'Churn' 열을 타겟 변수(y)로 설정한다.

```
In [389]: X=sm.add_constant(X)
          logit_model=sm.Logit(y, X)
          result=logit_model.fit()
          Optimization terminated successfully.
                   Current function value: 0.393603
                   Iterations 6
```

스크립트 설명

- sm.add_constant(X): 상수항을 추가하여 독립 변수 X에 절편(intercept)을 포함시킨다.
- sm.Logit(y, X): 로지스틱 회귀 모델을 정의하고, 종속 변수 y와 독립 변수 X를 설정한다.
- logit_model.fit(): 로지스틱 회귀 모델을 학습시켜 회귀 계수를 추정하고, 결과를 result에 저장한다.

```
In [391]: p_values=result.pvalues
```

스크립트 설명

- result.pvalues는 회귀 분석 결과에서 각 독립 변수의 p-value 값을 포함하는 시리즈이다.

```
In [393]: insignificant_count=(p_values >= 0.05).sum()
```

스크립트 설명

- (p_values >= 0.05)는 각 p-value가 0.05 이상인지를 확인하고, .sum()은 그 값을 True로 반환한 개수를 세어 유의하지 않은 변수의 개수를 계산한다.

```
In [395]: print(insignificant_count)
Out  []:  8
```

정답

8

(2) 유의확률(p-value)이 0.05미만인 유의한 변수만을 사용해 로지스틱 회귀분석을 수행하시오. 회귀식의 유의한 회귀계수(상수항 포함)의 합계를 구하시오.(반올림하여 소수 셋째 자리까지 계산)

```
In [42]: significant_vars = p_values[p_values < 0.05].index
```

스크립트 설명

- significant_vars = p_values[p_values < 0.05].index는 p-value가 0.05 미만인 유의미한 변수들의 이름(인덱스)을 추출하고, .index로 해당 변수들의 이름을 반환하여 significant_vars에 저장한다.

```
In [44]: X_significant = X[significant_vars]
```

스크립트 설명

- X[significant_vars]는 X 데이터프레임에서 significant_vars에 해당하는 유의미한 변수들만 선택하여 X_significant에 저장한다.

In [46]:
```
logit_model_sig = sm.Logit(y, X_significant)
result_sig = logit_model_sig.fit()
```
```
Optimization terminated successfully.
        Current function value: 0.397599
        Iterations 6
```

> **스크립트 설명**

- logit_model_sig=sm.Logit(y, X_significant): 유의미한 변수들만을 사용하여 로지스틱 회귀 모델을 정의한다.
- result_sig=logit_model_sig.fit(): 로지스틱 회귀 모델을 학습하여 학습된 모델의 결과를 result_sig에 저장한다.

In [48]:
```
significant_coef_sum = round(result_sig.params.sum(), 3)
```

> **스크립트 설명**

- 유의미한 변수들에 대한 회귀 계수의 합을 계산하고, 그 값을 소수점 셋째 자리까지 반올림하여 significant_coef_sum에 저장한다.

In [50]:
```
print(significant_coef_sum)
```
```
-1.213
```

> **정답**

-1.213

```
In [56]:  print(result_sig.summary())
```

```
                 Logit Regression Results
==============================================================================
Dep. Variable:                  Churn   No. Observations:                 1000
Model:                          Logit   Df Residuals:                      997
Method:                           MLE   Df Model:                            2
Date:                Mon, 17 Feb 2025   Pseudo R-squ.:                 0.01375
Time:                        08:35:26   Log-Likelihood:                -397.60
converged:                       True   LL-Null:                       -403.14
Covariance Type:            nonrobust   LLR p-value:                  0.003908
==============================================================================
                 coef    std err          z      P>|z|      [0.025      0.975]
------------------------------------------------------------------------------
const         -1.0395      0.303     -3.434      0.001      -1.633      -0.446
DataUsage     -0.1697      0.071     -2.376      0.017      -0.310      -0.030
DayMins       -0.0039      0.002     -2.264      0.024      -0.007      -0.001
==============================================================================
```

스크립트 설명

- coef : 각 변수의 회귀 계수를 의미한다.
- P>|z| : p-value 값으로, 각 변수의 유의미성 여부를 확인할 수 있다.

(3) 5-1에 수행한 로지스틱 회귀식에서 'DataUsage'변수가 5만큼 증가할 때 오즈비(Odds Ratio)를 구하시오(반올림하여 소수 셋째 자리까지 계산)

```
In [58]:  datausage_coef = result.params.get('DataUsage', None)
```

스크립트 설명

- result.params.get('DataUsage', None): params 시리즈에서 DataUsage 변수의 회귀 계수 값을 찾아 반환한다.

```
In [60]:  import numpy as np
```

In [62]:
```
if 'DataUsage' in result.params:
    odds_ratio_rounded=round(np.exp(result.params['DataUsage'] * 5), 3)
else:
    odds_ratio_rounded = None
```

스크립트 설명

- result.params : 로지스틱 회귀 모델의 회귀 계수(기울기)를 포함하는 pandas 시리즈이다.
- 'DataUsage' in result.params : 'DataUsage' 변수가 모델에 포함되어 있는지 확인하는 조건문이다.
- result.params['DataUsage'] : 'DataUsage' 변수에 대한 회귀 계수를 추출한다.
- result.params['DataUsage'] * 5 : 'DataUsage' 변수의 회귀 계수에 5를 곱해 DataUsage가 5만큼 증가할 때의 변화량을 계산한다.
- np.exp(result.params['DataUsage'] * 5) : 'DataUsage' 변수의 오즈비(Odds Ratio)를 구하는 정확한 방식은 지수 함수(exp)를 적용한다.

In [64]:
```
odds_ratio_rounded
```
Out[64]: 0.428

스크립트 설명

- 'odds_ratio_rounded' 변수에 저장된 오즈비(Odds Ratio) 값을 출력한다.

정답
0.428

06 이 데이터는 PIQ(Performance IQ, 성취 지능지수)에 관한 데이터를 포함하고 있다.

- 데이터 소개

변수	설명
Target(목표 변수)	PIQ(Performance IQ, 성취 지능지수)
Brain	두뇌 부피(Brain Size)
Height	신장(키, Height) (cm 단위)
Weight	체중(Weight) (kg 단위)

(1) 주어진 데이터를 이용해 종속 변수(PIQ)와 독립 변수(Brain, Height, Weight)로 다중 선형 회귀분석을 수행하고, 유의확률(p-value)이 가장 작은 변수의 회귀 계수 값을 구하시오. (반올림하여 소수 셋째 자리까지 계산)

```
In [76]: X=df[['Brain', 'Height', 'Weight']]
         y=df['PIQ']
```

스크립트 설명

- X = df[['Brain', 'Height', 'Weight']]: Brain, Height, Weight는 입력 변수(X)로 사용한다.
- y = df['PIQ']: PIQ는 타겟 변수(y)로 사한다.

```
In [78]: X=sm.add_constant(X)
         model=sm.OLS(y, X)
         result=model.fit()
```

스크립트 설명

- X = sm.add_constant(X): 독립 변수 데이터프레임에 상수항(절편)을 추가한다.
- model = sm.OLS(y, X): 선형 회귀 모델을 정의한다.
- result = model.fit(): 회귀 모델을 학습하여 회귀 계수와 모델의 성능 지표를 계산한다.

```
In [80]: p_values=result.pvalues.drop('const', errors='ignore')
         min_p_value_var=p_values.idxmin()
```

> **스크립트 설명**

- result.pvalues : 회귀 모델의 p-value를 포함하는 시리즈이다.
- drop('const') : 상수항(intercept)인 'const' 변수의 p-value는 모델에서 절편에 해당하므로 회귀 분석의 변수 선택 과정에서 제외한다.
- errors='ignore' : 'const'가 result.pvalues에 존재하지 않으면 오류를 발생시키지 않고 무시하도록 설정하는 파라미터이다.
- p_values.idxmin() : p_values 시리즈에서 가장 작은 p-value 값을 가진 변수의 이름(index)을 반환하는 함수이다.

```
In [82]: min_p_value_coef=round(result.params[min_p_value_var], 3)
```

> **스크립트 설명**

- min_p_value_var: 이 변수는 가장 작은 p-value를 가진 변수의 이름이다.
- min_p_value_coef = round(result.params[min_p_value_var], 3)는 가장 작은 p-value를 가진 변수의 회귀 계수를 추출하고, 소수점 셋째 자리까지 반올림하여 계산한다.

```
In [84]: print(min_p_value_coef)
         2.343
```

> **정답**

2.343

(2) 적합된 모델의 결정 계수 값을 구하시오. (반올림하여 소수 둘째 자리까지 계산)

```
In [88]:  r_squared = round(result.rsquared, 2)
          print(r_squared)
Out[88]:  0.37
```

스크립트 설명

- rsquared는 결정 계수(R-squared)를 나타내는 속성이다.

정답

0.37

(3) 뇌크기(Brain)가 90, 키(Height)가 70, 몸무게(Weight)가 150일 때의 PIQ를 예측하시오(반올림하여 정수로 계산).

```
In [90]:  new_data = pd.DataFrame({
              'const': [1],
              'Brain': [90],
              'Height': [70],
              'Weight': [150]
          })
```

스크립트 설명

- 'const' : 절편(intercept) 역할을 하는 상수항 (1).
- 'Brain' : 두뇌 크기 또는 IQ 같은 변수 (90).
- 'Height' : 키(Height) 변수 (70).
- 'Weight' : 몸무게(Weight) 변수(150)로 하는 데이터프레임 생성.

In [92]: ```
predicted_piq = result.predict(new_data)
```

> **스크립트 설명**

- 학습된 회귀 모델(result)을 사용하여 new_data에 대한 예측값을 생성한다.

In [94]: ```
predicted_piq_rounded = round(predicted_piq.values[0])
print(predicted_piq_rounded)
```
Out[94]: 106

> **스크립트 설명**

- predicted_piq.values[0] : 첫 번째 예측된 PIQ 값을 추출한다.

> **정답**

106

2025 빅데이터 분석기사 실기(파이썬 작업형)

초판 1쇄 인쇄 2025년 3월 7일
초판 1쇄 발행 2025년 3월 7일

지 은 이 | 김 계 철
발 행 인 | 김 계 철
발 행 처 | (주)에이아이 에듀
서울특별시 강남구 영동대로 602, 6층 제이102(삼성동)
전화 070-4007-1867
홈페이지 www.adsp.co.kr
이메일 emhu8640@gmail.com
등록번호 | 제2022-000048호

※ 잘못된 책은 교환해 드립니다.
※ 이책은 저작권법에 의해 보호를 받는 저작물이므로 무단전재와 복제를 금합니다.